Der strafprozessuale Zugriff auf Inhaltsdaten in der Cloud

D1735667

Der Rechts- und Wirtschaftswissenschaftlichen Fakultät
Dekanat Fachbereich Rechtswissenschaft

der Friedrich-Alexander-Universität
Erlangen-Nürnberg
zur
Erlangung des Doktorgrades Dr. iur.
vorgelegt von: RA Dirk Meinicke, LL.M.
aus: Oberhausen

Der strafprozessuale Zugriff auf Inhaltsdaten in der Cloud

Dirk Meinicke

Fachmedien Recht und Wirtschaft I dfv Mediengruppe I Frankfurt am Main

Abkürzungshinweise

Die hier verwendeten Abkürzungen richten sich (soweit nichts anderes angegeben ist) nach Kirchner, Abkürzungsverzeichnis der Rechtssprache, 8. Aufl. 2015.

Bibliografische Information Der Deutschen Nationalbibliothek

Die Deutsche Nationalbibliothek verzeichnet diese Publikation in der Deutschen Nationalbibliografie; detaillierte bibliografische Daten sind im Internet über http://dnb.de abrufbar.

ISBN 978-3-8005-1755-8

dfv Mediengruppe

© 2020 Deutscher Fachverlag GmbH, Fachmedien Recht und Wirtschaft, Frankfurt am Main

Druck: WIRmachenDRUCK GmbH, Backnang

Printed in Germany

Vorwort

Die Idee zu dieser Arbeit ist im Jahre 2009 auf der 10. Herbstakademie „Inside the Cloud – Neue Herausforderungen für das Informationsrecht" der Deutschen Stiftung für Recht und Informatik entstanden. Mein erster Dank gilt an dieser Stelle Prof Dr. Hans Kudlich, der sich frühzeitig zur Betreuung der Arbeit bereiterklärt und zugleich die Verzögerungen toleriert hat, die mit der berufsbegleitenden Fertigstellung des Vorhabens einhergegangen sind. Prof. Dr. Safferling danke ich für die zügige Erstattung des Zweitgutachtens.

Darüber hinaus geht mein Dank an Prof. Dr. Prof. h. c. Jürgen Taeger, der als Vorsitzender des Vorstandes der DSRI nicht nur die eingangs erwähnte Tagung organisiert hat, sondern auch in den folgenden Jahren so freundlich war, mich immer wieder zu Vorträgen auf der Herbstakademie einzuladen. Dies hat mit erheblich dazu beigetragen, dass ich immer wieder neben dem beruflichen Alltag Zeit für wissenschaftliche Fragestellungen gefunden habe, was letztlich die Grundlage dafür war, dass ich die nun vorliegende Arbeit fertigstellen konnte. Ich bin glücklich und dankbar, dass das Thema trotz der inzwischen vergangenen Zeit praktisch nichts an Aktualität verloren hat.

Oberhausen, Oktober 2020   Dr. iur. Dirk Meinicke, LL.M.

V

Inhaltsverzeichnis

A. Einleitung

„Das Internet kennt keine Grenzen."[1] Mit dieser Feststellung illustriert die Europäische Kommission im Jahr 2018 die Notwendigkeit einer europaweit einheitlichen Regelung für den grenzüberschreitenden strafprozessualen Zugriff auf elektronische Beweismittel. Die von der Kommission vorgeschlagene Verordnung nehme „das spezifische Problem ins Visier, das durch die Volatilität elektronischer Beweismittel und die internationale Dimension entsteht".[2] An späterer Stelle gibt die Begründung des Verordnungsentwurfs einen guten zusammenfassenden Überblick über die Struktur jener Technologie, bei der das besagte spezifische Problem der Volatilität und Internationalität in besonderer Weise entsteht.

> „In vielen Fällen werden Daten nicht mehr auf dem Gerät eines Nutzers gespeichert, sondern über eine Cloud-Infrastruktur grundsätzlich für den Zugang von jedem beliebigen Ort aus zur Verfügung gestellt. Diensteanbieter müssen nicht in jedem Staat niedergelassen sein oder dort Server unterhalten, sondern können vielmehr eine zentrale Verwaltung und dezentrale Systeme nutzen, um Daten zu speichern und ihre Dienste anzubieten. Sie tun dies, um den Lastausgleich zu optimieren und um schneller auf Ersuchen der Nutzer um Daten zu reagieren. Inhalt verteilende Netze (content delivery networks, CDN) werden in der Regel eingesetzt, um das Bereitstellen von Inhalten durch das Kopieren von Inhalten auf verschiedene Server in aller Welt zu beschleunigen. Damit können Unternehmen Inhalte von dem Server liefern, der dem Nutzer am nächsten ist oder der die Kommunikation durch ein schwächer frequentiertes Netzwerk leiten kann."[3]

Nun ist die die Relevanz moderner Kommunikationsmittel für die Strafverfolgung insgesamt alles andere als eine neue Erkenntnis, sondern vielmehr fast schon ein Allgemeinplatz.[4] Auch wurde das Phänomen Cloud-Computing schon vor einigen Jahren erstmals in den Fokus straf-

---

1 COM(2018) 225 final vom 17.4.2018, S. 1.
2 COM(2018) 225 final vom 17.4.2018, S. 2.
3 COM(2018) 225 final vom 17.4.2018, S. 16
4 Der Hinweis hierauf wurde bereits im Jahr 2011 als „inflationär" bezeichnet, vgl. *Kudlich*, GA 2011, 193; aus der Literatur näher etwa *Klesczewski*, ZStW 123 (2011), S. 737 ff.; umfassend *Sieber*, DJT-Gutachten, C 35 ff.; C 62 ff. und C 103 ff.

prozessualer Diskussionen gerückt[5] und ist zuletzt auch Gegenstand einzelner Monographien[6] gewesen. Dass die mit dem strafprozessualen Zugriff auf Cloud-Systeme verbundenen Fragestellungen gleichwohl weiterhin nicht befriedigend gelöst sind, hat aus Sicht des Verf. im Wesentlichen zwei Ursachen: Zum einen sind Cloud-Sachverhalte praktisch immer inter- bzw. transnational, weil die Daten im absoluten Regelfall auf Servern außerhalb des Bundesgebietes gespeichert sind, womit das nationale Recht allein keine Handhabe zur Beantwortung der aufgeworfenen Rechtsfragen bietet.[7] Zum anderen zeigen sich die Schwierigkeiten beim Umgang mit Cloud-Sachverhalten als Symptom eines tiefergehenden Defizits, das darin besteht, dass der bundesdeutsche Gesetzgeber bislang wenig Mühe darauf verwendet hat, den Katalog strafprozessualer Ermittlungsbefugnisse an die Herausforderungen des digitalen Zeitalters anzupassen.[8] Die erst kürzlich eingeführten Vorschriften zu Quellen-TKÜ und Online-Durchsuchung[9] haben insofern zwar die richtige Zielrichtung, sind aber in einem hektischen und fragwürdigen Verfahren verabschiedet worden und weisen dementsprechend eine Reihe von Mängeln auf.

Die Diskussion über Cloud-Sachverhalte im nationalen Recht wird daher letztlich unweigerlich auf die klassischen Maßnahmen der Beschlagnahme bzw. Durchsuchung und der Telekommunikationsüberwachung (TKÜ) zurückgeworfen. Weil nun aber die Notwendigkeit des Zugriffs auf Cloud-Daten zur Gewährleistung einer effektiven Strafverfolgung angesichts der ubiquitären Verbreitung dieser Technologie unbezweifelbar ist, scheint sich eine gewisse Tendenz im Schrifttum bemerkbar zu machen, die überkommenen Eingriffsbefugnisse in einer Weise zu interpretieren, die den Zugriff auf die Cloud sicherstellt.[10] Dieser Tendenz wird in der vorliegenden Arbeit mit Nachdruck entgegengetreten. Dem wird die Einsicht entgegengehalten, dass der staatliche Zugriff auf Datenbestände in informationstechnischen Systemen mit Blick auf Intensi-

---

5 Frühzeitig etwa *Obenhaus*, NJW 2010, 651 ff.; *M. Gercke*, CR 2010, 345 ff.
6 *Dalby*, Grundlagen; *Wicker*, Strafanspruch, jew. *passim.*
7 Vgl. hierzu unten D. V. 2.
8 Siehe bereits knapp hierzu *Meinicke*, StV 2012, 463 sowie vertiefend *ders.*, in: Scholz/Funk (Hrsg.), S. 73, 75 ff.; grds. ebenso auch *Sieber*, DJT-Gutachten, C 155 f.
9 Hierzu unten D. IV.
10 Siehe etwa den Hinweis auf „unüberwindbare praktische Schwierigkeiten" beim Zugriff auf im Ausland gespeicherte Daten bei *Wohlers/Jäger*, in: SK-StPO, § 102 Rn. 15a a. E.; ausführlich nunmehr für eine „Problemlösung" auf der Basis des geltenden Rechts *Wicker*, Strafanspruch, S. 333 ff.

tät und Reichweite des Grundrechtseingriffs eine neuartige Qualität hat. Das ist vom Ersten Senat des Bundesverfassungsgerichts in seiner Entscheidung zur (präventiven) Online-Durchsuchung – sowie anschließend in der Entscheidung zum BKAG – im Grundsatz zutreffend herausgearbeitet worden.[11]

Weil in informationstechnischen Systemen also permanent (oft vom Nutzer unbemerkt) unterschiedlichste Daten gespeichert und erzeugt werden, aus denen sich in der Gesamtheit nicht selten aussagekräftige Persönlichkeitsbilder, Bewegungsprofile und Verhaltensmuster ableiten lassen, ist es unabdingbar, dass die wesentlichen Voraussetzungen des strafprozessualen Zugriffs auf entsprechende Daten vom Gesetzgeber in bereichsspezifischer und klarer Weise bestimmt werden. Die Uminterpretation geltender Vorschriften ist demgegenüber kein gangbarer Weg. Damit lässt sich das Ergebnis dieser Untersuchung an dieser Stelle vorwegnehmen: Das geltende Recht sieht – da auch die kürzlich neu in die Strafprozessordnung eingefügten Vorschriften zu Quellen-TKÜ und Online-Durchsuchng einer kritischen (verfassungsrechtlichen) Prüfung nicht standhalten – derzeit keine Ermächtigungsgrundlage für den Zugriff auf Cloud-Systeme vor. Das ist unter dem im Grundsatz anerkennenswerten Bedürfnis nach effektiver Strafverfolgung unbefriedigend, wobei den gravierendsten Auswirkungen durch die Anerkennung einer Übergangsfrist begegnet werden kann.[12] Im Übrigen sollte es nach Ansicht des Verf. aber auch Aufgabe einer rechtswissenschaftlichen Arbeit sein, ein entsprechendes Regelungsdefizit klar zu benennen, anstatt im vorauseilenden Gehorsam der gerichtlichen Praxis vermeintliche „Lösungen" anzubieten und damit den Gesetzgeber von seiner Verantwortung zu entlasten.

Die Rechtsprechung – namentlich ist hier der Zweite Senat des Bundesverfassungsgerichts zu nennen – hat in der Vergangenheit die eine oder andere Chance verpasst, den Gesetzgeber an seine verfassungsrechtlich verbürgte Verantwortung zu erinnern, die darin besteht, die wesentlichen Voraussetzungen neuartiger Grundrechtseingriffe in hinreichend bestimmter Weise zu regeln. In erster Linie ist hier die Entscheidung zum strafprozessualen Zugriff auf beim Diensteanbieter gespeicherte E-Mails zu nennen,[13] eine Maßnahme, die in technischer Hinsicht ein

---

11 Hierzu eingehend unten D I 3 a).
12 Siehe unten D. VI.
13 Vgl. hierzu unten D. I. 2.

Unterfall der Cloud-Problematik ist. Zuletzt wurde auch die Überwachung des Surfverhaltens, und damit ein der Intensität nach mit einer Online-Durchsuchung zumindest teilweise vergleichbarer Eingriff, auf die herkömmliche Telekommunikationsüberwachung gestützt.[14] Indem die Judikatur bis hin zum Zweiten Senat des Bundesverfassungsgerichts in dieser Weise das Instrumentarium der Zwangsmaßnahmen im geltenden Recht auf neuartige Eingriffe mit ihren spezifischen Gefährdungslagen ausdehnt, konnte für die Praxis eine trügerische Scheinsicherheit geschaffen werden dahingehend, dass der mit Blick auf die Bedürfnisse effektiver Strafverfolgung ohne Frage notwendige Zugriff auf informationstechnische Systeme – speziell auf die heute besonders weit verbreitete E-Mail-Kommunikation – auch ohne Gesetzesänderung möglich sein würde.

Indes zeigt sich spätestens bei der Rechtslage hinsichtlich der Überwachung des Surfverhaltens, dass solche Lösungen auf der Basis des überkommenen geltenden Rechts vermutlich nicht von Dauer sein können. Denn während der für das Strafrecht zuständige Zweite Senat am BVerfG diese Maßnahme in wenig überzeugender Weise unter Berufung auf § 100a StPO für zulässig erklärt hat, gibt es Rechtsprechung des für die präventiven Ermittlungsmaßnahmen zuständigen Ersten Senats, die diesem Verständnis recht eindeutig entgegensteht. Womöglich ist daher das letzte Wort noch nicht gesprochen hinsichtlich der Frage, ob die StPO in ihrer geltenden Fassung den Herausforderungen des digitalen Zeitalters gewachsen ist. Nach der hier entwickelten Lösung, die sich auf dem sicheren Boden allgemeiner verfassungsrechtlicher Maßstäbe verortet,[15] scheitert das geltend Recht hieran beinahe schon krachend.

Den grundsätzlich richtigen Weg für eine zukünftige gesetzliche Regelung weist aus Sicht des Verfassers der eingangs erwähnte Verordnungsvorschlag der Europäischen Kommission.[16] Darin wird ebenso simpel wie revolutionär das sog. Marktortprinzip implementiert, wonach die Strafverfolgungsorgane den Zugriff auf etwaige Daten unabhängig von ihrem konkreten – häufig gar nicht mehr zuverlässig zu ermittelnden – Speicherort an dem Ort vornehmen, an der der Serviceprovider seine Dienste anbietet. Damit wird der ansonsten unvermeidliche *loss*

---

14 Dazu unter D. III.
15 Vgl. zu diesen unten C.
16 Dazu unten D. V. 2. b).

of location,[17] der Verlust eines erreichbaren Ortes für den ermittlungsbehördlichen Zugriff auf die in der weltweiten informationstechnischen
Netzwerkstruktur zirkulierenden Daten, verhindert. Sofern dann – was
dem Vorschlag der Kommission leider gründlich misslingt – Eingriffsnormen geschaffen werden, die den sensiblen Anforderungen eines
zeitgemäßen Grundrechts- und Verfahrensschutzes Rechnung tragen,
müssen effektive Strafverfolgung einerseits und tragfähiger Grundrechtsschutz andererseits auch im „Strafprozessrecht 4.0" keine unüber-
windbaren Gegensätze bleiben.

Die vorliegende Untersuchung geht zur Klärung der beim strafprozessualen Zugriff auf Cloud-Systeme auftretenden Fragen wie folgt vor:
Zunächst werden im ersten Abschnitt die technischen Grundlagen etwas
näher geschildert, die für das Funktionieren von Cloud-Anwendungen
von Bedeutung sind (B). Anschließend müssen die verfassungsrechtlichen Rahmenbedingungen skizziert werden, die bei der Suche nach einschlägigen Ermächtigungsnormen zu beachten sind (C), bevor darauf
aufbauend die einzelnen in Betracht kommenden Eingriffsgrundlagen
innerhalb des deutschen Strafprozessrechts auf ihre Eignung zur Legitimation des Zugriffs auf die Cloud hin untersucht werden (D). Schließlich ist zu der Frage der Verwertbarkeit von rechtswidrig erlangten Daten
Stellung zu nehmen (E), bevor die Arbeit mit einer Zusammenfassung
der wesentlichen Ergebnisse endet (F). Die Untersuchung beschränkt
sich dabei auf die Voraussetzungen eines Zugriffs auf Inhaltsdaten,[18]
weil diese unter dem Gesichtspunkt eines angemessenen Grundrechtsschutzes von herausragender Bedeutung sind.[19]

---

17 Begriff von *Spoenle*, Cloud Computing, S. 5.
18 Vgl. zu diesem im TKG nicht ausdrücklich definierten Begriff statt Vieler *B. Gercke*, GA
 2012, 474, 484 f.
19 Zum Zugriff auf andere (insbesondere Bestands-)Daten vgl. nur *Dalby*, Grundlagen, S. 56 ff.

B. Technische Grundlagen

Nachstehend werden also zunächst die wichtigsten Grundbegriffe sowie die technischen Hintergründe des Phänomens „Cloud Computing" skizziert. Diese technisch-empirische Befundaufnahme soll einen präzisen Zugang zu den spezifischen rechtlichen Problemen beim strafprozessualen Zugriff auf in der Cloud gespeicherte Daten ermöglichen.

I. Definition und grundlegende Charakteristika

In einer knappen Definition[20] lässt sich Cloud Computing als Möglichkeit zur Nutzung von IT-Infrastruktur, die über ein Netzwerk (i. d. R. das Internet) zur Verfügung gestellt wird, beschreiben, wobei vom Anbieter je nach Bedarf z. B. Speicherplatz, Rechenleistung oder Software bereitgestellt werden kann.[21] Der Kunde nutzt also den Zugang zum Internet, um die von einem anderen zur Verfügung gestellte Soft- und Hardware zu verwenden.[22] Es lassen sich insbesondere fünf charakteristische Merkmale von Cloud Computing ausmachen:[23]

1. Ressource-Pooling

Zunächst ist das Konzept des sog. *Ressource-Pooling* zu nennen. Damit ist das Zusammenfassen („Poolen") bestimmter *physischer* Ressourcen, z. B. von Rechenleistung, Speicherkapazität oder Netzwerkbandbreite gemeint, wodurch ein zentral abrufbarer Vorrat entsteht, der bedarfsorientiert auf die einzelnen Nutzer verteilt wird.[24] Die Verteilung erfolgt auf der Basis sog. Virtualisierungen, das bedeutet, dass durch die Einführung einer logischen Abstraktionsebene von der tatsächlich vorhandenen

---

20 Vgl. zu den Definitionsschwierigkeiten im Einzelnen *Dalby*, Grundlagen, S. 149 f.
21 *Vossen/Haselmann u. a.*, Cloud-Computing, S. 20; vgl. außerdem den Nachw. zu der – in der Sache ähnlichen, jedoch etwas ausführlicheren – Definition des Branchenverbandes BITKOM bei *Schorer*, in: *Hilber*, Handbuch, C/1, Rn. 7.
22 *Vossen/Haselmann u. a.*, Cloud-Computing, S. ix: „Cloud Computing is using the Internet to access someone else's software running on someone else's hardware in someone else's data center".
23 Nach *Vossen/Haselmann u. a.*, Cloud-Computing, S. 21 sowie *Schorer*, in: *Hilber*, Handbuch, C/1, Rn. 8 m. w. N.
24 *Vossen/Haselmann u. a.*, Cloud-Computing, S. 22.

Hardware abstrahiert wird.[25] Es werden also logische Ressourcen auf physische Ressourcen abgebildet, wobei der Benutzer einer logischen Ressource in der Anwendung keinen Unterschied im Vergleich zur Verwendung der physischen Ressource selbst erkennen kann.[26] Wer Cloud Computing-Leistungen in Anspruch nimmt, erhält also virtuell seine eigene (physische) Struktur, „ein *Stück* Hardware, Betriebssystem und Software für sich selbst",[27] während er sich tatsächlich mit einer Vielzahl anderer Nutzer dieselben Ressourcen teilt. Diese Technik der Virtualisierung ist für die Funktionsweise des Cloud Computing von großer Bedeutung (vgl. auch unten).[28]

Der Parallelbegriff im Bereich der Datenhaltung zum auf physische Ressourcen bezogenen Begriff der *Virtualisierung* ist das sog. Konzept der Mandantenfähigkeit, der *Multi-Tenancy*. Dabei wird von physischen Datenbeständen abstrahiert und mit lediglich logisch separierten Einheiten gearbeitet, weshalb nur eine einzige Software-Basis für alle Nutzer zum Einsatz kommt.[29]

2. Rapid Elasticity

Ein weiteres zentrales Funktionsmerkmal von Cloud Computing-Systemen ist die sog. „rapid Elasticity" (im Deutschen inzwischen meist als „unverzügliche Elastizität" übersetzt). Diese hat zur Folge, dass das System extrem flexibel auf wechselnde Belastungen reagieren kann, was für den Nutzer den Eindruck erweckt, er könne über praktisch unbegrenzte Ressourcen verfügen.[30] Dieses Phänomen der scheinbaren Unerschöpflichkeit wird auch als „infinite Scalability" bezeichnet.[31] Die Vorteile lassen sich z.B. anhand eines Konzertveranstalters veranschaulichen,

---

25 *Vossen/Haselmann u. a.,* Cloud-Computing, S. 18; vgl. zur Virtualisierung in Cloud-Systemen auch *Meir-Huber,* Cloud Computing, S. 13.
26 *Vossen/Haselmann u. a.,* Cloud-Computing, S. 17; auch *Metzger/Reitz u. a.,* Cloud Computing, S. 15 f.
27 *Metzger/Reitz u. a.,* Cloud Computing, S. 3 f.
28 *Meir-Huber,* Cloud Computing, S. 22.
29 *Vossen/Haselmann u. a.,* Cloud-Computing, S. 22; zur Mandantenfähigkeit auch *Metzger/Reitz u. a.,* Cloud Computing, S. 14.
30 *Metzger/Reitz u. a.,* Cloud Computing, S. 14; *Vossen/Haselmann u. a.,* Cloud-Computing, S. 23.
31 *Vossen/Haselmann u. a.,* Cloud-Computing, S. 23.

der Tickets online anbietet.[32] Arbeitet dieser mit einer Cloud Plattform, spielt es keine Rolle, ob gerade Karten für den Auftritt eher unbekannter Bands oder eines internationalen Weltstars im Angebot sind. Selbst wenn es im letztgenannten Fall zu einem plötzlichen und sprunghaften Anstieg der Zugriffe kommt, verhindert die rapid Elasticity, dass die Server „in die Knie gehen" und die Seite für Nutzer nicht mehr verfügbar ist.

3. On Demand self-service

In engem Zusammenhang mit dem Phänomen der rapid Elasticity steht der sog. „on demand self-service", was mit „bedarfsorientierter Selbstbedienung" übersetzt werden kann. Dieses Konzept ermöglicht es dem Nutzer eines Cloud-Dienstes, jederzeit und ohne die Einschaltung von Mitarbeitern des Anbieters praktisch vollautomatisiert („automatic computing") die erforderliche Menge an Ressourcen anzupassen, wodurch der Anbieter zugleich Personal einspart und so attraktive Preise zur Verfügung stellen kann.[33] Zusätzliche Leistungen, z. B. Serverzeit oder Speicherplatz, können vom Nutzer in der Situation einer kurzfristig eintretenden Bedarfserhöhung regelmäßig online gebucht und sodann vom Anbieter meist innerhalb weniger Minuten oder gar Sekunden bereitgestellt werden.[34] Diese Automatisierung ist zwingend erforderlich, um die schnelle und flexible Nutzbarkeit der Cloud-Angebote zu realisieren, wodurch deren Attraktivität erheblich gesteigert wird, da Erhöhungen der Leistungsfähigkeit für den Nutzer anderenfalls zumeist mit Installationen oder gar Hardwarezukäufen verbunden sind.[35]

4. Broad network-access

Die jederzeitige flexible Nutzung von Cloud-Diensten erfordert weiterhin einen umfassenden Netzwerkzugriff („broad network-access").[36] Das besagt im Kern nichts anderes, als dass die angebotenen Leistungen

---

32 Angelehnt an *Meir-Huber,* Cloud Computing, S. 12 f.
33 *Vossen/Haselmann u. a.,* Cloud-Computing, S. 23 f.
34 *Metzger/Reitz u. a.,* Cloud Computing, S. 13 mit einem Beispiel.
35 *Vossen/Haselmann u. a.,* Cloud-Computing, S. 23 f.
36 *Vossen/Haselmann u. a.,* Cloud-Computing, S. 24.

für den Nutzer standardmäßig über das Internet verfügbar sein sollten.[37] Dadurch wird insbesondere die dezentrale Nutzung über unterschiedliche Endgeräte gewährleistet, von herkömmlichen Rechnern über Notebooks, Tablets und sogar Smartphones, sofern eine hinreichend große Bandbreite zur Verfügung steht.[38]

5. Measured service

Als fünftes funktionelles Merkmal des Cloud Computing kann die nutzungsbezogene Zahlung angesehen werden, was die Messung des Nutzungsvolumens erfordert, (engl. „measured service").[39] Die Notwendigkeit einer Messung, die je nach Art der genutzten Ressourcen unterschiedlich abläuft, folgt letztlich aus den vier zuvor dargestellten Prinzipien.[40] Ein transparentes und einsichtiges Kontrollverfahren dient sowohl den Interessen des Anbieters als auch des Nutzers (vgl. etwa die Internetseite trust.salesforce.com).[41]

II. Abgrenzung zu ähnlichen Technologien

Bereits in den 1960er Jahren wurden Konzepte entwickelt, mit denen höhere Anforderungen an die Leistungsfähigkeit von Rechnern nicht mehr ausschließlich durch die Konstruktion immer leistungsstärkerer einzelner („Super"-)Rechner, sondern durch die (sowohl effizientere als auch flexiblere) Zusammenschaltung mehrerer Rechner bewältigt werden sollten.[42] Diese Vorläufer des Cloud Computing und die Unterschiede zur heute verwendeten Technologie werden nachfolgend dargestellt, um auf diesem Wege die Besonderheiten der hier in Rede stehenden Technologie deutlicher herauszuarbeiten.

---

37 *Metzger/Reitz u. a.,* Cloud Computing, S. 13.
38 *Vossen/Haselmann u. a.,* Cloud-Computing, S. 24.
39 *Vossen/Haselmann u. a.,* Cloud-Computing, S. 24; *Metzger/Reitz u. a.,* Cloud Computing, S. 15.
40 *Vossen/Haselmann u. a.,* Cloud-Computing, S. 24
41 *Metzger/Reitz u. a.,* Cloud Computing, S. 15.
42 S. *Vossen/Haselmann u. a.,* Cloud-Computing, S. 13 ff.

1. Verteilte Systeme: Cluster- und Grid-Computing

Sowohl beim sog. „Cluster-" als auch beim „Grid-Computing" werden zunächst mehrere Rechner zu sog. „Knoten" verbunden, um dann wiederum mehrere dieser „Knoten" zu einem Gesamtsystem zu verbinden. Der zentrale Unterschied zwischen „Cluster-" und „Grid-Computing" besteht insoweit darin, dass ersteres auf der Zusammenschaltung mehrerer identischer Knoten besteht, die an einem Ort über ein Hochgeschwindigkeitsnetzwerk verbunden werden, während bei letzterem die einzelnen „Knoten" hinsichtlich Hardware, Software sowie im Hinblick auf die Anbindung an das „Grid" differieren.[43] „Grid-Computing" wird typischerweise für einen sehr begrenzten und klar spezifizierten Anwenderkreis verwendet, z. B. in der Wissenschaft oder im Pharma-Segment.[44] Der Zugriff erfolgt insoweit meist eher über ein organisationseigenes Intranet als über das Internet.[45]

Eine entscheidende Weiterentwicklung bei Cloud-Systemen gegenüber den Vorläufern besteht in der erheblich höheren Dynamik und Flexibilität. Während in Grid- und Cluster-Systemen die verfügbaren Ressourcen meist im Vorfeld verteilt werden, erfolgt bei Cloud-Systemen eine bedarfsorientierte Bereitstellung, weshalb nur Cloud-Systeme auf sich verändernden Ressourcenbedarf adäquat reagieren können.[46] Außerdem ist der Grad der Virtualisierung bei Cloud Computing deutlich höher, wo ausschließlich mit virtuellen Ressourcen gearbeitet wird.[47] Letztlich dürfte der Hauptgrund für den „Siegeszug" der Cloud-Technologie nicht zuletzt in ihrer Ausrichtung an Wirtschaftlichkeitsaspekten liegen, die bei Grid- und Cluster-Verfahren nicht bzw. nur in geringerem Maße gegeben ist.[48]

---

43 S. *Vossen/Haselmann u. a.,* Cloud-Computing, S. 15 f.
44 *Meir-Huber,* Cloud Computing, S. 19; *Repschläger/Pannicke u. a.,* HMD 2010, 6, 7 mit einem Beispiel; *Metzger/Reitz u. a.,* Cloud Computing, S. 24.
45 *Vossen/Haselmann u. a.,* Cloud-Computing, S. 25.
46 *Vossen/Haselmann u. a.,* Cloud-Computing, S. 25 f.
47 *Vossen/Haselmann u. a.,* Cloud-Computing, S. 25 f.
48 Vgl. dazu *Repschläger/Pannicke u. a.,* HMD 2010, 6, 7; außerdem zur deutlich höheren kommerziellen Bedeutung von Cloud Computing gegenüber der Grid-Technoplogie *Meir-Huber,* Cloud Computing, S. 19.

2. IT-Outsourcing

Cloud Computing steht im Kontext des seit den 1980er-Jahren zunehmend verbreiteten Konzepts des sog. IT-Outsourcing, das vor allem für die Vielzahl der Unternehmen relevant wird, für die IT zwar wichtig ist, jedoch nicht zu ihren eigenen Kernkompetenzen zählt.[49] Die Cloud-Technologie in ihrer heutigen Form ist jedoch eine deutliche Modifikation bzw. Weiterentwicklung klassischer Outsourcing-Konzepte.[50] So ermöglicht die für Cloud Computing charakteristische vollständige Entkopplung von Kundenstandort und Rechenzentrum eine wesentlich höhere Flexibilität aufgrund der Verteilbarkeit der ausgelagerten Dienste auf unterschiedliche Standorte.[51] Zudem sinkt die Abhängigkeit des Kunden vom Anbieter, da er jederzeit auf unterschiedliche Cloud-Dienste von unterschiedlichen Anbietern zugreifen kann und sich im Regelfall nicht langfristig an einen Dienstleister binden muss.[52] Das hat allerdings auch zur Folge, dass der Kunde keine individuelle Anpassung der angebotenen Dienste durch den Anbieter erwarten kann, sondern dass er diese regelmäßig selbst vornehmen muss.[53]

3. Das Application-Service-Provider-Modell

Das sog. Application-Service Provider-Modell (ASP) ist ein direkter Vorläufer des Cloud Computing in der Variante des Software-as-a-Service (dazu siehe unten). Auch beim ASP werden dem Kunden bedarfsorientiert Softwareanwendungen zur Verfügung gestellt, etwa über einen Terminal-Server-Zugang.[54] Der Anbieter stellt die Anwendung i.d.R. über das Internet oder ein privates Datennetz bereit und übernimmt für den Kunden Aufgaben wie Administration, Datensicherung sowie das Einspielen von Upgrades oder Patches.[55] Hier unterscheidet sich ASP vom sog. Applikations-Hosting, bei dem ebenfalls eine Software zur Verfügung gestellt wird, der Kunde aber Administration usw.

---

49 Vgl. *Vossen/Haselmann u.a.,* Cloud-Computing, S.16.
50 *Schmidt-Bens,* Cloud Computing, S.2f.
51 *Vossen/Haselmann u.a.,* Cloud-Computing, S.26f., die allerdings auch ein Beispiel für Prozesse benennen, die sich nicht für eine Auslagerung in die Cloud eignen.
52 *Schmidt-Bens,* Cloud Computing, S.3.
53 *Vossen/Haselmann u.a.,* Cloud-Computing, S.27.
54 *Vossen/Haselmann u.a.,* Cloud-Computing, S.16f.
55 *Metzger/Reitz u.a.,* Cloud Computing, S.23.

selbst übernimmt.[56] Ebenso wie das eigentliche Cloud Computing ist auch das ASP-Modell eine besondere Form des IT-Outsourcing.[57] Wenn das ASP-Konzept heute trotz der großen Parallelen zu Cloud Computing (speziell SaaS) als weitgehend durch letzteres überholt anzusehen ist, so liegt das daran, dass bei ASP-Modellen praktisch keine gemeinsame Nutzung physischer Ressourcen stattfindet, sondern für jeden Nutzer eine dezidiert-individuelle Infrastruktur bereitzustellen ist, weshalb die gewünschten Skaleneffekte letztlich oft nicht erreicht werden.[58]

4. Utility-Computing

Eher eine (in der Rückschau in mancherlei Hinsicht durchaus prophetische) Vision aus den Anfangszeiten des Internets als eine tatsächlich relevante Vorläufertechnologie des Cloud Computing verbirgt sich hinter dem Stichwort „Utility Computing". Der Informatiker John McCarthy sagte anlässlich eines Vortrags auf dem MIT Centennial 1961 voraus, dass es eines Tages möglich sein werde, Rechnerleistung im Rahmen der öffentlichen Versorgung vergleichbar mit dem Strom- oder dem Telefonnetz zu beziehen.[59] Nachdem einige frühe Versuche, diese Vision in die Tat umzusetzen gescheitert waren, nicht zuletzt wegen fehlender Verbreitung des Internets und unzureichender Hardware, wurde sie mit dem Aufkommen von Cloud Computing wieder aufgegriffen und ist heute in mancher Hinsicht bereits Realität.[60]

III. Service-Modelle

Cloud-Services werden in unterschiedlichen Modellen angeboten, die üblicherweise in die drei Kategorien SaaS, PaaS und IaaS unterteilt

---

56 *Metzger/Reitz u. a.,* Cloud Computing, S. 23.

57 *Repschläger/Pannicke u. a.,* HMD 2010, 6, 7; *Metzger/Reitz u. a.,* Cloud Computing, S. 24.

58 *Vossen/Haselmann u. a.,* Cloud-Computing, S. 17; auch *Repschläger/Pannicke u. a.,* HMD 2010, 6, 7, wonach es sich bei ASP und SaaS um „das gleiche Modell, […] aber unterschiedliche Entwicklungsstufen und Ausprägungen" handelt.

59 Vgl. das abgedruckte Originalzitat bei *Vossen/Haselmann u. a.,* Cloud-Computing, S. 19; ferner *Repschläger/Pannicke u. a.,* HMD 2010, 6; siehe aber auch *Schorer,* in: *Hilber,* Handbuch, C/1, Rn. 2, wo das Konzept des Utility-Computing dem kanadischen Forscher und Wissenschaftsminister *Douglas Parkhill* zugeschrieben wird, wobei dessen Buch erst 1966 erschien.

60 *Vossen/Haselmann u. a.,* Cloud-Computing, S. 19.

sind.[61] Teilweise wird die Kombination der Modelle auch als Everything-as-a-Service (EaaS) bezeichnet.[62]

1. Software-as-a-Service (SaaS)

Das bislang wohl am weitesten verbreitete Modell zur Bereitstellung von Cloud-Anwendungen läuft unter der Bezeichnung „Software-as-a-Service (SaaS)".[63] Hier stellt der Provider eine Software zur Verfügung, die vom Endkunden über einen Webbrowser benutzt, jedoch hinsichtlich Wartung, Aktualisierung, Fehlerbeseitigung usw. ausschließlich vom (Cloud-) Provider betrieben wird.[64] Der Nutzer kann somit von unterschiedlichen (auch mobilen) Endgeräten aus jederzeit auf seine Anwendungen (Dokumente) zugreifen, ohne dass die entsprechende Software auf den Endgeräten noch installiert sein muss.[65] Unter die Rubrik „SaaS" fallen z. B. klassische Webmail-Dienste wie „Web.de" oder „Microsoft Hotmail" sowie etwa SalesForce CRM oder Google Docs.[66] SaaS bietet eine breite Palette von Einsatzmöglichkeiten und ist deshalb sowohl für kommerzielle (Business) als auch für private Nutzer von großem Interesse.[67] Google bietet z. B. Tabellenkalkulations-, Textverarbeitungs- und Präsentationssoftware via SaaS an, was für Firmenkunden besonders interessant sein kann.[68]

Herkömmliche Webmail-Dienste bilden i. Ü. den ersten – bislang nicht immer als solchen benannten – Berührungspunkt zwischen Cloud Computing (in Form von SaaS) und strafprozessualen Ermittlungen, da die Möglichkeiten des Zugriffs von Ermittlern auf in Webmail-Accounts gespeicherte E-Mails Gegenstand einer breiten Diskussion in Rechtspre-

---

61 *Vossen/Haselmann u. a.,* Cloud-Computing, S. 3, 28; vgl. zu gelegentlich gebrauchten weiteren Kategorien *Terplan/Voigt,* Cloud, S. 27 f.; außerdem *Schorer,* in: *Hilber,* Handbuch, C/1, Rn. 24 und 27 f.
62 *Dalby,* Grundlagen, S. 155.
63 Laut einer Studie von PWC nutzen zwei Drittel aller dort befragten Unternehmen SaaS-Anwendungen, s. *Vehlow/Golkowsky,* Cloud Computing.
64 *Vossen/Haselmann u. a.,* Cloud-Computing, S. 28.
65 *Metzger/Reitz u. a.,* Cloud Computing, S. 21; *Schorer,* in: *Hilber,* Handbuch, C/1, Rn. 24; vertiefend *Meir-Huber,* Cloud Computing, S. 46 ff.
66 Zu diesen und weiteren Beispielen *Schmidt-Bens,* Cloud Computing, S. 16; *Vossen/Haselmann u. a.,* Cloud-Computing, S. 28; *Metzger/Reitz u. a.,* Cloud Computing, S. 22; *Dalby,* Grundlagen, S. 166 ff.
67 *Meir-Huber,* Cloud Computing, S. 47.
68 *Schorer,* in: *Hilber,* Handbuch, C/1, Rn. 26.

chung und Schrifttum ist (dazu näher siehe unten). Sofern zunehmend Firmen dazu übergehen sollten, Teile ihrer betriebsbezogenen Unterlagen (z. B. Buchhaltung) über SaaS-Anwendungen zu verwalten,[69] können vergleichbare Probleme zukünftig auch vermehrt in Wirtschaftsstrafverfahren auftreten, wenn die Ermittler bei Durchsuchungen in den Firmengebäuden auf der dort vorgefundenen Hardware keine Daten finden.

2. Platform-as-a-Service (PaaS)

Unter dem Schlagwort „Platform-as-a-Service (PaaS)" versteht man die Bereitstellung einer Entwickler-Plattform, auf der die Nutzer – es wird sich regelmäßig um Web-Entwickler handeln – eigene Programme kreieren und hosten können.[70] Geläufige Beispiele hierfür sind die „Google App Engine" oder „Microsoft Windows Azure". Solche Anwendungen stellen dem Benutzer eine vollständige Entwicklungsumgebung für Programmierarbeiten zur Verfügung.[71] PaaS-Angebote sind die Basis für die Entwicklung von SaaS-Anwendungen, die bei Nutzung von PaaS-Technologien produziert werden können, ohne dass der Entwickler eigene IT-Kapazitäten vorhalten muss.[72] Der PaaS-Anbieter legt zur Ermöglichung einer umfassenden Automatisierung regelmäßig bestimmte Rahmenbedingungen fest, etwa die Programmiersprache und verwendbare Bibliotheken, während der Kunde im Übrigen seine Programme nach eigenem Belieben gestalten kann.[73] Häufig liegen bereits einzelne Komponenten einer Entwicklung als vom Anbieter bereitgestellte Dienste vor.[74]

3. Infrastructure-as-a-Service (IaaS)

Bei „Infrastructure-as-a-Servie (IaaS)" stellt der Anbieter (virtuelle) Hardware oder Infrastrukturdienstleistungen bereit, also vor allem Speicherplatz, Rechnerkapazität oder Netzwerkbandbreite.[75] Anders als bei

---

69 Vgl. zu Bürosoftware als SaaS auch *Schorer*, in: *Hilber*, Handbuch, C/1, Rn. 54 und 61.
70 Näher *Vossen/Haselmann u. a.*, Cloud-Computing, S. 29.
71 *Schmidt-Bens*, Cloud Computing, S. 17; *Metzger/Reitz u. a.*, Cloud Computing, S. 21.
72 *Repschläger/Pannicke u. a.*, HMD 2010, 6, 10; *Schorer*, in: *Hilber*, Handbuch, C/1, Rn. 23.
73 *Vossen/Haselmann u. a.*, Cloud-Computing, S. 29.
74 *Metzger/Reitz u. a.*, Cloud Computing, S. 21.
75 *Vossen/Haselmann u. a.*, Cloud-Computing, S. 30; *Schmidt-Bens*, Cloud Computing, S. 17; *Metzger/Reitz u. a.*, Cloud Computing, S. 21; *Schorer*, in: *Hilber*, Handbuch, C/1, Rn. 22.

PaaS ist der Kunde bei IaaS-Modellen vollständig für die Installation und Nutzung des Betriebssystems sowie etwaiger Anwendungskomponenten verantwortlich, während der Cloud-Anbieter ausschließlich die Hardware/die Infrastruktur zur Verfügung stellt.[76] IaaS-Anwendungen bieten dem Nutzer lediglich das „Rohmaterial", während er vollständig frei über die softwaretechnische Nutzung entscheiden kann.[77] Die erforderlichen Ressourcen lassen sich je nach Bedarf des Nutzers in ihrem Volumen flexibel anpassen.[78] Durch eine gezielte Lastverteilung, das sog. „Load Balancing", stellt der Anbieter sicher, dass für jeden Kunden die erworbenen Leistungen stets verfügbar sind.[79] Alternativ kann der Kunde aber auch dezidiert für ihn bereitgestellte Ressourcen in Anspruch nehmen, was allerdings regelmäßig mit höheren Kosten verbunden ist.[80] Das typische Anwendungsbeispiel aus dem Bereich des IaaS ist die Bereitstellung von Rechenleistung („Compute"), was im Begriff „Cloud *Computing*" zum Ausdruck kommt.[81] Ein bekanntes Beispiel für IaaS sind die Amazon Web Services.[82]

IV. Verschiedene Arten von Clouds

Es existieren unterschiedliche Arten von Clouds. Nach der geläufigen Unterteilung werden insoweit öffentliche, nichtöffentliche (private), Community- und Hybride-Clouds unterschieden.

1. Öffentliche Cloud

In einer öffentlichen Cloud (Public Cloud) können grundsätzlich beliebig viele Nutzer ohne Zugangsbeschränkung – ggf. gegen eine Nutzungsgebühr – die angebotenen Dienste in Anspruch nehmen.[83] Insbesondere große Anbieter, wie z.B. Google, Microsoft oder Amazon,

---

76 *Schmidt-Bens,* Cloud Computing, S. 17.
77 *Meir-Huber,* Cloud Computing, S. 42 spricht von der „untersten Schicht".
78 Vgl. *Repschläger/Pannicke u.a.,* HMD 2010, 6, 9.
79 *Meir-Huber,* Cloud Computing, S. 42.
80 *Schorer,* in: *Hilber,* Handbuch, C/1, Rn. 22.
81 *Vossen/Haselmann u.a.,* Cloud-Computing, S. 30.
82 Siehe hierzu etwa *Schmidt-Bens,* Cloud Computing, S. 17 f.; siehe auch *Schorer,* in: *Hilber,* Handbuch, C/1, Rn. 22 a.E.
83 *Vossen/Haselmann u.a.,* Cloud-Computing, S. 30.

treten als Betreiber von öffentlichen Clouds in Erscheinung.[84] Bei diesen Anbietern funktioniert der Vertragsabschluss regelmäßig im Wege eines sog. „click-through statement", das direkt online abgeschlossen wird und dem Nutzer den unmittelbaren Zugang zu den gewünschten Diensten ermöglicht.[85] Typischerweise bei nationalen Anbietern kann die Vertragsgrundlage aber auch in einem schriftlichen Vertragswerk bestehen, das wesentlich größere Spielräume für spezifische Gestaltungen der Zusammenarbeit zwischen Anbieter und Nutzer (sog. Service-Level-Agreements, SLA) ermöglicht.[86]

2. Nichtöffentliche Cloud

Eine *nichtöffentliche* Cloud (Private Cloud) wird demgegenüber regelmäßig für eine einzige Organisation/Firma bzw. deren Mitglieder/Mitarbeiter betrieben, wobei die Organisation/Firma entweder selbst die Verwaltung übernimmt oder diese Aufgabe an einen externen Dienstleister überträgt.[87] Im engeren Sinne sollte von einer nichtöffentlichen *Cloud* jedoch erst gesprochen werden, wenn die oben angegebenen Cloud-spezifischen Kriterien erfüllt sind, so dass eine Abgrenzung z.B. von reinen Server-Virtualisierungen gewährleistet bleibt.[88] Derartige private/nichtöffentliche Clouds bieten den Nutzern – neben einer Bewältigung von Problemen im Bereich Datensicherheit –[89] ein hohes Maß an Individualisierung, führen jedoch auch zu deutlich erhöhten Kosten.[90] Sie sind daher regelmäßig nur für große Organisationen attraktiv und werden z.B. in Universitätsrechenzentren eingesetzt.[91] Dabei kann der Anbieter entweder die nötige Hard- und Software „schlüsselfertig" im Rechenzentrum des Kunden aufbauen und den Betrieb in der Folgezeit per Fernwartung übernehmen (sog. „on premises, managed service, private cloud") oder der Kunde stellt über das Internet eine Verbindung zu

---

84 *Meir-Huber,* Cloud Computing, S. 40.
85 *Schorer,* in: *Hilber,* Handbuch, C/1, Rn. 18 mit einem Überblick über Vor- und Nachteile aus Unternehmenssicht.
86 *Schorer,* in *Hilber,* Handbuch, C/1, Rn. 19.
87 *Vossen/Haselmann u. a.,* Cloud-Computing, S. 30; *Schmidt-Bens,* Cloud Computing, S. 18.
88 *Schorer,* in: *Hilber,* Handbuch, C/1, Rn. 13.
89 *Metzger/Reitz u. a.,* Cloud Computing, S. 18.
90 Vgl. *Meir-Huber,* Cloud Computing, S. 41.
91 *Vossen/Haselmann u. a.,* Cloud-Computing, S. 30.

Hard- und Software des Anbieters her, die sich in dessen Rechenzentrum befinden ("off premises cloud").[92]

3. Community-Cloud

Eine spezielle Form der nichtöffentlichen Cloud ist die sogenannte *Community-Cloud*, die von mehreren Organisationen mit ähnlichen Anforderungen gemeinsam genutzt wird, z.B. im Gesundheitswesen, bei Banken und Sparkassen oder bei Steuerberatern.[93] Letztlich handelt es sich um einen Zusammenschluss mehrerer "Private Clouds", durch den die beteiligten Organisationen Kosteneinsparungen realisieren können.[94] Community-Clouds finden vor allem dort Anwendung, wo die Cloud-Nutzer zwar die Sicherheit einer nichtöffentlichen Cloud benötigen, jedoch (z.B. aufgrund mangelnder Größe) keine eigene Cloud betreiben können oder wollen.[95]

4. Hybride Cloud

Von einer sogenannten *hybride Cloud* spricht man, wenn mehrere Clouds durch Standards oder proprietäre Technologien verknüpft werden, um den Austausch von Daten und Programmen – z.B. zum Zweck einer Lastbalancierung zwischen mehreren Clouds einer Organisation – zu ermöglichen.[96] Häufig werden Teile des IT-Portfolios eines Unternehmens in einer privaten Cloud betrieben, während andere Teile in eine öffentliche Cloud ausgelagert werden.[97] Ein weiterer Anwendungsfall ist das sog. *Cloud-Bursting*, das "Ausbrechen" aus einer Cloud in eine weitere, wenn die Ressourcen der ersten nicht mehr ausreichen.[98] Auch dann, wenn etwa aus Sicherheitsgründen Teile des Datenbestandes eines

---

92 *Schorer*, in: *Hilber*, Handbuch, C/1, Rn. 14 ff.
93 *Vossen/Haselmann u.a.*, Cloud-Computing, S. 31.
94 *Metzger/Reitz u.a.*, Cloud Computing, S. 19.
95 *Vossen/Haselmann u.a.*, Cloud-Computing, S. 31.
96 *Vossen/Haselmann u.a.*, Cloud-Computing, S. 31; auch *Meir-Huber*, Cloud Computing, S. 41.
97 Die Windows Azure-Plattform bietet etwa solche Lösungen an, vgl. *Schmidt-Bens*, Cloud Computing, S. 20; zum Zusammenspiel von öffentlichen und nichtöffentlichen Clouds im Rahmen von hybride Cloud-Konzepten auch *Metzger/Reitz u.a.*, Cloud Computing, S. 19 f.; näher außerdem *Schorer*, in: *Hilber*, Handbuch, C/1, Rn. 20.
98 *Vossen/Haselmann u.a.*, Cloud-Computing, S. 31.

Unternehmens nicht außerhalb von Europa gelagert werden sollen, kann eine hybride Cloud die adäquate Lösung sein, indem zum einen globale SaaS-Lösungen verwendet, bestimmte Daten aber in einer lokalen Cloud abgelegt werden.[99]

V. Technische Grundvoraussetzungen für Cloud Computing

Es waren unterschiedliche Entwicklungen und Fortschritte in der Informationstechnologie erforderlich, bevor Cloud Computing in der heutigen Form technisch realisierbar wurde. Die wesentlichen Entwicklungsschritte sollen im nachfolgenden Abschnitt im Überblick dargestellt werden.

1. (Breitband-)Internet, Hochleistungsserver, Multicore-Prozessoren und Web 2.0

Zunächst sind Entwicklung und Verbreitung der Internettechnologie ersichtlich eine unabdingbare Voraussetzung für die Existenz von Cloud-Technologien. Dabei lässt sich der Begriff „Internet" grundsätzlich in zwei unterschiedlichen Richtungen deuten. Zum einen kann darunter die physische Verbindung von Rechnern und anderen Endgeräten wie Mobiltelefonen oder Fernsehern auf der ganzen Welt mittels Koaxialkabeln, Kupferdrähten, Glasfasern und Radiowellen verstanden werden.[100] Dem steht es nahe, wenn das BVerfG das Internet als „elektronische[n] Verbund von Rechnernetzwerken"[101] beschreibt. Zum anderen bezeichnet der Begriff „Internet" aber auch eine einheitliche, auf dem TCP/IP-Modell basierende Verständigungsmethode, die den Datenaustausch zwischen den physisch miteinander verbundenen Rechnern und Rechnernetzwerken ermöglicht.[102] Dabei wird jedem der beteiligten Rechner durch das Internet Protocol (IP) eine eigene IP-Adresse zugeordnet.[103] Das Transmission Control Protocol (TCP) sorgt sodann für eine Funktionalität des Datenaustausches, vor allem dafür, dass die in kleinere Teile

---

99 *Metzger/Reitz u.a.,* Cloud Computing, S. 20.
100 *Kurose/Ross, Computernetzwerke,* S. 23.
101 BVerfGE 120, 274 (276).
102 *Böckenförde,* Ermittlung, S. 32.
103 *Störing,* Zugriffsmöglichkeiten, S. 12 f.

zerlegten Datenpakete beim Empfänger wieder richtig zusammengefügt und eventuelle Fehler gemeldet werden.[104]

Es ist letztlich die Kombination der weltweit verbundenen physischen Ressourcen und der von diesen genutzten einheitlichen Kommunikationsverfahren, durch die nicht nur internetbasierte Anwendungen wie das World Wide Web, E-Mail-Kommunikation, Instant Messaging und Internettelefonie ermöglicht werden.[105] Vielmehr ist diese Infrastruktur eben auch Grundvoraussetzung für die Idee des Cloud Computing, da ohne Internettechnologie der Zugriff der Nutzer auf die in der Cloud gespeicherten Daten von ihren jeweiligen (auch unterschiedlichen) Endgeräten nicht denkbar wäre. Damit Cloud Computing zu einem für ein breites Publikum verfügbaren Phänomen werden konnte, war überdies nicht nur das Internet als solches notwendig, sondern hinzukommen musste vielmehr auch die große Verbreitung leistungsfähiger (Breitband-)Anschlüsse.[106] Auch Hochleistungsserver sind als technische Grundbedingung der Funktionstauglichkeit von Cloud Computing unabdingbar.[107]

Insbesondere die Erfindung der Multicore-Prozessoren, bei denen sich auf einem Chip mehrere Recheneinheiten (Kerne) befinden, war eine Voraussetzung dafür, dass Cloud Computing zu einer preisgünstigen – und damit in größerem Umfang marktfähigen – Dienstleistung werden konnte.[108] Heutzutage arbeiten Server meist mit mehreren Multicore-Prozessoren, wobei durch Virtualisierungstechnologien jeder einzelne Kern als (virtueller) CPU verwendet werden kann.[109]

Schließlich sind die Verknüpfung mit den Standard-Webbrowsern und dem Web 2.0 sowie die Anwendung von Cloud-Konzepten auf mobilen Endgeräten von großer Bedeutung für die erfolgreiche Verbreitung der Technologie. Grundsätzlich soll für den Nutzer allein der Internetzugang über einen gebräuchlichen Browser (Internet Explorer, Firefox, Safari, Chrome usw.) notwendig sein, um den Zugang zu den unterschiedlichen Anwendungen zu erhalten, während lokale Installation bzw. Konfigu-

---

104 *Meininghaus, Zugriff,* S. 7; *Scherff,* Computernetzwerke, S. 320 f.
105 *Kurose/Ross,* Computernetzwerke, S. 26.
106 *Metzger/Reitz u. a.,* Cloud Computing, S. 3; *Meir-Huber,* Cloud Computing, S. 13.
107 *Metzger/Reitz u. a.,* Cloud Computing, S. 3, die Hochleistungsserver als das „Herz von Cloud Computing" bezeichnen.
108 *Schorer,* in: *Hilber,* Handbuch, C/1, Rn. 37.
109 *Schorer,* in: *Hilber,* Handbuch, C/1, Rn. 37.

ration von Software obsolet wird.[110] In Kombination mit Web 2.0 entsteht eine attraktive Darstellung der Cloud-Dienste, die der Nutzer über den Browser wie herkömmliche Software bedienen kann, so dass ein interaktives Arbeiten ermöglicht wird.[111] Diese Dienste sind über mobile Endgeräte (sog. „Thin Clients") überall und jederzeit verfügbar, wodurch der klassische PC an Bedeutung einbüßt.[112] Auch die Bedeutung des verwendeten Betriebssystems wird geringer, da dieses in letzter Konsequenz nur noch dazu dient, die Nutzung des Browsers – und damit den Zugang zu den gewünschten Cloud-Diensten – zu ermöglichen.[113]

2. Virtualisierung

Die Technik der Virtualisierung (vgl. bereits oben), worunter in der Informatik üblicherweise die Abbildung logischer Ressourcen auf physische Ressourcen (= Hardware) verstanden wird,[114] spielt für das Cloud Computing eine zentrale Rolle.[115] Durch die Implementation von Virtualisierungstechnologien wird mittels einer zusätzlich geschaffenen (logischen) Ebene zwischen Software- und Hardwareumgebung eine Abstraktion von der tatsächlich physisch vorhandenen Hardware bewirkt, wobei dem Benutzer der Unterschied zwischen logischen und physischen Ressourcen idealerweise verborgen bleibt.[116] Dieses Instrument ermöglicht es, dass unterschiedliche Benutzer gleichzeitig und unabhängig voneinander auf dieselbe Hardware (z. B. Speicherplatz und/oder Rechenleistung) zugreifen und dabei verschiedene Programme ausführen können, ohne dass dabei die Sicherheit oder die Individualität der einzelnen Nutzer in Frage gestellt wird.[117] Grundsätzlich kann zwischen

---

110 *Metzger/Reitz u. a.,* Cloud Computing, S. 4 und 13; zu den Anforderungen an den verwendeten Browser näher *Schorer,* in: *Hilber,* Handbuch, C/1, Rn. 32 ff.
111 *Metzger/Reitz u. a.,* Cloud Computing, S. 4.
112 *Schorer,* in: *Hilber,* Handbuch, C/1, Rn. 91.
113 *Schorer,* in: *Hilber,* Handbuch, C/1, Rn. 35.
114 *Vossen/Haselmann u. a.,* Cloud-Computing, S. 17.
115 *Metzger/Reitz u. a.,* Cloud Computing, S. 15; *Meir-Huber,* Cloud Computing, S. 22; vgl. aber auch den Hinweis bei *Schorer,* in: *Hilber,* Handbuch, C/1, Rn. 13, dass die Verwendung von Virtualisierungstechniken allein es nicht rechtfertigt, von Cloud Computing zu sprechen, sofern nicht auch die weiteren charakteristischen Merkmale erfüllt sind; vertiefend zur Virtualisierung siehe *Schorer,* a. a. O., Rn. 40 ff.
116 *Vossen/Haselmann u. a.,* Cloud-Computing, S. 17 f.; zur Verwendung sog. Hypervisoren in diesem Zusammenhang näher *Schorer,* in: *Hilber,* Handbuch, C/1, Rn. 40 f.
117 *Metzger/Reitz u. a.,* Cloud Computing, S. 3 f.

Hardware- und Softwarevirtualisierung, innerhalb letzterer wiederum zwischen System- und Anwendungsvirtualisierung unterschieden werden.[118]

Durch Virtualisierung lassen sich deutliche Kostensenkungen bewirken, da die sog. Beschreibungsdatei, über die virtuelle Ressourcen erzeugt werden, wenn sie einmal fertiggestellt wurde, beliebig viele Ressourcen erzeugen kann, ohne dass physisch zusätzliche Hardware angeschafft werden muss.[119] Nur durch die Nutzung solcher Verfahren ist es den Anbietern von Cloud Computing also möglich, einer Vielzahl von Nutzern die entsprechenden Leistungen zu vergleichsweise niedrigen Kosten anzubieten.

Generell gilt, dass Cloud Computing nicht auf völlig neuartigen Technologien beruht, sondern dass die entsprechenden Verfahren und Methoden in der Informationstechnologie bereits seit einiger Zeit existieren.[120] Die größten Veränderungen, die durch die zunehmende Verbreitung von Cloud-Technologien bewirkt werden, spielen sich vielmehr in den Prozess- und Organisationsstrukturen der diese Technologie betrieblich nutzenden Unternehmen ab.[121]

VI. Technische Einzelheiten

Im Folgenden Abschnitt sollen die technischen Anforderungen und Charakteristika von Cloud Computing-Systemen etwas näher dargestellt werden.

1. Anforderungen an Cloud-Systeme und charakteristische Merkmale

a) Transparenz

Eine wichtige Anforderung an Cloud-Systeme ist die Transparenz, wobei dieser Begriff im Hinblick auf seine heute oft gebräuchliche Verwendung eher kontraintuitiv ist. Gemeint ist, dass sämtliche Einzelheiten

---

118 Näher *Meir-Huber*, Cloud Computing, S. 23.
119 *Schorer*, in: *Hilber*, Handbuch, C/1, Rn. 42.
120 *Schorer*, in: *Hilber*, Handbuch, C/1, Rn. 29.
121 *Schorer*, in: *Hilber*, Handbuch, C/1, Rn. 29.

der technischen Abwicklung der Cloud, also z. B. die Verteilung der einzelnen Komponenten und Ressourcen, die Details der jeweils zugrunde liegenden Datenbanken oder die ablaufenden Programmroutinen dem Nutzer, der lediglich eine einheitliche Oberfläche wahrnimmt, verborgen bleiben (und insoweit gerade nicht im üblicherweise gebräuchlichen Sinne transparent sind!).[122] Transparenz bedeutet in diesem Kontext also vielmehr Unsichtbarkeit.[123] Damit in direktem Zusammenhang steht die automatisierte Administration von Cloud-Diensten, in deren Rahmen der Provider üblicherweise insbesondere die folgenden Leistungen „unsichtbar" für den Nutzer erbringt: Software-Upgrades, Versionswechsel, Sicherheits-Patches, Service-Packs und sonstige Aspekte der Software-Wartung, Hardware-Wartung (z. B. Speichererweiterung oder Austausch fehlerhafter Festplatten).[124] Im umgekehrten (herkömmlichen) Sinne transparent, nämlich für den Nutzer nachvollziehbar, soll dagegen die Messung des Verbrauchs stattfinden, für die *Dashboards* wie die *AWS Management Console* zum Einsatz kommen, welche eine Verwaltung von Rechen-, Speicher- und anderen Cloud-Ressourcen ermöglichen.[125]

b) Ausfallsicherheit und hohe Verfügbarkeit

Weitere zentrale Leistungsmerkmale von Cloud Computing-Systemen sind die Ausfallsicherheit sowie die hohe Verfügbarkeit. Das dahinter stehende Grundprinzip ist schlichte Redundanz, indem z. B. auf zusätzlicher Hardware identische Softwaresysteme ablaufen, so dass idealerweise bei Ausfall eines Systems das andere ohne Verzögerungen oder Datenverluste „einspringen" kann.[126] Man kann auch von „Replikation" oder (engl.) „Mirroring" sprechen, wenn dieselben Daten synchron an verschiedenen Orten bereitgehalten werden.[127] Auf diese Weise können Cloud Computing-Provider häufig eine Verfügbarkeit von 99,9 % garantieren, die bei traditionellem Hosting kaum erreichbar ist.[128] Allerdings bedarf die identische Vorhaltung von Daten angesichts von (virtualisier-

---

122 Vgl. zu den insoweit oft erforderlichen sog. transaktionalen Garantien, durch die gewährleistet ist, dass sich ein Mehrbenutzersystem für jeden einzelnen Nutzer wie ein Einbenutzersystem darstellt vgl. *Vossen/Haselmann u. a.,* Cloud-Computing, S. 52.

123 Zum Vorstehenden *Vossen/Haselmann u. a.,* Cloud-Computing, S. 49.

124 *Vossen/Haselmann u. a.,* Cloud-Computing, S. 53.

125 *Vossen/Haselmann u. a.,* Cloud-Computing, S. 54.

126 *Vossen/Haselmann u. a.,* Cloud-Computing, S. 50.

127 *Schorer,* in: *Hilber,* Handbuch, C/1, Rn. 47.

128 *Meir-Huber,* Cloud Computing, S. 34 f.

ter) Replikation spezieller Algorithmen, die insbesondere in der Lage sein müssen, vorübergehende Unterbrechungen der Netzverbindungen zu berücksichtigen.[129]

c) Elastizität und Skalierbarkeit

Die „Skalierbarkeit" ist ein „fundamentales Konzept aller verteilten Systeme" und meint im Grundsatz das Laufzeitverhalten des Systems unter den Bedingungen von sich änderndem In- oder Output.[130] Sie kann entweder in vertikaler Hinsicht erfolgen, indem einer Einheit des Systems („Knoten") z. B. zusätzliche Speicherkapazität hinzugefügt wird, oder es wird horizontal skaliert, indem das System um zusätzliche „Knoten" (Hardware) ergänzt wird.[131] Anwendungen in der Cloud können aufgrund der praktisch beliebig verfügbaren Ressourcen (Virtualisierung!) sehr gut auf wachsenden (oder sinkenden) In- bzw. Output reagieren.[132] Das hat die sog. *Elastizität* des Systems zur Folge, das sich nahezu ohne Vorlaufzeit an einen veränderten Ressourcenbedarf anpassen kann.[133]

2. Datensicherheit

a) Grundsätzliches

Es ist naheliegend, dass die Sicherheit von Informationen und Daten für denjenigen, der Cloud-Computing-Anwendungen nutzt, von zentraler Bedeutung sind, wobei einerseits die Sicherheit gegenüber dem unberechtigten Zugriff Dritter (Informationssicherheit) und andererseits der Schutz vor dem Verlust der Daten (Datensicherung) zu berücksichtigen ist. Für ersteres ist vor allem auf Verschlüsselungstechniken, für letzteres – wie bereits angesprochen – auf Redundanz zurückzugreifen.[134] Darüber hinaus ist das Thema Datensicherung aber auch für Fragen der (strafrechtlichen) Ermittlungstätigkeit in Cloud-Systemen von Relevanz. Denn je nach dem zugrundeliegenden Sicherungsverfahren finden die Ermittler unterschiedlich vollständige Datensätze vor, wenn sie bei ei-

---

129 *Vossen/Haselmann u. a.,* Cloud-Computing, S. 50 f. und näher S. 55 ff.
130 *Vossen/Haselmann u. a.,* Cloud-Computing, S. 13 f.
131 *Vossen/Haselmann u. a.,* Cloud-Computing, S. 14 f.
132 Näher hierzu *Meir-Huber,* Cloud Computing, S. 32 f.
133 *Vossen/Haselmann u. a.,* Cloud-Computing, S. 53.
134 *Vossen/Haselmann u. a.,* Cloud-Computing, S. 52 f.

nem Provider auf die Daten zugreifen, zumal bei bestimmten Verfahren auch eine Wiederherstellung gelöschter Daten[135] möglich ist. Auch die Frage, wo die Daten physisch aufbewahrt werden, kann aus der Sicht der Ermittler eine große Rolle spielen.[136] Daher werden nachfolgend die Grundlinien unterschiedlicher Sicherungskonzepte vorgestellt.

b) Datensicherungsstrategie

Der Cloud-Anbieter benötigt eine Datensicherungs- oder Backup-Strategie, in die regelmäßig die folgenden Aspekte einzubeziehen sind:[137]

- Regelmäßigkeit und Zeitpunkt von Datensicherungen, Zeitfenster zu deren Erstellung, notwendige Historie, Zeitpunkt der Löschung älterer Backups,

- redundante und örtlich getrennte Aufbewahrungen der die Sicherung enthaltenden Medien,

- regelmäßige Prüfung von Vollständigkeit, Integrität und Wiederherstellbarkeit,

- Automatisierbarkeit sowie Anwendbarkeit von Standards bzw. von Datenkompression und

- Sicherung der Transportwege für Daten vom Anwender zum Service und zurück.

Kombiniert werden muss eine Datensicherungsstrategie mit einer Wiederherstellungsstrategie, bei der die Verfahren zur Wiederherstellung im Unternehmen immer mehreren Mitarbeitern bekannt sein sollten.[138]

c) Arten der Datensicherung und Speichermedien

Grundsätzlich sind Datensicherungsverfahren aus der Verwendung von Datenbank- und Dateisystemen bekannt und können im Wesentlichen auf den Cloud-Kontext übertragen werden.[139] Datenbanksysteme unter-

---

135 Dazu *Vossen/Haselmann u. a.*, Cloud-Computing, S. 69 f.
136 Zu diesem Aspekt siehe *Vossen/Haselmann u. a.*, Cloud-Computing, S. 69.
137 *Vossen/Haselmann u. a.*, Cloud-Computing, S. 70.
138 *Vossen/Haselmann u. a.*, Cloud-Computing, S. 70 f.
139 *Vossen/Haselmann u. a.*, Cloud-Computing, S. 71.

halten zu Wiederherstellungszwecken sog. Log-Dateien, in denen sämtliche Transaktionen protokolliert werden und die potentiell unendlich anwachsen.[140] Um den für einen Wiederherstellungsvorgang notwendigen Aufwand (die sog. „Redo History") zu begrenzen, werden von Zeit zu Zeit sogenannte *Checkpoints* gesetzt.[141] Es kommt zu einer Übertragung der Änderungen aus der Log-Datei in die Datenbank, so dass die entsprechenden Einträge aus der Log-Datei gelöscht werden können.[142] Außerdem können in bestimmten Intervallen Datenbankzustände von Platte auf Band gesichert werden.[143] Kommen Log-Dateien zum Einsatz, ist bei einer etwaigen strafprozessualen Beschlagnahme zu beachten, dass durch das Auslesen dieser Dateien womöglich umfassende Einblicke in das Nutzungsverhalten des Anwenders gewonnen werden können.[144]

Von diesem Ausgangspunkt sind in Cloud-Systemen folgende Verfahren gebräuchlich:

Vollsicherung (engl. *Full Backup*): Bei einer Vollsicherung werden die zu sichernden Daten (i. d. R. ein komplettes Laufwerk oder ein komplettes Verzeichnis) vollständig auf ein Sicherungsmedium kopiert und dabei häufig noch komprimiert, z. B. bei einer SaaS-Anwendung die komplette Datenbank, in der Daten aller Mandanten gespeichert sind.[145] In besonderen Fällen – insbesondere zur Vereinheitlichung mehrerer Systeme – erfolgt ein sog. *Image Backup*, eine Abbildsicherung, bei der ein 1 : 1-Abbild eines Datenträgers erstellt wird, das nicht nur Nutzdaten, sondern auch Systemdateien und sonstige Einstellungen enthält.[146]

Inkrementelles Backup und **differenzielles Backup** (engl. *Incremental Backup* bzw. *Differential Backup*): Diese Verfahren führen zu einer deutlichen Reduzierung der anfallenden Datenmengen, indem ausschließlich solche Änderungen (veränderte, hinzugefügte, gelöschte Daten) gesichert werden, die seit der letzten Sicherung aufgetreten sind, wobei bei einem *differenziellen* Backup sämtliche Unterschiede zur letzten *Vollsicherung*, bei einem *inkrementellen* Backup hingegen immer zur jeweils

---

140 *Vossen/Haselmann u. a.*, Cloud-Computing, S. 71.
141 *Vossen/Haselmann u. a.*, Cloud-Computing, S. 71.
142 *Vossen/Haselmann u. a.*, Cloud-Computing, S. 71.
143 *Vossen/Haselmann u. a.*, Cloud-Computing, S. 71.
144 *Vossen/Haselmann u. a.*, Cloud-Computing, S. 190.
145 *Vossen/Haselmann u. a.*, Cloud-Computing, S. 71.
146 *Vossen/Haselmann u. a.*, Cloud-Computing, S. 71.

aktuellsten Sicherung erfasst werden.[147] Die Wiederherstellung muss hier allerdings aus zwei (differenziell) oder vielen (inkrementell) partiellen Backups zusammengesetzt werden, wodurch sich der Zeitaufwand für den Sicherungsvorgang erhöht.[148]

Umgekehrte Deltas (engl. *Reverse Deltas*): Besonders bei größeren und sich eher langsam verändernden Datenmengen kann das Verfahren der sog. *Reverse Deltas* ein sinnvolles Sicherungsinstrument sein, bei dem stets der aktuelle Stand der Daten als Backup gespiegelt wird, um sodann beim Abgleich mit einem neuen Stand lediglich die Änderungen (sog. „Deltas") aufzuzeichnen, mit deren Hilfe ältere Zustände des Datenbestands rekonstruiert werden können.[149] Dieses Verfahren findet z. B. in Apples TimeMachine Anwendung.[150]

Kontinuierliche Datensicherung (engl. *Continuous Data Protection*): Bei kontinuierlichen Datensicherungen werden anstelle von periodischen Backups grundsätzlich alle Veränderungen des Dateisystems (üblicherweise auf Byte- oder Block-Ebene) aufgezeichnet.[151] Anhand der somit entstehenden Log-Dateien können alte Datenstände wiederhergestellt werden – was für die Ermittlungsbehörden natürlich besonders interessant sein kann –, wobei die Sicherung auf einem separaten Backup-System durchgeführt werden muss, da es anderenfalls keinen wirksamen Schutz gegen Datenverlust auf dem eigentlichen Host gäbe.[152]

Grundsätzlich können (und werden auch zumindest teilweise) auch im Cloud-Segment weiterhin herkömmliche Medien für die Datensicherung verwendet werden, also Magnetbänder, Festplatten oder optische Datenträger (CDs, DVDs und Blue-Rays), die alle aufgrund ihrer unterschiedlichen Eigenschaften für unterschiedliche Anwendungsfelder geeignet sind.[153] Insbesondere den Solid-State-Drives (SSDs) kommt eine stetig wachsende Bedeutung zu, bei denen eine Speicherung auf der Basis von rein elektronischen *Flash-Speichern* erfolgt.[154] SSDs besitzen keine be-

---

147 *Vossen/Haselmann u.a.,* Cloud-Computing, S.71.
148 *Vossen/Haselmann u.a.,* Cloud-Computing, S.71f. mit dem Hinweis auf die Möglichkeit, vollständige Backups aus den partiellen Backups zu synthetisieren.
149 *Vossen/Haselmann u.a.,* Cloud-Computing, S.72, die von einem „umgekehrten inkrementellen bzw. differenziellen Backup" sprechen.
150 *Vossen/Haselmann u.a.,* Cloud-Computing, S.72.
151 *Vossen/Haselmann u.a.,* Cloud-Computing, S.72.
152 *Vossen/Haselmann u.a.,* Cloud-Computing, S.72.
153 Näher zu allem *Vossen/Haselmann u.a.,* Cloud-Computing, S.72f.
154 *Vossen/Haselmann u.a.,* Cloud-Computing, S.73.

weglichen Teile und weisen deshalb eine deutlich geringere Fehleranfälligkeit auf als Festplatten, bieten sehr geringe Zugriffszeiten und hohen Durchsatz.[155] Allerdings sind sie bislang deutlich teurer und kleiner in ihrer Kapazität als herkömmliche Speichermedien (v. a. im Vergleich zu Magnetbändern), weshalb SSDs bisher eher als Pufferspeicher und weniger als Backup-Lösung zum Einsatz kommen.[156]

Eine zusätzliche Komplexität kann das Backupverfahren schließlich dadurch erhalten, dass in Cloud-Systemen nicht automatisch jedem Anwender eine „eigene" Datenbankinstanz zukommt, sondern dass vielmehr im Rahmen von *Multi-Tenancy*-Konzepten (siehe oben) sogar die Datensätze unterschiedlicher Anwender in ein und derselben Datenbanktabelle gespeichert werden.[157] Hier ergeben sich auch Herausforderungen für eine rechtlich akzeptable Regelung des Zugriffs auf solche Datenbestände, da die Anforderungen an die Zulässigkeit umso höher werden, je mehr Daten von unbeteiligten Personen betroffen sind.

3. Datenlokalität

Grundsätzliche Schwierigkeiten ergeben sich für den Zugriff von Ermittlungsbehörden auf in der Cloud abgelegte Daten mit Blick auf Fragen der Datenlokalität. Es ist gerade kennzeichnend für Cloud Computing – und ein wichtiger Unterschied zu bisherigen IT-Outsourcing Methoden –, dass die für die Datenspeicherung verwendeten Server prinzipiell überall auf der Welt stehen können und dass selbst für den Nutzer nicht immer ohne weiteres feststellbar ist, wo sich die Daten (aktuell) befinden.[158] Teilweise werden dem Nutzer unterschiedliche Speicherregionen zur Auswahl angeboten, so z. B. bei den Amazon Web Services die Regionen US Standard, ER (Data Center in Irland), US West (Nord-Kalifor-

---

155 *Vossen/Haselmann u. a.,* Cloud-Computing, S. 73.
156 *Vossen/Haselmann u. a.,* Cloud-Computing, S. 73.
157 Hierzu *Vossen/Haselmann u. a.,* Cloud-Computing, S. 75 und 180. Vormals war es üblich, die Sicherheit und Integrität der den einzelnen Mandanten zugeordneten Datenbeständen durch physische Trennung der verwendeten Systeme zu gewährleisten, was sich jedoch als unwirtschaftlich herausgestellt hat. Heute werden dagegen Virtualisierungskonzepte zur Anwendung gebracht, die einen parallelen Betrieb unterschiedlicher Mandanten auf derselben Hardware ermöglichen, vgl. zum Ganzen *Schorer,* in: *Hilber,* Handbuch, C/1, Rn. 43 ff.
158 *Schmidt-Bens,* Cloud Computing, S. 3; *Metzger/Reitz u. a.,* Cloud Computing, S. 14; auch *Terplan/Voigt,* Cloud, S. 191.

nien), sowie Asien-Pazifik (Singapur) und Asien-Pazifik (Tokio).[159] Eine
weitere für den hier behandelten Kontext relevante Besonderheit besteht
darin, dass die Daten nicht notwendig auf einem bestimmten Server gespeichert werden, wo auch immer dieser sich befinden mag, sondern
dass auch die Bildung eines weltweit verteilten Clusters möglich ist, bei
dem die Daten auf eine nicht genauer definierte Menge kooperierender
Rechner verteilt sind.[160] Im Falle eines Nutzerzugriffs wird dynamisch
entschieden, welche Rechner heranzuziehen sind.[161]

Aus alldem folgt für die hier behandelten strafprozessualen Fragestellungen: Es wird sich oft schwierig (oder gar nicht) feststellen lassen, wo
sich die in einer Cloud gespeicherten Daten im Zeitpunkt eines beabsichtigten Zugriffs durch die Ermittlungsbehörden befinden. Das ist selbst
für die Benutzer nicht immer ohne weiteres nachvollziehbar, was im
Übrigen vor allem im Unternehmensbereich zu einer teilweise zurück-
haltenden Haltung gegenüber Cloud Computing geführt hat.[162] Damit ist
es – im Regelfall einer Datenlokalität außerhalb des Bundesgebiets – für
die Ermittler aber oft bereits gar nicht zu entscheiden, gegenüber welchem Land z.B. ein Rechtshilfeersuchen zu erstatten ist. Bisweilen finden sich die Datenpakete sogar über mehrere Standorte verteilt und sind
somit überhaupt nicht an einem einheitlichen Ort als möglicher Gegenstand eines ermittlungsbehördlichen Zugriffs verfügbar. Dieser Umstand
wird sich im Laufe der Untersuchung als eine der zentralen faktischen
Schwierigkeiten beim Zugriff auf in der Cloud abgelegte Daten erweisen.

Allerdings ist darauf hinzuweisen, dass sich aus derselben technischen
Besonderheit – der oft fehlenden Nachvollziehbarkeit der Datenlokalität
in der Cloud – auch Nachteile für eine kriminogene Nutzung ergeben
können. Insbesondere ist auch die vollständig erfolgte Löschung von
Daten oft nicht sicher überprüfbar, da der Nutzer nie ausschließen kann,
dass sich trotz eines in der Benutzeroberfläche eingegebenen Löschauf-
trags irgendwo in der Cloud-Architektur noch eine redundante Kopie
der Daten befindet,[163] auf die dann trotz der Löschung ein Zugriff der

---

159 *Vossen/Haselmann u.a.,* Cloud-Computing, S.6f., zur Datenlokalität auch, S.77.
160 *Metzger/Reitz u.a.,* Cloud Computing, S.50f.; zur Fragmentierung von Daten auch *Vossen/
Haselmann u.a.,* Cloud-Computing, S.178.
161 *Metzger/Reitz u.a.,* Cloud Computing, S.50f.
162 *Vossen/Haselmann u.a.,* Cloud-Computing, S.177.
163 Zu diesem Aspekt *Vossen/Haselmann u.a.,* Cloud-Computing, S.177.

Strafverfolgungsorgane potentiell möglich bleibt. Überhaupt kann die für Cloud Computing typische fehlende Herrschaft des Nutzers über die in der Cloud abgelegten Daten für Kriminelle einen Grund darstellen, von einer Speicherung potentiell belastender Informationen in der Cloud abzusehen. Zudem implementieren die Cloud-Provider unterschiedliche Sicherungskonzepte (siehe bereits oben), in deren Rahmen z. B. Momentaufnahmen eines Datenbestandes gespeichert werden (sog. *Snapshots*) oder sämtliche Transaktionen anhand von Log-Dateien nachvollziehbar bleiben (sog. *Forward Recovery*).[164] Solche und andere Sicherungsmaßnahmen, die das Vertrauen der „redlichen" Cloud-Nutzer stärken sollen, können Kriminelle gerade abschrecken.

Die Praxis zeigt allerdings, dass z. B. Webmail-Dienste – die ebenfalls eine Form von SaaS sind – häufig ohne größere Bedenken von Kriminellen verwendet werden. Im Übrigen existieren unterschiedliche Anonymisierungs- und Verschlüsselungsverfahren, durch die Risiken eines Zugriffs Dritter (auch der Mitarbeiter des Cloud-Anbieters) begrenzt werden können.[165]

VII. Zusammenfassende Problemfokussierung und weiterer Gang der Untersuchung

Daten an sich stellen die herkömmliche Dogmatik der strafprozessualen Zwangsmaßnahmen bereits vor nicht unerhebliche Herausforderungen, was vor allem mit ihrer fehlenden Körperlichkeit zu tun hat.[166] Sofern es sich nun um solche Daten handelt, die in einer Cloud-Architektur gespeichert sind, lassen sich unter Berücksichtigung der vorstehenden Darstellung der technischen Grundlagen zwei darüber hinausgehende (miteinander zusammenhängende) spezielle Probleme festhalten.[167] Es sind dies zum einen die *dezentrale Speicherung* und zum anderen die *flexible Datenlokalität*. Der Speicherort von Daten wird computergesteuert bestimmt, verändert sich ständig und lässt sich im Nachhinein oft nur schwer rekonstruieren, zumal Datenpakete nicht selten aufge-

---

164 *Vossen/Haselmann u. a.,* Cloud-Computing, S. 70 f.
165 Vgl. dazu im Überblick *Schmidt-Bens,* Cloud Computing, S. 73 ff.; zu den Grenzen möglicher Verschlüsselungen aber *Schorer,* in: *Hilber,* Handbuch, C/1, Rn. 85.
166 *Warken,* NZWiSt 2017, 289, 291.
167 Vgl. auch *Dalby,* Grundlagen, S. 6 f.

teilt werden.[168] Länderkennungen der Domain-Adressen (z. B. .de oder .com) sind im Wesentlichen frei wählbar und haben insofern praktisch keine indizielle Bedeutung für die Ermittlung des Standortes der Datenspeicherung.[169] Die klassische Durchsuchung beim Beschuldigten, bei der dessen Hardware beschlagnahmt wird, um im weiteren Verlauf der Ermittlungen die darauf befindlichen Daten auszuwerten, geht somit ins Leere, wenn vom Beschuldigten Cloud-Dienste genutzt werden.[170] Denn selbst wenn in diesem Fall möglicherweise noch Endgeräte vorgefunden werden, befinden sich auf diesen eben keine Daten. Beispiele können Ermittlungen wegen des Besitzes strafbaren Video-, Bild- oder Textmaterials sein (etwa nach den §§ 86 f., 130 ff., 184 f. StGB), aber auch Konstellationen der Wirtschaftskriminalität, bei denen Unternehmen durchsucht werden, die ihre Buchhaltung und andere potentiell beweiserhebliche Vorgänge über Cloud-Anwendungen nutzen.

Unproblematisch wäre der Zugriff unter solchen Umständen im Grunde nur möglich, wenn der Beschuldigte die ausgelagerten Daten freiwillig herausgibt, wobei es selbst in diesem Fall völkerrechtliche Zugriffshindernisse geben kann (vgl. dazu unten D V 2 a bb (b)). Inwieweit die Ermittlungsbehörden nach der geltenden Gesetzeslage – namentlich gemäß § 110 Abs. 3 StPO – dazu befugt sind, von einem etwaig rechtmäßig beschlagnahmten Endgerät aus auf die im Rahmen eines Cloud-Dienstes gespeicherten Daten zuzugreifen, wird später noch zu erörtern sein. Zu bedenken ist aber auch, dass der Beschuldigte theoretisch überhaupt keine eigenen Endgeräte benötigt, da der von jedem erdenklichen Rechner aus (z. B. in einem öffentlichen Call Shop) auf seine Datenbestände zugreifen kann.

Diese umfassende Dezentralisierung der Datenspeicherung sowie auch des Zugriffs auf die gespeicherten Datenbestände ist eine große Herausforderung für die Ermittlungsbehörden in rechtlicher wie auch in tatsächlicher Hinsicht. Sie könnten versuchen, dem dadurch zu begegnen, dass direkt beim Anbieter des Cloud-Dienstes auf die Daten zugegriffen wird. Im Kontext des Zugriffs auf webbasiert gespeicherte E-Mails des Beschuldigten ist häufig diese Vorgehensweise gewählt worden (näher dazu unten D I 2). Der Gedanke dahinter ist, dass die Server des Providers beschlagnahmt werden, auf denen sich die Daten befinden. Hier

---

168 Zusf. und m. w. N. hierzu *Warken*, NZWiSt 2017, 289, 296.
169 *Heinson*, IT-Forensik, S. 267.
170 Zu dieser Problematik *Dalby*, Grundlagen, S. 6 f.

stoßen wir aber auf das zweite bereits angesprochene Problem, die flexible Datenlokalität in Cloud-Systemen. Wie soeben dargestellt wurde, werden Datenpakte in der Cloud aufgeteilt und die Daten befinden sich innerhalb der Serverstruktur des Anbieters gleichsam „ständig in Bewegung". Der Speicherort wird also permanent verändert (gesteuert durch Algorithmen), wobei sich dieser Prozess letztlich an technischen Bedürfnissen sowie wirtschaftlichen Interessen des Diensteanbieters ausrichtet. Das bedeutet, dass es womöglich einen Zugriff an unterschiedlichen Orten erfordern würde, um alle Bestandteile eines Datensatzes zu erlangen. Hierzu müssten die Ermittler aber überhaupt wissen, wo sich die Daten aktuell befinden. Zudem wird sich der Speicherungsort häufig außerhalb Deutschlands befinden, weshalb das später noch vertiefend erörterte Problem der Transnationalität zur Geltung kommt.

Zur Verdeutlichung sei folgendes Beispiel gebildet: Die Ermittler erfahren, dass potentiell beweiserhebliche Daten des Beschuldigten B, der Dienste beim Cloud-Anbieter C nutzt, zum Zeitpunkt t_0 auf Servern von C in Irland gespeichert sind. Unverzüglich wird ein Rechtshilfeverfahren zur vorläufigen Sicherung der Daten eingeleitet. Zum Zeitpunkt t_1, in dem in Irland über dieses Rechtshilfeersuchen entschieden wird, ist das entsprechende Datenpaket jedoch aufgeteilt worden und befindet sich nun auf Servern in Litauen und der Tschechischen Republik. Die Beschlagnahme in Irland erbringt somit keine Ergebnisse. Es bedarf wenig Phantasie, um diese Konstellation hin zu einem endlosen Wettrennen der Ermittlungsbehörden gegen die ständig im Netzwerk des Cloud-Anbieters (womöglich weltweit) zirkulierenden Daten fortzuentwickeln. Ein Wettlauf, den die Ermittlungsbehörden kaum gewinnen können.

Natürlich ist dieses Problem nicht neu. Doch zeigt die jüngste Aktivität der Europäischen Kommission, dass eine Lösung, die zum einen den Bedürfnissen der Ermittlungsorgane und gleichzeitig den Rechten der potentiell Betroffenen gleichermaßen Rechnung trägt, bislang noch nicht gefunden ist. Im praktischen Ermittlungsalltag wird dem drohenden Verlust der Daten im *transnationalen Nirvana* wohl in erster Linie dadurch begegnet, dass im Rahmen herkömmlicher Maßnahmen der Telekommunikationsüberwachung eine Aufzeichnung der Internetdaten erfolgt. Jedenfalls solche Daten, die nach Beginn der Überwachung auf den Server eines Cloud-Anbieters übertragen werden, können dann – sofern sie nicht verschlüsselt sind – abgefangen werden, bevor sie auf dem Territorium eines anderen Staates gespeichert werden. Auch die inzwischen in § 100b StPO eingeführte strafprozessuale Online-Durchsuchung kann insoweit als Versuch gewertet werden, möglichst viele Daten auf dem System des Beschuldigten zu sichern, so dass Probleme einer eventuellen späteren externen Speicherung im Ausland sich gar nicht erst stellen.

In der vorliegenden Arbeit wird untersucht, inwiefern sich unter Rückgriff auf die heute geltenden strafprozessualen Eingriffsnormen Maßnahmen rechtfertigen lassen, mit denen die skizzierten Probleme bewältigt werden können. Dabei wird sich zeigen, dass – unter Berücksichtigung der einschlägigen verfassungsrechtlichen Maßgaben (dazu C) – weder eine Beschlagnahme von in einer Cloud gespeicherten Daten nach den §§ 94 ff. bzw. § 99 StPO (D I bzw. II) noch eine Aufzeichnung sämtlicher Internetdaten gem. § 100a Abs. 1 S. 1 StPO (D III) zulässig ist. Auch die – ohnehin höchst problematischen – durch das Gesetz zur effektiveren und praxistauglicheren Ausgestaltung des Strafverfahrens neu eingeführten Vorschriften zur Quellen TKÜ (§ 100a Abs. 1 S. 2, S. 3 StPO) bzw. zur Online-Durchsuchung (§ 100b StPO) vermögen nicht alle durch das Phänomen Cloud Computing aufgeworfenen Schwierigkeiten zu bewältigen (D IV). Schließlich sind die rechtlichen Probleme beim grenzüberschreitenden Zugriff bislang nicht adäquat gelöst (D V). Für den innerstaatlichen Bereich kommt somit nach der hier zu Grunde gelegten Sichtweise angesichts des Fehlens einer passenden Ermächtigungsgrundlage lediglich für eine Übergangszeit ein Zugriff auf in einer Cloud gespeicherte Daten unter den Voraussetzungen der §§ 100b, 100c StPO in Betracht (D VI). Unter Verstoß hiergegen erlangte Beweismittel sollten regelmäßig einem Beweisverwertungsverbot unterliegen (E).

C. Der verfassungsrechtliche Rahmen strafprozessualer Ermittlungsmaßnahmen

Im folgenden Abschnitt werden die verfassungsrechtlichen Rahmenbedingungen untersucht, die bei der Anordnung strafprozessualer Zwangsmaßnahmen zu berücksichtigen sind. Da eine grundlegende Reform der Regelungen des Achten Abschnitts der StPO angesichts der Herausforderungen des digitalen Zeitalters nach wie vor aussteht, unbeschadet der eher hektisch und unüberlegt eingefügten §§ 100a Abs. 1 S. 2, S. 3, 100b StPO, wird besonderes Augenmerk darauf zu legen sein, inwiefern der interpretatorischen Weiterentwicklung des Anwendungsbereichs überkommener Eingriffsgrundlagen durch das Verfassungsrecht Grenzen gezogen sind.

I. Verfassungsrechtliche Vorüberlegungen

Dass Strafprozessrecht und Verfassungsrecht eine Vielzahl von Verschränkungen aufweisen, dürfte als allgemein anerkannt gelten.[171] Das Strafverfahrensrecht ist maßgeblich durch den Antagonismus zwischen der Durchsetzung des staatlichen Strafanspruchs einerseits und der Wahrung der Rechte des Beschuldigten andererseits gekennzeichnet, der auf beiden Seiten verfassungsrechtlich überformt ist.[172] Daraus ergibt sich eine gegenläufige verfassungsrechtliche Gesamtprägung des Strafverfahrens insofern, als das Rechtsstaatsprinzip nicht nur eine faire Ausgestaltung und Anwendung des Strafverfahrensrechts mit Blick auf die Rechtsposition des Beschuldigten als Verfahrenssubjekt fordert, sondern auch die Berücksichtigung der Belange einer funktionstüchtigen Strafrechtspflege nicht nur gestattet, sondern sogar verlangt.[173] Auf der einen Seite ist es demnach eine mit Verfassungsrang ausgestattete Aufgabe des Strafverfahrensrechts, das auf Rechtsgüterschutz ausgerichtete materielle Strafrecht durchzusetzen. Hierzu bedarf es nicht zuletzt deshalb

---

171 Siehe hierzu nur *Kudlich*, Missbrauchsverbot, S. 160 f. sowie *ders.*, in *ders.*/Monitel/Schuhr (Hrsg.), S. 233 f., jeweils m. w. N.
172 Zum Folgenden eingehend *Wohlers*, in: SK-StPO⁴, vor § 94 Rn. 1 ff. m. w. N.
173 Vgl. zu Letzterem vor allem *Landau* NStZ 2007, 121 ff.; allgemein zur Notwendigkeit der Abwägung von Rechten des Beschuldigten und Funktionstüchtigkeit der Strafrechtspflege siehe nur BVerfG NJW 2012, 907, 909 mit zahlreichen weiteren Nachw.; frühzeitig krit. gegenüber dem Topos der effektiven Strafrechtspflege *Hassemer* StV 1982, 275 ff.; weiterführend zum Ganzen *Kudlich*, Missbrauchsverbot, S. 166 ff. m. w. N.

effektiver Ermittlungsinstrumente, weil ein vorwiegend auf General- bzw. Spezialprävention bedachtes Strafrecht seine Zwecke nur erfüllen kann, wenn seine Anwendung im größtmöglichen Maße auf Wahrheit und richtiger Rechtsanwendung beruht.[174] Somit benötigen die Ermittlungsbehörden geeignete Mittel und Instrumente, um diese Aufgabe der Wahrheitsfindung wahrnehmen zu können. Das Prinzip der Rechtsstaatlichkeit, die Pflicht des Staates, die Sicherheit seiner Bürger und deren Vertrauen in die Funktionsfähigkeit der staatlichen Institutionen zu schützen, und der Anspruch aller in Strafverfahren Beschuldigter auf Gleichbehandlung erfordern grundsätzlich, dass der Strafanspruch durchgesetzt wird, also auch eingeleitete Verfahren fortgesetzt und rechtskräftig verhängte Strafen vollstreckt werden.[175] Es kann daher kein vernünftiger Zweifel daran bestehen, dass die Gewährleistung der „Funktionstüchtigkeit der Strafrechtspflege" von der ständigen verfassungsgerichtlichen Rechtsprechung mit Recht als Verfassungsauftrag betrachtet wird.[176] Dementsprechend ist dem Staat insbesondere der Verzicht auf die Verwirklichung seines Strafanspruchs einschließlich der Vollstreckung einer Strafe von Verfassung wegen untersagt.[177]

Dieses Verfassungspostulat einer effektiven Strafrechtspflege unterliegt nun aber seinerseits wieder in erheblichem Maße verfassungsimmanenten Beschränkungen. Dies folgt schon aus den soeben skizzierten Gedanken zu den Aufgaben des Strafverfahrensrechts, da eine positive Generalprävention nur dann möglich ist, wenn sich der Staat in der Durchsetzung seines Strafanspruches selbst beschränkt und den Bürger nicht zum hilflosen Objekt des Strafverfahrens degradiert.[178] Insofern stehen der Schutz der Freiheitsrechte des Bürgers und der staatliche und damit auch letztlich dem Bürger zustehende Anspruch auf ein justizförmiges Verfahren als eigenständiger Bestandteil des rechtsstaatlichen Strafverfahrens in einem strukturellen Spannungsverhältnis.[179] Dabei ist im Zusammenhang mit Ermittlungsmaßnahmen der Strafverfolgungsorgane insbesondere zu bedenken, dass der Beschuldigte zum maßgebli-

---

174 Siehe nur *Kudlich*, Missbrauchsverbot, S. 125 f. m. w. N.
175 Vgl. hierzu und zum Folgenden statt Aller BVerfGE 46, 214, 222 ff.; aus jüngerer Zeit etwa BVerfGE 133, 168, 199 m. w. N.
176 BVerfGE 46, 214, 222.
177 BVerfGE 46, 214, 222 f.
178 *Wohlers*, in: SK-StPO⁴, vor § 94, Rn. 2; eingehend BVerfGE 133, 168, 200 f. mit ausführlichen Nachweisen aus der Rechtsprechung.
179 BVerfGE 57, 250, 274 ff. *Gercke,* in: HK-StPO, vor §§ 94 ff. Rn. 3.

chen Zeitpunkt zwingend als unschuldig zu gelten hat. Die Unschuldsvermutung ist nicht nur in Art. 6 Abs. 2 EMRK und Art 48 Abs. 1 der Charta der Grundrechte der europäischen Union (GRC) ausdrücklich aufgeführt; sie genießt darüber hinaus als Ausprägung des Rechtsstaatsprinzips Verfassungsrang.[180] Des Weiteren ist sie auch nach europarechtlichen Vorgaben als Grundrecht anzuerkennen, welches die europäischen Mitgliedstaaten schützen müssen.[181] Die Unschuldsvermutung muss aufgrund dieser Gewichtung daher nicht erst ab Klageerhebung gelten,[182] sondern bereits ab der Einleitung von Ermittlungen.[183] Das Ermittlungsverfahren richtet sich insofern somit streng genommen stets gegen einen Unschuldigen, mag sich dieser später auch als schuldig erweisen.

Daraus folgt indes natürlich nicht die Unzulässigkeit jedweder Zwangsmaßnahmen vor der Feststellung der Schuld. Denn streng genommen müsste die konsequente Annahme, dass der von den Ermittlungen Betroffene unschuldig ist dazu führen, dass Zwangsmaßnahmen gegen ihn überhaupt nicht angewendet werden dürfen.[184] Dies wäre aber ersichtlich widersinnig. Insofern behandelt die Unschuldsvermutung in ihrem Kern nur die Aussage, dass eine Person vor einer Verurteilung weder als schuldig bezeichnet noch so behandelt werden darf.[185]

Letztlich dienen strafprozessuale Ermittlungen bis zu einem gewissen Grad sogar der Realisierung der Unschuldsvermutung, die voraussetzt, dass das Strafverfahren geeignete Instrumente zur Wahrheitsfindung vorsieht, damit es Schuld oder Unschuld jeweils zu Tage fördern kann.[186] Denn für Strafverfolgungs- und Ermittlungsverfahren ist nicht die Schuld des Betroffenen Voraussetzung, sondern lediglich das Vorliegen des Verdachts; strafprozessuale Zwangsmaßnahmen dienen daher der Klärung eines Strafvorwurfs.[187] Daher entfaltet die Unschuldsvermutung eine begrenzende Funktion im Zusammenhang mit der Zulässigkeit solcher Maßnahmen. Diese sind nämlich gegen jeden Beschuldigten nur

---

180 Vgl. etwa BVerfGE 19, 342, 347.
181 EuGH, Rs. C-199/92P, Hüls, Slg 1999, I-4283 Rn 149; Rs. C-235/92P, Montecatini, Slg 1999, I-4539 Rn 175 f.
182 So etwa die Formulierung in Art 48 Abs. 1 GRC.
183 *Valerius,* in: BeckOK-StPO, Art. 6 EMRK, Rn. 31; *van Vormizeele,* in: Schwarze/Becker/Bär-Bouyssière-EU-Kommentar, Art. 48 GRC, Rn. 6.
184 *Van Vormizeele,* in: Schwarze/Becker/Bär-Bouyssière-EU-Kommentar, Art. 48 GRC, Rn 3.
185 EGMR NJW 2011, 1789 f.; BVerfGE 74, 358, 371; BGH NJW 1975, 1829, 1831; *van Vormizeele,* in: Schwarze/Becker/Bär-Bouyssière-EU-Kommentar, Art. 48, GRC Rn. 3
186 *Wohlers,* in: SK-StPO⁴, vor § 94, Rn. 9 m. w. N.
187 BVerfGE 82, 106, 115;

in einem solchen Umfang zulässig, in dem sie auch gegenüber einem Unschuldigen als noch verhältnismäßig anzusehen wären.

Ergeben sich also aus der Unschuldsvermutung keine grundsätzlichen Bedenken gegen die Anordnung von Zwangsmaßnahmen zur Aufklärung des Sachverhalts, richtet sich der Blick nun auf den allgemeinen Gesetzesvorbehalt, dem aus verfassungsrechtlicher Perspektive erhebliche Bedeutung bei der Formulierung der Legitimationsbedingungen für solche Maßnahmen zukommt.[188] Die diesbezügliche Relevanz des Gesetzesvorbehalts soll im folgenden Abschnitt – soweit es für die vorliegende Untersuchung von Bedeutung ist – untersucht werden.

1. Gesetzesvorbehalt und Eingriffsnorm

a) Allgemeiner Eingriffsvorbehalt und Wesentlichkeitskriterium

Es darf heute als weitgehend unbestritten gelten, dass strafprozessuale Zwangsmaßnahmen maßgeblich dadurch gekennzeichnet sind, dass sie in Grundrechte des Beschuldigten eingreifen.[189] Somit entspricht es zu Recht der allgemeinen Auffassung, dass das verfassungsrechtlich verankerte Prinzip des allgemeinen Gesetzesvorbehalts im Strafprozessrecht uneingeschränkt anwendbar ist[190] Es kann sich insofern um Eingriffe in spezielle Grundrechte handeln, wie etwa Art. 10 GG[191], Art. 12 Abs. 1 GG[192], Art. 13 Abs. 1 GG[193] oder Art. 14 Abs. 1 GG. Darüber hinaus kann es zu Eingriffen in das aus dem Rechtsstaatsprinzip[194] folgende Recht auf ein faires Verfahren („fair-trial-Grundsatz") oder in das allgemeine Persönlichkeitsrecht kommen.[195]

Besondere Bedeutung kommt hierbei der heimlichen Aufzeichnung von Daten und anderen Überwachungsmaßnahmen zu, die namentlich mit

---

188 Vgl. hierzu *Kudlich*, Missbrauchsverbot, S. 128 ff.; knapp auch bereits *Meinicke*, Zugriff, S. 33 ff.

189 Grundlegend *Amelung*, Rechtsschutz, S. 15 f.; *Amelung*, JZ 1987, 737, 745; ferner etwa *Roxin/Schünemann u. a.*, Strafverfahrensrecht, § 29, Rn. 3; *Böckenförde*, Ermittlung, S. 113 f.; *Menges*, in: Löwe/Rosenberg-StPO, vor § 94, Rn. 1; weitere Nachw. bei *Kudlich*, Missbrauchsverbot, S. 118.

190 Statt vieler *Roxin/Schünemann u. a.*, Strafverfahrensrecht, § 2, Rn. 4.

191 Vgl. etwa BGH StV 2001, 214 ff.

192 BVerfG NJW 2000, 3557 ff. („Fall Theissen").

193 Vgl. für einen solchen Fall etwa BVerfGE 42, 212 ff.

194 Vgl. im Zusammenhang mit § 99 StPO BVerfGE 57, 250, 270 ff.

195 Vgl. nur BGHSt 34, 39 ff. (unzulässige Tonbandaufnahmen).

Blick auf das allgemeine Persönlichkeitsrecht in seinen unterschiedlichen Ausprägungen – sowie unter dem Gesichtspunkt der die Rechtsschutzgarantie aus Art. 19 Abs. 4 GG[196] – zu würdigen ist. Hier hat sich inzwischen in der verfassungsrechtlichen Doktrin ein Verständnis durchgesetzt, wonach weniger der auf Befehl und Zwang beruhende unmittelbare und finale Eingriff in eine geschützte Rechtsposition entscheidend für die Charakterisierung als Grundrechtseingriff ist; ein solcher liegt vielmehr bei jedem staatlichen Handeln vor, das in zurechenbarer Weise dem Einzelnen ein grundrechtlich geschütztes Verhalten ganz oder teilweise unmöglich macht (sog. moderner Eingriffsbegriff).[197] Gerade mit Blick auf den Bereich moderner Technologien enthält die Strafprozessordnung heute eine Vielzahl an Eingriffsmaßnahmen, was die Bedeutung des modernen Eingriffsbegriffs in diesem Zusammenhang erheblich erhöht.[198] Darüber hinaus hat das BVerfG speziell bei tief in die Privatsphäre des Betroffenen eingreifenden Überwachungs- und Ermittlungsmaßnahmen im Zusammenhang mit elektronischer Datenverarbeitung die besondere Bedeutung des Verhältnismäßigkeitsgrundsatzes betont.[199]

Nach klassischem Verständnis ist eine gesetzliche Grundlage für jedes staatliche Handeln erforderlich, durch das in grundrechtliche Freiheiten des Bürgers eingegriffen wird.[200] Dieser Gesetzesvorbehalt fußt einerseits auf rechtsstaatlichem, andererseits auf demokratietheoretischem Fundament.[201] Aus dem Rechtsstaatsprinzip folgt er deshalb, weil er die Vorhersehbarkeit und Berechenbarkeit staatlichen Handelns garantiert, die nicht gegeben wäre, wenn die Exekutive über Art und Umfang zulässiger Eingriffe frei disponieren könnte. Die Relevanz unterschiedlicher Auffassungen zum Gesetzesvorbehalt abhängig von der Natur der öffentlichen Maße wird insbesondere im Strafprozess relevant, da Ermittlungshandlungen häufig Realhandlungen darstellen. Dem gegenüber fordert die Lehre des Totalvorbehalts eine gesetzliche Grundlage für

---

196 BVerfGE 100, 313, 364.
197 Siehe nur *di Fabio*, in: Maunz/Dürig, GG, Art. 2 Abs. 2 Rn. 60 m. w. N..
198 Vgl. *Menges*, in: Löwe/Rosenberg-StPO, vor §§ 94 Rn. 1 ff.
199 Zuletzt BVerfG NJW 2016, 1781, 1784 m. w. N. aus der verfassungsgerichtlichen Rspr.
200 Siehe nur *Bethge/Weber-Dürler*, Grundrechtseingriff, S. 40; *Wohlers*, in: SK-StPO, vor § 94, Rn. 14 – jew. m. w. N.; *Kudlich*, Missbrauchsverbot, S. 129; zur Entstehung der Lehre vom Gesetzesvorbehalt *Rogall*, ZStW 1991, 907, 913 ff.; zur weitergehenden sog. Lehre vom Totalvorbehalt, nach der eine gesetzliche Grundlage für jegliches hoheitliches Handeln gefordert ist, siehe *Menges*, in: Löwe/Rosenberg-StPO, vor §§ 94 Rn. 1
201 Vgl. die kurze Zusf. bei *Böckenförde*, Ermittlung, S. 123 f. m. w.N; BVerfGE 133, 277, 336 f.

jegliches hoheitliches Handeln.[202] Die Absehbarkeit kann insbesondere nur dann gewährleistet werden, wenn die Normen klar und verständlich sind, so dass an dieser Stelle erkennbar ist, wie im Strafverfahren Gesetzesvorbehalt und Bestimmtheitsgrundsatz ineinandergreifen.[203]

Damit ist gewährleistet, dass die Grenzen der dem Zugriff des Staates entzogenen Freiheitsausübungsbefugnisse des Bürgers durch abstrakte Gesetze geregelt werden. Zugleich verwirklicht der Gesetzesvorbehalt auch einen demokratischen Grundsatz, indem sichergestellt wird, dass allein der unmittelbar vom Volk legitimierte Gesetzgeber die Grenzen der Freiheitsausübung – und die damit korrespondierenden Grenzen der Zugriffsbefugnisse staatlicher Organe – festlegt. Der demokratische Gedanke wird insbesondere dadurch verwirklicht, dass der Umfang und die erlaubte Intensität der Grundrechtseingriffe in den grundlegenden Aspekten im parlamentarischen Verfahren öffentlich unter Mitwirkung auch der nicht die Regierung tragenden Abgeordneten diskutiert wird.[204]

Vor dem Hintergrund der soeben skizzierten, aus den fundamentalen Staatsprinzipien des Grundgesetzes abgeleiteten Überlegungen hat das Bundesverfassungsgericht die sog. *Wesentlichkeitstheorie* entwickelt, die besagt, dass der demokratisch legitimierte Gesetzgeber zwar nicht alle, wohl aber alle wesentlichen grundrechtsrelevanten Entscheidungen selbst zu treffen hat.[205] Die Systematik der Wesentlichkeitstheorie weist insofern Parallelen zur Ermächtigungsregelung des Art. 80 Abs. 1 Satz 2 GG auf, wo grundrechtssensible Bereiche betroffen sind. Wesentlich sind entsprechende Entscheidungen insofern jedenfalls dann, wenn sie für die Verwirklichung von Grundrechten erheblich sind.[206] Damit ist nach zutreffender Auffassung indes – jedenfalls für den Bereich der strafprozessualen Eingriffsnormen – keine Einschränkung des klassischen Eingriffsvorbehalts verbunden.[207] Insbesondere darf der Gesetzgeber nicht die wesentlichen Entscheidungen der fachgerichtlichen Recht-

---

202 Vgl. zur Gesamtdarstellung
203 Vgl. hierzu aus der Rechtsprechung des BVerfG BVerfGE 133, 277, 336 f.; BVerfGE 110, 33, 53 ff.; BVerfGE 120, 378, 407 f., – alle m. w. N.
204 BVerfGE 133, 277, 336 f.
205 St. Rspr., vgl. etwa BVerfGE 34, 165, 192 f.; 40, 237, 249; 45, 400, 417 f.; 61, 260, 275; zusf. hierzu *Kirchhof*, in: Maunz/Dürig, GG, Art. 83 Rn. 33, nach dessen Einschätzung die „überkommene Formel der ‚Wesentlichkeitstheorie' […] mehr eine heuristische Wegweisung als eine trennscharfe Grenze für den Gesetzesvorbehalt" ist.
206 Vgl. hierzu BVerfGE 49, 89, 126 f.
207 *Wohlers*, in: SK-StPO[4], vor § 94, Rn. 17 m. w. N.; sehr deutlich *Böckenförde*, Ermittlung S. 120 f.

sprechung überlassen.[208] Es bleibt vielmehr dabei, dass jeder Eingriff im herkömmlichen Sinne einer gesetzlichen Grundlage bedarf, mit anderen Worten also eine im vorstehenden Sinne „wesentliche" Regelung darstellt. Die Wesentlichkeitstheorie ergänzt und erweitert den klassischen Eingriffsvorbehalt lediglich dahingehend, dass neben Grundrechtseingriffen in diesem Sinne auch andere grundrechtsrelevante Entscheidungen unmittelbar vom Gesetzgeber zu treffen sein können.

Diesbezüglich ist allerdings auch zu berücksichtigen, dass die *Schwellentheorie,* wonach erst ab einer relevanten, verifizierbaren Eingriffsintensität ein beachtlicher Grundrechtseingriff vorliegt, auch im Strafverfahren anwendbar bleibt, um die Ermittlungspraxis nicht zu überfordern oder zu blockieren.[209] Allerdings sind solche Betrachtungen nur im Rahmen von unerheblichen Eingriffen in das Persönlichkeitsrecht anzuerkennen.[210] Eine solche Unerheblichkeit kann sich etwa bei der Spurensuche ergeben wenn diese nicht innerhalb der besonders geschützten räumlichen Sphäre erfolgt,[211] oder bei Erkundigungen, die zwar der Erhebung von personenbezogenen Daten dienen, aber insoweit einen Bagatellbereich von Art. 2 Abs. 1 GG darstellen.[212] Nach anderer Ansicht ist die Frage einer Bagatellbeeinträchtigung kein Aspekt der Eingriffshandlung, sondern die Intensität auf dogmatisch-struktureller Grundlage stets eine Frage der Rechtfertigungsebene, so dass der Gesetzesvorbehalt auch in diesen Fällen nicht umgangen werden kann.[213] Besondere Relevanz für aktuelle Entwicklungen sind in diesem Zusammenhang sog. „Internet-Streifen", in deren Rahmen auf nicht zugangsgeschützte Daten zugegriffen wird.[214] Weil in der hier untersuchten Fallgestaltung ein solcher Bagatellbereich regelmäßig deutlich überschritten wird, bedarf es jedoch keiner näheren Auseinandersetzung mit der Frage, ob er überhaupt anzuerkennen ist.

Ein anderer Ansatz, um den Eingriffscharakter abzulehnen, liegt in der hoheitlichen Vorgehensweise zur Informationserlangung. Nach einer Formulierung in der Rechtsprechung ist eine „passive Informationser-

---

208 BVerfGE 88, 103, 115 ff.
209 Vgl. *Menges,* in: Löwe/Rosenberg-StPO, vor § 94, Rn. 32 m. w. N.
210 Etwa BGH NStZ 1996, 450 ff. für den Einsatz eines verdeckten Ermittlers (zw.).
211 BVerfG NJW 1996 ,771 ff.
212 BGSt 38, 214, 227.
213 *Gerke,* in: HK-StPO, vor §§ 94 ff., Rn. 10.
214 *Kudlich,* JA 2000, 227; *Graf,* DRiZ 1999, 281.

langung ohne Eingriffscharakter"[215] möglich. Dies bedeutet etwa, dass ein passives Verhalten von verdeckt ermittelnden Beamten und V-Leuten, die sich in einem gewissen Umfeld bewegen und dort Informationen lediglich wahrnehmen, ohne gesetzliche Ermächtigungsgrundlage zulässig sein kann. Entscheidendes Kriterium ist insofern die Aktivität, auf der die staatliche Informationserlangung beruht.[216] Auch dieser Aspekt ist vorliegend indes zu vernachlässigen, da hier nur der aktive Zugriff auf Daten im Wege strafprozessualer Zwangsmaßnahmen in Rede steht.

Gegenstand der nachfolgenden Untersuchung sind insbesondere die Herausforderungen für strafprozessuale Ermittlungen angesichts neuer Technologien. Von großer Bedeutung ist deshalb die Frage, inwieweit eine existierende strafprozessuale Eingriffsnorm einer „zeitgemäßen" Auslegung zugänglich ist,[217] sofern Umstände auftreten, die bei Abfassung der Norm nicht bekannt waren und letztlich nicht bekannt sein konnten. Insofern ist zunächst zu untersuchen, ob bzw. in welchem Umfang die aus dem materiellen Strafrecht geläufigen Grundsätze des Art. 103 Abs. 2 GG/§ 1 StGB auch für das Strafprozessrecht Geltung beanspruchen können.

b) Analogieverbot und Bestimmtheitsgebot im Verfahrensrecht

Das sog. Gesetzlichkeitsprinzip des § 1 StGB, das in Art. 103 Abs. 2 GG mit Verfassungsrang ausgestattet ist, wird nach herkömmlichem Verständnis in vier unterschiedliche Ausprägungen unterteilt: das Verbot unbestimmter Strafgesetze, das Rückwirkungsverbot, das Verbot strafbegründenden oder strafschärfenden Gewohnheitsrechts sowie das Analogieverbot. Andere Autoren lehnen diese Unterteilung konstruktiv ab und fassen das Gesetzlichkeitsprinzip insgesamt als einen qualifizierten Gesetzesvorbehalt auf.[218] Es sprechen jedoch beachtliche Gründe dagegen, Art. 103 Abs. 2 GG im Strafverfahrensrecht unmittelbar anzuwenden.[219] Selbst wenn der Wortlaut eine gegenteilige Auslegung wohl zuließe,

---

215 BVerfG NStZ 2000, 489, 490.
216 Zum Ganzen: *Menges*, in: Löwe/Rosenberg-StPO, vor § 94, Rn. 47.
217 Zum Ganzen schon *Gusy*, StV 1998, 526.
218 Vgl. zu beiden Modellen *Kuhlen*, in: FS-Otto, S. 89 ff. m. w. N.
219 Ausführlich *Bär*, Zugriff, S. 88 ff.; i. Erg. Ebenso und m. w. N. auch zur Gegenansicht *Böckenförde*, Ermittlung, S. 116 ff.; ferner *Kudlich*, Missbrauchsverbot, S. 139 f.; *ders.*, in: ders./Montiel/Schuhr (Hrsg.), S. 233, 239 ff.

streitet nicht zuletzt die historische Entstehung des Gesetzlichkeitsprinzips gegen seine Übertragung auf das Verfahrensrecht.[220]

Hintergrund des in Art. 103 Abs. 2 GG verfassungsrechtlich verankerten Grundsatzes ist insbesondere die generalpräventive Funktion des materiellen Strafrechts, für die es im Bereich des Prozessrechts keine unmittelbare Entsprechung gibt. Insbesondere der Begriff der „Strafe", welcher als „missbilligende hoheitliche Reaktion auf ein schuldhaftes Verhalten"[221] aufgefasst wird, zeigt, dass es sich bei materiellem Strafrecht um eine hoheitliche „Missbilligung" menschlichen Verhaltens handelt, so dass der Strafe ein unmittelbarer, wertender Zugriff auf das Persönlichkeitsrechts des Bürgers zu Grunde liegt, verstärkt durch den Begriff der Schuld,[222] wodurch sich das materielle Strafrecht erheblich von anderen hoheitlichen Eingriffen unterscheidet und daher die besondere Regelung des Art. 103 Abs. 2 GG nicht auf andere Eingriffssysteme außerhalb des materiellen Strafrechts anzuwenden ist. Aus diesem Grund ist Art. 103 Abs. 2 GG auch nicht lediglich eine Bestätigung der allgemeinen Eingriffslehren, sondern bezieht sich stringent auf die einzigartige Besonderheit des materiellen Strafrechts innerhalb der allgemeinen hoheitlichen Eingriffsbefugnisse.[223]

Darüber hinaus dient das strafrechtliche Analogieverbot aus Art. 103 Abs. 2 GG dazu, zu gewährleisten, dass der Gesetzgeber die Entscheidung zu treffen hat, ob und mit welchem Umfang ein bestimmtes Rechtsgut mit den Mitteln des Strafrechts zu verteidigen ist.[224] Rechtsanwender dürfen diese Entscheidungen nicht ignorieren oder korrigierend eingreifen.[225] Der Vorschrift kommt daher eine freiheitsgewährleistende und kompetenzwahrende Doppelfunktion zugute, welche ihrerseits – strukturell durchaus parallel zum verfassungstheoretischen Hintergrund der bereits skizzierten Wesentlichkeitstheorie – die Aspekte aus Demokratie- und Rechtsstaatsprinzip berücksichtigen und ihre Gültigkeit im materiellen Strafrecht gewährleisten. Insofern bezieht sich die Vorschrift nur auf die materiellen Voraussetzungen der Strafbarkeit und

---

220 Zusf. und m. w. N. *Krey*, ZStW 1989, 838, 854; siehe außerdem *Kudlich*, in: ders./Montiel/Schuhr (Hrsg.), S. 233, 241 f.; a. A. etwa *Jahn*, in: Kudlich/Montiel/Schuhr (Hrsg.), S. 223, 225 ff., insbesondere S. 230 f. m. w. N.

221 BVerfGE 26, 186, 204; BVerfGE 45, 346, 351.

222 BVerfGE 20, 323, 331, BVerfGE 25, 269, 285.

223 *Schmidt-Aßmann*, in: Maunz/Dürig-GG, Art. 103 Abs. 2 GG, Rn. 163 ff. m. w. N.

224 BVerfGE 71, 108, 116; BVerfGE 92, 1, 19; BVerfGE 126, 170, 197.

225 BVerfGE 64, 389, 393; BVerfGE 126, 170,197.

der Strafandrohung,[226] so dass sich direkt aus Art. 103 Abs. 2 GG nach vorzugswürdiger Auffassung keine Konsequenzen für die Reichweite strafprozessualer Eingriffsnormen herleiten lassen.

Indes wäre es mehr als voreilig, wenn man daraus schließen würde, eine *praeter legem* stattfindende Anwendung solcher Eingriffsnormen im Wege der Analogie sei ohne weiteres zulässig.[227] Denn auch wenn das für das materielle Strafrecht konzipierte Analogieverbot aus Art. 103 Abs. 2 GG nicht unmittelbar zur Anwendung gelangt, ist doch in der Ausformung der Konsequenzen, die sich aus dem Gesetzlichkeitsprinzip ergeben, namentlich mit Blick auf das Erfordernis der *gesetzlichen* Bestimmtheit von Strafgesetzen, die nicht durch analoge oder gewohnheitsrechtlicher Strafbegründung umgangen werden dürfen,[228] im Ergebnis weitgehend übereinstimmt mit den Anforderungen, die sich aus den allgemeinen Grundsätzen zum Gesetzesvorbehalt ergeben. Denn die Zulassung der analogen Anwendung strafprozessualer Eingriffsnormen hätte die Missachtung sowohl der rechtsstaatlichen als auch der demokratietheoretischen Komponente des Gesetzesvorbehalts zur Folge,[229] da unter diesen Umständen die gebildeten Regeln nicht auf einer parlamentarischen Entscheidung beruhen würden, sondern auf derjenigen des Rechtsanwenders. Diese Einschätzung ist nachfolgend näher zu begründen:

Die analoge Anwendung strafprozessualer Eingriffsnormen stellt einen Verstoß gegen die rechtsstaatliche Komponente des Gesetzesvorbehalts dar, weil die allgemeinen Grundsätze zur Vorhersehbarkeit und Berechenbarkeit des staatlichen Eingriffshandelns in Grundrechte nicht gewährleistet wären, könnten die Exekutivorgane oder die Judikative außerhalb des Anwendungsbereichs der gesetzlichen Regelungen in die Rechtspositionen der Betroffenen eingreifen. Die demokratietheoretische Komponente wäre betroffen, weil es im Falle der analogen Anwendung von Eingriffsnormen nicht der vom Volk legitimierte Gesetzgeber wäre, der darüber entscheidet, unter welchen Voraussetzungen die Einschränkung von Grundrechten zulässig ist, sondern allein die Strafver-

---

226 BGH NStZ 2014, 392, Rn. 23.
227 Knappe Zusf. hierzu bei *Kudlich*, GA 2011, 193, 194 f.; vertiefend *ders.*, Missbrauchsverbot, S. 141 ff.
228 BVerfGE 71, 108, 115; BVerfGE 82, 236, 269; BVerfGE 92, 1, 12; BVerfGE 126, 170, 197 f.
229 Überzeugend zum Ganzen *Wohlers*, in: SK-StPO, vor § 94, Rn. 21 ff., insb. Rn. 27; ferner *Schäfer*, in: Löwe/Rosenberg-StPO, vor § 94, Rn. 22 f. – jew. m. m. w. N.

folgungsbehörden bzw. der Ermittlungsrichter. Damit folgt, unbeschadet der Nichtanwendbarkeit von Art. 103 Abs. 2 GG im Verfahrensrecht, aus dem allgemeinen verfassungsrechtlichen Prinzip des Gesetzesvorbehalts ein Verbot der analogen Anwendung strafprozessualer Ermächtigungsnormen.[230] Einer entsprechenden Anwendung von Regeln, die für den Betroffenen günstig sind und daher nicht in Grundrechte eingreifen, ist insofern allerdings dogmatisch zulässig.[231]

Doch erschöpfen sich die Parallelen zwischen Gesetzesvorbehalt im Verfahrensrecht und Gesetzlichkeitsprinzip im materiellen Strafrecht nicht im Verbot belastender Analogien. Auch hinsichtlich der Bestimmtheit einschlägiger Normen gelten für materielles wie für formelles Strafrecht im Ergebnis vergleichbare Grundsätze.[232] Im materiellen Strafrecht soll das Verbot unbestimmter Strafgesetze sicherstellen, dass für die Normadressaten klar erkennbar ist, welches Verhalten mit Strafe bewährt ist und welches nicht. In der jüngeren Vergangenheit hat das BVerfG darüber hinaus das materiellrechtliche Bestimmtheitsgebot auch auf die Judikative erstreckt, die insbesondere bei unbestimmten Gesetzen zu einer konkretisierenden und präzisierenden Auslegung angehalten ist.[233]

Ähnliches gilt aufgrund des Gesetzesvorbehalts in jeglichem Eingriffsverhalten des Staates in Grundrechte und daher auch unweigerlich und insbesondere im Verfahrensrecht mit seinen teilweise erheblichen Eingriffen.[234] Für den Bürger soll prinzipiell aufgrund der gesetzlichen Eingriffsnorm vorhersehbar sein, unter welchen Voraussetzungen er mit Beeinträchtigungen seiner subjektiven (Grund-)Rechtspositionen zu rechnen hat.[235] Darüber hinaus ist nach der Rechtsprechung anerkannt, dass das materielle Grundrecht auch Maßstäbe für eine Verfahrensgestaltung setzt, welche einen effektiven Grundrechtsschutz ermöglicht.[236] Insbesondere bei heimlichen Ermittlungsmethoden, bei denen ein Betroffener im Regelfall allenfalls im Rahmen einer nachträglichen Offen-

---

230 Deutlich *Krey*, ZStW 1989, 838, 854 ff.; i. Erg. ebenso *Wohlers*, in: SK-StPO, § 161, Rn. 8 a. E. m. w. N. (Fn. 11); *Bär*, Handbuch, S. 18 ff.
231 BGH NStZ 2001, 604, 606.
232 Zu den Anforderungen an die Bestimmtheit strafprozessualer Eingriffsnormen eingehend und m. w. N. *Wohlers*, in: SK-StPO, vor § 94, Rn. 22 ff.
233 Vgl. hierzu BVerfGE 92, 1, 12 ff.; BVerfGE 126, 170, 195 ff.
234 *Kudlich*, in: ders./Montiel/Schuhr (Hrsg.), S. 233, 246: Der Gesetzesvorbehalt gilt im Strafverfahrensrecht „in besonderem Maße“.
235 *Wohlers*, in: SK-StPO, vor § 94, Rn. 23.
236 BVerfGE 65, 1, 44 ff.

legung Rechtsschutzmöglichkeiten nach Art. 19 Abs. 4 Satz 1 GG erfährt, ist dieser Verfahrensschutz von erheblicher Bedeutung. Der Gesetzgeber muss durch eine hinreichend klare und präzise Normgestaltung dafür Sorge tragen, dass insbesondere bei solchen heimlichen Maßnahmen eine effektive und vorbeugende Kontrolle stattfindet.[237]

2. Konsequenz: Notwendigkeit einer bereichsspezifischen Eingriffsnorm

Anhand der vorstehenden Ausführungen wird deutlich, dass einer analogen Anwendung strafprozessualer Eingriffsnormen unüberwindbare verfassungsrechtliche Hindernisse entgegenstehen. Es hat sich gezeigt, dass, jedenfalls im Bereich durchschnittlich eingriffsintensiver strafprozessualer Zwangsmaßnahmen, allein der Gesetzgeber befugt ist, die Voraussetzungen – jedenfalls alle wesentlichen Voraussetzungen – festzulegen, unter denen ein Eingriff in eine spezifische verfassungsrechtlich geschützte Rechtsposition zulässig ist.[238] Dies führt zur Forderung nach hinreichend bestimmten bereichsspezifischen Ermächtigungsgrundlagen, die einer Ausdehnung über den vom Gesetzgeber vorgegebenen Eingriffs- bzw. Regelungsbereich durch Analogiebildung oder Schaffung gewohnheitsrechtlicher Eingriffsgrundlagen hinaus nicht zugänglich sind. Das deckt sich inhaltlich mit den Anforderungen, die das Bundesverfassungsgericht im Volkszählungsurteil für Eingriffe in das Recht auf informationelle Selbstbestimmung aufgestellt[239] und die es auf Eingriffe in die Telekommunikationsfreiheit übertragen hat. Bei diesen müssen demnach „der Anlass, der Zweck und die Grenzen des Eingriffs in der Ermächtigung bereichsspezifisch, präzise und normenklar festgelegt werden".[240] Für die folgende Untersuchung ist hiernach von folgenden Prämissen auszugehen:

Die in der Strafprozessordnung vorgesehenen Eingriffsgrundlagen dürfen nur innerhalb ihres spezifischen Eingriffsbereichs angewendet werden. Hat der Gesetzgeber in einer Ermächtigungsnorm einen bestimmten Eingriff in ein bestimmtes Grundrecht geregelt und entsprechend

---

237 Vgl. BVerfG NJW 2016, 1781, 1786.
238 Siehe auch *Kudlich*, in: ders./Montiel/Schuhr (Hrsg.), S. 233, 247 f.
239 BVerfG NJW 1984, 419, 422.
240 BVerfG NJW 2004, 2213, 2215 a. E; näher zur Bedeutung dieser Rechtsprechung im Zusammenhang mit Art. 10 GG *Durner*, in: Maunz/Dürig-GG, Art. 10, Rn. 136 ff.

die Eingriffsvoraussetzungen hierauf abgestimmt, kann dieselbe Norm nicht – auch nicht innerhalb des möglichen Wortsinnes – den Eingriff in eine andere grundrechtlich geschützte Rechtsposition begründen. Ausnahmen können höchstens dann bestehen, wenn eine sog. Minus-Maßnahme vorliegt, der mögliche Anwendungsbereich der Norm also nicht voll ausgeschöpft wird. Eine solche Erweiterung ist jedoch dann als unzulässig einzustufen, wenn sie sich gegenüber der Eingriffsermächtigung als aliud darstellt, da sonst wieder eine Umgehung besteht.[241] Die Entscheidung darüber, ob dieser neuartige Eingriff unter den in der Norm genannten Voraussetzungen zulässig ist, obliegt allein dem Gesetzgeber.

II. Zwischenergebnis und Folgerungen für die Untersuchung

Obwohl das Analogieverbot des Art. 103 Abs. 2 GG im Strafprozessrecht keine unmittelbare Anwendung findet, ergeben sich aus dem allgemeinen Gesetzesvorbehalt vergleichbare Konsequenzen. Soweit die Anwendbarkeit einer Ermächtigungsnorm mit Blick auf einen neuartigen Eingriff in Rede steht, muss geklärt werden, ob die in der Vorschrift zum Ausdruck kommende Entscheidung des Gesetzgebers auf die neue Situation übertragen werden kann. Dabei ist entscheidend darauf abzustellen, ob die dem Gesetz zu Grunde liegende grundrechtstypische Gefährdungslage mit derjenigen des neu zu rechtfertigenden Eingriffs vergleichbar ist. Nur wenn das Gesetz dahingehend verstanden werden kann, dass der Gesetzgeber selbst mit seiner Norm eine Entscheidung über das Verhältnis von Eingriffsanlass und Eingriffsintensität getroffen hat, die den neu zu regelnden Eingriff miteinschließt, liegt eine hinreichend bereichsspezifische und bestimmte Ermächtigungsnorm vor.

Im nachfolgenden Abschnitt wird nun zu untersuchen sein, ob das geltende Strafprozessrecht den Zugriff auf in einer Cloud gespeicherte Daten in entsprechend bestimmter und bereichsspezifischer Weise regelt.

---

241 Vgl. *Menges*, in: Löwe/Rosenberg-StPO, vor § 94, Rn. 32 ff. m. w. N.

D. Strafprozessualer Zugriff auf Cloud Computing-Systeme *de lege lata*

Mit Blick auf die Frage nach möglicherweise einschlägigen Ermächtigungsgrundlagen beim Zugriff auf Cloud-Daten lässt sich zunächst – etwas vereinfacht – von einer dreipoligen Struktur bestehend aus dem Nutzer, dem Telekommunikationsdienstanbieter (bzw. Internet-Service-provider) und dem Anbieter der Cloud-Dienste ausgehen,[242] wobei in tatsächlicher Hinsicht grundsätzlich bei jedem der genannten Beteiligten ein Zugriff der Ermittlungsbehörden möglich ist. Im Folgenden werden zunächst die die Beschlagnahme (I) bzw. (kürzer) die Postbeschlagnahme (II) behandelt, die im Kontext von Cloud-Sachverhalten vor allem als Maßnahmen des Zugriffs beim Anbieter der Cloud-Dienstleistungen in Frage kommen, während – wie bereits erwähnt – eine Beschlagnahme beim Nutzer (also beim Beschuldigten) meist ergebnislos verlaufen dürfte. Anschließend wird die Telekommunikationsüberwachung (III) im Hinblick auf ihre Eignung zur Erfassung der hier diskutierten Konstellation des Zugriffs auf Cloud-Daten hin untersucht, wobei damit dann der Zugriff beim Telekommunikations-/Internet-Diensteanbieter angesprochen ist. Im Anschluss erfolgt eine Analyse der durch das Gesetz zur effektiveren und praxistauglicheren Ausgestaltung des Strafverfahrens neu in die Strafprozessordnung eingefügten Regelungen zur Quellen-TKÜ (§ 100a Abs. 1 S. 2, S. 3 StPO) sowie zur Online-Durchsuchung (§ 100b StPO) und ihrer Bedeutung für den Gegenstand dieser Arbeit (IV). Die besonderen Schwierigkeiten beim grenzüberschreitenden Zugriff werden schließlich im Zusammenhang mit der Regelung des § 110 Abs. 3 StPO erörtert (V).

In einer Arbeit, die nicht zuletzt den Vorwurf gegenüber dem Gesetzgeber erhebt, eine zeitgemäße Reform des strafprozessrechtlichen Ermittlungsinstrumentariums mehr oder weniger „verschlafen" zu haben, soll nicht unerwähnt bleiben, dass namentlich die §§ 100g-100j StPO unterschiedliche technische Ermittlungsmaßnahmen regeln, die jedoch für die hier behandelte Fallkonstellation nicht einschlägig sind. Denn die vorliegende Arbeit untersucht nicht den Zugriff auf Bestands- oder Verkehrsdaten[243], sondern auf die grundrechtlich besonders relevanten In-

---

242 *Gähler,* HRRS 2016, 340 m. w. N.
243 Zu deren Bedeutung im Zusammenhang mit Cloud-Systemen siehe *Dalby,* Grundlagen, S. 189 ff.

haltsdaten. Auch der sog. IMSI-Catcher spielt für den Zugriff auf Cloud-Systeme (bzw. die in der Cloud gespeicherten Inhaltsdaten) keine Rolle. Die genannten Vorschriften werden daher in dieser Arbeit nicht näher behandelt.

I. § 94 StPO als Grundlage für Ermittlungen in Cloud Computing-Systemen

Zunächst ist es naheliegend, § 94 StPO als mögliche Ermächtigungsgrundlage in den Blick zu nehmen, der mit der formlosen Sicherstellung (§ 94 Abs. 1 StPO) bzw. der Beschlagnahme (§ 94 Abs. 2 StPO) zentrale Ermittlungsmaßnahmen regelt, die gewährleisten sollen, dass den Ermittlungsorganen alle für ein auf Wahrheitssuche abzielendes Verfahren nötigen Gegenstände – was nach h. M. im Grundsatz auch Daten umfasst (siehe sogleich 1 b) – zur Verfügung stehen, wobei selbstverständlich insbesondere die Beschlagnahmeverbote des § 97 StPO sowie der Verhältnismäßigkeitsgrundsatz als Grenzen zu beachten sind. Weil eine Beschlagnahme von Hardware beim Beschuldigten regelmäßig nicht effektiv sein dürfte, sofern dieser konsequent mit Cloud-Anwendungen arbeitet und infolgedessen die entsprechenden Inhaltsdaten auf dem von ihm genutzten System nicht gespeichert sind, rückt – neben der „Durchsicht" externer Speicher gem. § 110 Abs. 3 StPO (unten V) – vor allem die Beschlagnahme beim Provider in den Vordergrund, die auch beim Zugriff auf E-Mails (sogleich unter 2) vielfach praktiziert wurde.

Vorab ist jedoch die Frage zu klären, was überhaupt beim Zugriff auf Daten Gegenstand einer Beschlagnahme sein kann und welche Verfahrensweisen hierbei von Bedeutung sind (1). Anschließend ist ein besonderes Augenmerk auf die Zulässigkeit der Beschlagnahme von beim Provider gespeicherten E-Mails zu richten (2), da dies in der Sache eine Form des Cloud Computing darstellt[244] und insofern bereits eine breite Diskussion im Schrifttum ebenso wie einschlägige Rechtsprechung existiert. Im Ergebnis wird hier die Auffassung vertreten, dass § 94 StPO nicht geeignet ist, den Zugriff auf in der Cloud gespeicherte Daten zu legitimieren, da die relativ niedrigschwelligen und konkretisierungsbedürftigen Eingriffsvoraussetzungen insbesondere nicht der Tatsache Rechnung tragen, dass es beim Zugriff auf Cloud-Systeme regelmäßig zu einem unter Um-

---

244 Näher zum Verhältnis *Dalby*, Grundlagen, S. 207 ff.

ständen erheblichen Eingriff in den Schutzbereich des Grundrechts auf Vertraulichkeit und Integrität informationstechnischer Systeme kommt (dazu unter 3).

1. Mögliche Beschlagnahmegegenstände in Cloud-Sachverhalten

Weitgehend unproblematisch ist, dass beim Beschuldigten vorgefundene Hardware inklusive der darauf befindlichen Daten als tauglicher Gegenstand einer Beschlagnahme gemäß § 94 StPO in Betracht kommt (a). Da eine solche Vorgehensweise in Cloud-Sachverhalten aber häufig wenig erfolgversprechend ist, rückt die Frage in den Vordergrund, inwieweit auch Daten als solche tauglicher Gegenstand einer Sicherstellung sein können (b). Nachdem diese Frage trotz im Grundsatz gewichtiger Bedenken hier bejaht wird, sind im Überblick diejenigen Vorgehensweisen zu erörtern, die als Möglichkeiten eines Zugriffs auf „Daten als solche" in Betracht kommen (c).

a) Hardware und Speichermedien als Beschlagnahmegegenstände

Als „Gegenstände" i. S. v. § 94 StPO, also als taugliches Beschlagnahmeobjekt, kommen in jedem Fall alle beweglichen körperlichen Gegenstände in Betracht, mithin im Grundsatz Sachen i. S. d. § 90 BGB.[245] Daher ist heute allgemein anerkannt, dass Computerhardware – also insbesondere Computer, Laptops, Tablets, Smartphones, aber auch (interne und externe) Datenträger – unter den Begriff des „Gegenstands" im Sinne der Beschlagnahmevorschriften fällt und dass somit im Grundsatz auch die Möglichkeit der Ermittlungsbehörden besteht, auf die darauf gespeicherten Daten zuzugreifen.[246] Dabei ist es grundsätzlich unbedenklich, dass es „eigentlich" nicht die Hardware als solche, also der verkörperte Gegenstand ist, dem der Beweiswert zukommt, sondern den darauf gespeicherten Informationen, da dies bei Schriftstücken oder Tonbandaufzeichnungen nicht grundsätzlich anders ist.[247]

---

245 *Wohlers*, in: SK-StPO⁴, § 94, Rn. 20 m. w. N.; zum Sachbegriff des BGB vgl. *Stresemann*, in: MüKo-BGB, § 90, Rn. 8 ff.
246 *Wohlers*, in: SK-StPO⁴, § 94, Rn. 24; *Menges*, in: Löwe/Rosenberg-StPO, § 94, Rn. 27; *Bär*, Zugriff, S. 246 f.
247 *Wohlers*, in: SK-StPO⁴, § 94, Rn. 24.

Allerdings ist mit der insoweit grundsätzlich unproblematischen Be-schlagnahmemöglichkeit von Hardware für die Ermittler bei Cloud-Sachverhalten wenig gewonnen, da jedenfalls beim Beschuldigten selbst meist keine Hardware vorzufinden ist bzw. auf dieser keine relevanten Daten gespeichert sind. Damit bleibt allein die Beschlagnahme der Ser-ver des Cloud-Providers als praktisch aussichtsreiche Lösung, jedenfalls sofern sich diese im Geltungsbereich der Strafprozessordnung befin-den. Das führt zu der Frage, inwieweit § 94 StPO den Zugriff auf die vom Beschuldigten in der Cloud gespeicherten Daten des Beschuldigten auf diesem „Umweg" ermöglicht. Um diese Frage im weiteren Verlauf der Untersuchung zu beantworten, wird u.a. auf die in Teilen parallel gelagerte Diskussion über die Zulässigkeit der sog. „E-Mail-Beschlag-nahme" einzugehen sein. Zunächst ist aber die Frage zu beantworten, ob jenseits der gegenständlichen Datenträger vielleicht auch die in der Cloud vorhandenen Daten selbst als Gegenstände i.S.d. § 94 StPO auf-zufassen sein könnten.

b) Daten als Beschlagnahmeobjekte

Zur Frage der Beschlagnahmefähigkeit der Daten selbst – im Gegensatz zu den unzweifelhaft unter den Gegenstandsbegriff fallenden physischen Datenträgern – haben sich unterschiedliche Ansichten herausgebildet.

aa) Die ablehnende Ansicht von Bär

Wolfgang Bär, der mit seiner Arbeit in den frühen 90er Jahren des vorigen Jahrhunderts bis heute wirkmächtige Pionierarbeit zu Fragen der Ermitt-lungen im EDV-Bereich geleistet hat,[248] hat sich besonders gründlich mit der Frage befasst, ob Daten als solche unter den Gegenstandsbegriff der Beschlagnahmevorschriften fallen.[249] Dabei sind unter Daten i.S.d. DIN 44300 „Zeichen oder kontinuierliche Funktionen, die zum Zweck der Verarbeitung Information auf Grund bekannter oder unterstellter Abma-chungen darstellen" zu verstehen, wobei die Darstellung von Informatio-nen hier auf dem Binärcode oder bit-Format basiert.[250] *Bär* gelangt unter

---

248 Vgl. *Bär*, Zugriff, passim; zuletzt zu strafprozessualen Fragen im Zusammenhang mit infor-mationstechnischen Systemen *ders.*, in: FS-v. Heintschel-Heinegg, S. 1, 9 ff.
249 *Bär*, Zugriff, S. 241 ff.
250 Siehe hierzu *Bär*, Zugriff, S. 10 m.w.N.

Anwendung der klassischen Auslegungsmethoden zu dem Ergebnis, dass Daten als solche vor allem aufgrund ihrer fehlenden Gegenständlichkeit, die vom Wortlaut der Norm her vorausgesetzt sei, nicht zu den beschlagnahmefähigen Objekten gehören.[251] Das stimmt im Ergebnis mit dem herrschenden zivilrechtlichen Verständnis des Begriffs „Sache" überein, wonach auch nur der Datenträger als solcher, nicht aber die gespeicherten Daten Sachqualität haben.[252]

bb) Die bejahende Ansicht des BVerfG und der h.L.

Demgegenüber hat das Bundesverfassungsgericht explizit die gegenteilige Ansicht vertreten und sich dabei insbesondere darauf berufen, dass das Gesetz gerade von „Gegenständen" spreche, nicht aber von „Sachen", weshalb eine Beschränkung auf körperliche Objekte nicht geboten sei.[253] Zwar habe der ursprüngliche Gesetzgeber bei der Schaffung der Vorschriften natürlich noch nicht die Möglichkeit in Betracht ziehen können, dass eines Tages auch elektronische Daten als solche Gegenstand einer möglichen Beschlagnahme würden seien können; aber spätere Änderungen des Gesetzes – die zum Zeitpunkt der Abfassung von *Bärs* Arbeit allerdings zum Teil noch nicht erfolgt waren – ließen erkennen, dass jedenfalls der ändernde Gesetzgeber von der Beschlagnahmefähigkeit nichtkörperlicher Daten ausgehe.[254] Das ist in der Literatur weitgehend auf Zustimmung gestoßen, wobei dabei zum Teil darauf hingewiesen wird, dass der Zugriff auf einzelne Datenbestände jedenfalls deshalb zulässig sein müsse, weil es sich dabei um eine Minusmaßnahme gegenüber der Beschlagnahme der gesamten Hardware handele.[255]

---

251 *Bär,* Zugriff, S. 241 ff., insbesondere S. 247 f.
252 *Stresemann,* in: MüKo-BGB, § 90, Rn. 25 m. w. N. auch zu teilw. abweichenden Auffassungen.
253 BVerfG NJW 2005, 1917, 1919 f.
254 BVerfG NJW 2005, 1917, 1920 m. w. N. zu unterschiedlichen Gesetzesänderungen, aus denen die implizite Anerkennung der Beschlagnahmefähigkeit von Daten abgeleitet wird; siehe dazu auch *Bär,* Handbuch, Rn. 406 f.
255 Vgl. hierzu *Wohlers/Greco,* in: SK-StPO, § 94 Rn. 26 m. w. N.; mit eingehender Begründung auch *Böckenförde,* Ermittlung, S. 275 ff.; im Ergebnis ebenso zuletzt auch *Bell,* Strafverfolgung, S. 107 ff.

cc) Stellungnahme

Jedenfalls das zuletzt dargestellte Argument, wonach es sich bei der Beschlagnahme einzelner Datenbestände um eine weniger eingriffsintensive Maßnahme im Verhältnis zur Beschlagnahme der Hardware handelt, muss im Cloud-Kontext relativiert werden. Denn die Beschlagnahme der Hardware wird die Ermittler häufig nicht zum Ziel führen. Bestünde demgegenüber technisch die Möglichkeit, auf einzelne vom Beschuldigten in der Cloud gespeicherte Datenbestände zuzugreifen (dazu sogleich unter c), erlangt die Frage der Beschlagnahmefähigkeit jener Datenbestände unmittelbare Bedeutung.

Im Ergebnis ist insoweit die herrschende Meinung vorzuziehen. Zwar scheint der Wortlaut in der Tat zunächst für die restriktive Auffassung von *Bär* zu sprechen, da auch ein „Gegenstand" umgangssprachlich meist als ein körperliches Objekt angesehen wird, was bereits durch die Redeweise davon, dass ein nichtkörperliches Objekt in einem Körper „vergegenständlicht" wird, deutlich ist.[256] Aber es kann in systematischer Hinsicht nicht ignoriert werden, dass die Rechtsordnung – namentlich das BGB – den Begriff der „Sache" als auf körperliche Objekte begrenzte Klassifizierung verwendet. Das hat das BVerfG zutreffend betont. Damit ist der Weg eröffnet, den Begriff des „Gegenstandes" insoweit weiter zu fassen. Hierfür sprechen vor allem gewichtige teleologische Erwägungen, wie *Bär* selbst zugesteht.[257] Wenn Daten nicht als beschlagnahmefähig angesehen werden, bleiben unter Umständen zentrale Informationen dem auf die Wahrheitsermittlung gerichteten Strafprozess entzogen. Die Sicherstellung von Hardware ist nicht immer eine praktikable Alternative, wie vor allem Cloud-Sachverhalte klar vor Augen führen. Diesen Erwägungen kann im Rahmen des insofern gegenüber dem Sachbegriff stärker entwicklungsoffenen Begriff des „Gegenstands" Rechnung getragen werden, indem Daten auch als solche prinzipiell als miterfasst angesehen werden, womit allerdings nicht gesagt ist, dass § 94 StPO auch im Übrigen eine den Zugriff auf die Cloud legitimierende Ermächtigungsnorm ist (das ist im Ergebnis vielmehr zu verneinen, wie unter 3. noch auszuführen ist). Aber grundsätzlich lassen sich Daten un-

---

256 Siehe aber auch *Böckenförde,* Ermittlung, S. 275 ff., der betont, dass etwa auch eine rechtswissenschaftliche Abhandlung einen „Gegenstand" hat, wodurch deutlich wird, dass damit auch nichtkörperliche Dinge gemeint sein können.

257 *Bär,* Zugriff, S. 240 ff.; im Ergebnis die praktische Bedeutung der Streitfrage relativierend *ders.,* Handbuch, Rn. 407.

ter den Begriff des „Gegenstands" subsumieren. Das führt zu der Frage, wie ein Zugriff auf Daten, die nicht auf der Hardware des Beschuldigten gespeichert sind, in technisch-praktischer Hinsicht überhaupt aussehen könnte.

c) Verfahrensweisen zur Sicherstellung von Daten

Hält man Daten im Einklang mit der herrschenden und hier geteilten Sichtweise prinzipiell für „Gegenstände" i. S. d. Beschlagnahmevorschriften, ist damit nicht geklärt, wie im Einzelnen der Zugriff auf diese Gegenstände von statten gehen soll.[258] Hier können prinzipiell unterschiedliche Konstellationen auseinandergehalten werden, je nachdem, ob der Zugriff online oder offline bzw. mit oder ohne Verwendung von Zugangsdaten/Verschlüsselung erfolgt.[259] Das Gesetz unterscheidet in § 94 Abs. 1 StPO insoweit im Ausgangspunkt zwischen der Inverwahrnahme und der Sicherstellung in anderer Weise, wobei die erstgenannte Variante bei Daten als solchen wohl keine Anwendung finden dürfte, da deren Inverwahrnahme begrifflich schwer vorstellbar ist.[260] In Betracht kommt – jenseits der meist nicht effektiven Inverwahrnahme der Hardware des Beschuldigten – eine Inverwahrnahme der Server des Providers, die jedoch regelmäßig unverhältnismäßig sein dürfte, da hierdurch die Daten zahlloser Unbeteiligter ebenfalls betroffen wären und überdies die wirtschaftliche Betätigung des Dienstanbieters nachhaltig beeinträchtigt würde.[261] Bei Cloud-Systemen ist die Netzwerkstruktur ohnehin so weit verzweigt, dass eine physische Inverwahrnahme praktisch ausgeschlossen ist.[262]

Die Besonderheit im Umgang mit elektronischen Daten besteht nun darin, dass diese grundsätzlich reproduzierbar sind, dass also von den „Originaldaten" auf den Servern des Anbieters ohne prinzipielle technische Schwierigkeiten eine Kopie erstellt werden kann, worin eine Sicherstellung in sonstiger Weise gesehen werden könnte. Dabei soll an dieser Stelle nicht näher darauf eingegangen werden, dass bei dieser Vorgehensweise streng genommen niemals die Originaldaten selbst zum

---

258 Ausführlich hierzu *Heinson*, IT-Forensik, S. 24 ff.
259 Vgl. insofern die Übersicht bei *Zerbes/El-Ghazy*, NStZ 2015, 425 f.
260 Vgl. insoweit *Bär*, Handbuch, Rn. 406 m. w. N.
261 Zutr. *Heinson*, IT-Forensik, S. 36 und S. 196 ff.
262 *Heinson*, IT-Forensik, S. 46.

Gegenstand der Sicherstellung werden, da diese regelmäßig beim Inhaber der Daten verbleiben, sondern dass vielmehr immer eine Kopie hergestellt wird.[263] Für die Zwecke dieser Untersuchung soll ferner außer Betracht bleiben, unter welchen Voraussetzungen die Übereinstimmung der sichergestellten Daten mit dem Original so hinreichend gewährleistet ist, dass der sichergestellte Datensatz als vollgültiger Beweis für die Existenz des Originals angesehen werden kann. Der gesamte Vorgang der Dechiffrierung eines im binären Code verfassten Datensatzes bis hin zu einem lesbaren Dokument ist ein durchaus komplexer Vorgang, der regelmäßig ausschließlich im Herrschaftsbereich des Dienstanbieters stattfindet und einer externen Überprüfung kaum zugänglich ist.[264] Für das Folgende sei davon ausgegangen, dass die Authentizität entsprechend rekonstruierter Datensätze in technischer Hinsicht unzweifelhaft ist (zumal dies in der Praxis nahezu ohne jegliches Problembewusstsein immer unterstellt wird).

Voraussetzung für die Herstellung eines dann beschlagnahmefähigen Gegenstandes, also eines Datenträgers, der dann die gesuchten Daten enthält, ist die Nutzung der am Durchsuchungsort vorgefundenen EDV, um z. B. Daten von einer darin enthaltenen Festplatte auf einen externen Datenträger zu kopieren, der im weiteren Verlauf dann als das eigentliche Beweismittel fungiert und mit dessen Hilfe die Daten für die Zwecke des Verfahrens sichtbar gemacht werden können.[265] Dass die Benutzung einer EDV-Anlage durch den Durchsuchungsbeschluss für die Räume gedeckt ist, in denen sich diese EDV-Anlage befindet, lässt sich jedenfalls seit der Einführung von § 110 Abs. 3 StPO kaum noch bezweifeln. Die Ermächtigung zur Durchsuchung der Räume des Beschuldigten (oder eines Dritten gem. § 103 StPO) enthält demnach – verkürzt formuliert – auch die Ermächtigung zur Benutzung und Durchsuchung der dort vorgefundenen EDV-Systeme[266] und wird über § 110 Abs. 3 StPO sogar auf Speichermedien erstreckt, die sich außerhalb der betreffenden Räume befinden.[267] Für den Fall der Durchsuchung bei einem Cloud-Anbieter dürfte faktisch nur die zuletzt genannte (hier später unter V behandelte) Variante in Betracht kommen, da dessen Serverarchitektur in der Regel weit (und zwar weltweit) verteilt ist, so dass sich jedenfalls am

---

263 Vgl. hierzu *Warken*, NZWiSt 2017, 289, 295 m. w. N.
264 Berechtigter Hinweis bei *Warken*, NZWiSt 2017, 329 ff.
265 *Bär*, Handbuch, Rn. 407.
266 Näher hierzu *Bell*, Strafverfolgung, S. 80 ff.
267 *Wohlers/Jäger*, In: SK-StPO, § 102 Rn. 15 und § 110 Rn. 8 f.

deutschen Standort keine Server befinden, auf denen die Daten physisch gespeichert sind.

Die aus § 110 Abs. 3 StPO zu entnehmende Befugnis zur „Durchsicht" von Speichermedien besagt indes nichts darüber, ob die in den durchsuchten Räumen (oder beim aufgegriffenen Beschuldigten) vorgefundene Hardware von den Ermittlungsbehörden dafür benutzt werden darf, eine Sicherungskopie der gesuchten Daten herzustellen und so eine Sicherstellung in anderer Weise durchzuführen. Auch diese Frage erlangt im Zusammenhang mit Cloud-Systemen besondere Bedeutung, weil hier – wie bereits angedeutet – die Netzwerkarchitektur weit verzweigt ist und den Ermittlungsbehörden der Zugriff auf die gesuchten Daten somit weder durch die Inverwahrnahme einzelner vorgefundener Server noch durch das Kopieren von auf etwaigen vorgefundenen Servern vorhandenen Daten möglich sein dürfte. Die einzig technisch sinnvolle Lösung zur Anfertigung von Sicherheitskopien etwaiger in der Cloud gespeicherter Daten eines bestimmten Nutzers (des Beschuldigten) ist somit die Erstellung einer solchen Kopie unter Verwendung der EDV des Dienstanbieters, der in der Regel auf alle in „seiner" Cloud gespeicherten Daten zugreifen kann und für den die Anfertigung solcher Kopien technisch daher ohne größere Schwierigkeiten möglich ist.[268]

Das wirft zunächst die Frage auf, inwiefern der Anbieter zu einer Mitwirkung bei einem solchen Vorgang verpflichtet ist, insbesondere, ob er den Zugang zu einem vom Beschuldigten genutzten Account ermöglichen muss. Insofern sieht das Gesetz in § 100j StPO mittlerweile eine grundsätzlich einschlägige Regelung vor, deren Anwendbarkeit auf Cloud-Systeme allerdings bestritten wird.[269] Richtigerweise spricht allerdings nichts dagegen, die Regelung in § 100j Abs. 1 S. 2 StPO auch auf Zugangsdaten für Cloud-Systeme zu erstrecken. Denn die Vorschrift macht die Pflicht zur Herausgabe der Zugangsdaten davon abhängig, dass die Voraussetzungen zur Nutzung dieser Daten vorliegen.[270] Ist dies aber der Fall, so ist letztlich selbstverständlich, dass dann auch der Zugang zu solchen Daten ermöglicht werden muss, deren Nutzung als Beweismittel durch die Strafverfolgungsbehörden rechtlich zulässig ist. § 100j Abs. 1 S. 2 StPO ist insofern also letztlich akzessorisch und stellt im Wege der

---

268 Näher *Heinson*, IT-Forensik, S. 36 und S. 159 ff., der von „Snapshots" spricht.
269 Vgl. die Nachweise zur Diskussion bei *Schmitt*, in: Meyer-Goßner/Schmitt, StPO, § 100j Rn. 3; weiterführend *Ladiges*, in: Buschman u. a. (Hrsg.), S. 117, 121 ff.
270 Insofern zutr. Hinweis bei *Ladiges*, in: Buschman u. a. (Hrsg.), S. 117, 122 f.

Umsetzung verfassungsgerichtlicher Vorgaben[271] klar, dass Dienstanbieter zur Bereitstellung von Zugangscodes nur dann, aber auch immer dann verpflichtet sind, wenn die ermittlungsbehördliche Nutzung der Daten zulässig ist. Damit werden aber die Voraussetzungen jener Nutzung der Daten, mit anderen Worten wird die Suche nach der geeigneten Ermächtigungsgrundlage für den strafprozessualen Zugriff auf (Inhalts-) Daten in der Cloud, zum entscheidenden Streitpunkt. Ist diese Frage in angemessener Weise beantwortet – was die nachfolgende Untersuchung anstrebt –, stehen der Anwendung von § 100j Abs. 1 S. 2 StPO in diesem Kontext keine Bedenken entgegen.[272]

Damit zeigt sich aber auch, dass es vorliegend weniger um die Frage geht, ob die Erstellung von Kopien der in der Cloud gespeicherten Daten als Sicherstellung dieser Daten „in anderer Weise" im Sinne von § 94 Abs. 1 StPO verstanden werden kann. Vorrangig muss vielmehr geklärt werden, ob § 94 StPO überhaupt – unter Berücksichtigung der vorstehenden verfassungsrechtlichen Erwägungen (oben C) – als Ermächtigung zum Zugriff auf Inhaltsdaten in einer Cloud in Frage kommt. Würde man dies bejahen, müsste konsequenterweise auch die Anfertigung von Kopien des entsprechenden Datenbestandes zulässig sein, da eine andere Form der Sicherstellung von Daten letztlich gar nicht in Betracht kommt.

Über die hiernach entscheidende Frage der materiellen Eignung der §§ 94 ff. StPO als Befugnisnorm zur Beschlagnahme von in der Cloud gespeicherten Daten ist nach alldem noch nichts gesagt. Allein aufgrund der Tatsache, dass die Beschlagnahmefähigkeit von Daten als solchen anerkannt wird und dass deren Sicherstellung durch die Herstellung von Kopien möglich ist, ergibt sich nicht, dass alle Daten stets dem niedrigschwelligen Zugriff der §§ 94 ff. StPO unterliegen. Insofern wird nachfolgend zunächst der in Rechtsprechung und Literatur vielfach diskutierte Spezialfall des Zugriffs auf E-Mails untersucht, was deshalb für die vorliegende Untersuchung aufschlussreich ist, weil die in der Debatte zumeist herangezogenen Webmail-Dienste – wie eingangs bereits erwähnt – ein besonders weit verbreiteter Anwendungsfall der Cloud-Technologie sind. Aus den zur Frage des E-Mail-Zugriffs vertretenen Positionen lassen sich daher womöglich Rückschlüsse auf die Anwend-

---

271 BVerfGE 130, 151, 200 ff.
272 Vgl. zur Anwendbarkeit der Vorschrift auf Cloud-Systeme auch BT-Drucks. 17/2879, S. 17.

barkeit der Beschlagnahmeregelungen in sonstigen Cloud-Sachverhalten ziehen.

2. Der Zugriff auf beim Provider zwischengespeicherte E-Mails als Blaupause für Cloud-Sachverhalte?

Eine strafprozessuale Ermittlungsmaßnahme, die spätestens seit Ende der 90er-Jahre des vergangenen Jahrhunderts in Wissenschaft und Praxis verstärkt an Bedeutung gewonnen hat, ist der Zugriff auf E-Mails des Beschuldigten, die auf Servern des Providers entweder vorübergehend oder sogar endgültig gespeichert werden.[273] Um die Relevanz dieser Debatte für die hier behandelten Fragestellungen zu klären, ist zunächst kurz zu skizzieren, wie E-Mail-Kommunikation technisch abläuft (a) und in welchen unterschiedlichen Konstellationen ein Zugriff auf E-Mails erfolgen kann (b). Anschließend wird ein kurzer Überblick über die Entwicklung der Diskussion in Rechtsprechung und Literatur gegeben (c). Bereits an dieser Stelle sei vorweggenommen, dass die in der Praxis heute – nach einer Entscheidung des Zweiten Senats am BVerfG[274] – maßgebliche Sichtweise, wonach die §§ 94 ff. StPO hinreichende Ermächtigungsgrundlagen für den Zugriff auf beim Provider gespeicherte E-Mails darstellen, hier abgelehnt wird. Die Gründe dafür decken sich letztlich mit den Gründen für die hier vertretene Ansicht, dass die strafprozessualen Beschlagnahmevorschriften insgesamt für den Zugriff auf Daten in der Cloud normativ ungeeignet sind. Diese Gründe werden in einem eigenständigen Abschnitt zusammenhängend erörtert (siehe unter 3).

a) Technische Grundlagen der E-Mail-Kommunikation275

Eine zentrale Rolle bei der technischen Abwicklung der heute allgegenwärtigen E-Mail-Kommunikation spielen die E-Mail-Provider, die dem Nutzer für das Versenden und Empfangen von E-Mails ein „virtuelles Postfach" auf ihren Servern bereitstellen. Heute liegt dieser Dienstleis-

---

273 Mit dieser Frage hat sich der Verfasser dieser Arbeit bereits auseinandergesetzt, siehe *Meinicke*, Zugriff, passim. Die nachfolgenden Ausführungen bauen auf dieser Untersuchung auf.
274 BVerfGE 124, 43 = NJW 2009, 2431.
275 Der folgende Abschnitt basiert auf der (etwas ausführlicheren) Darstellung bei *Meinicke, Zugriff*, S. 3 ff.

tung in der Regel der Einsatz von Cloud-Technologie zu Grunde, wobei insbesondere „Internetriesen" wie Google oder Microsoft neben E-Mail auch – und inzwischen vermutlich vorwiegend – zahlreiche weitere Dienste über die Cloud anbieten. Der Versand einer E-Mail gliedert sich in technischer Hinsicht in drei Übertragungsschritte: Die Übertragung vom Absender der Mail zum Server seines E-Mail Providers (sog. Mail[out] Server, dazu aa), die Weiterleitung vom Mail(out)Server zum Server des E-Mail-Providers des Empfängers (sog. Mail[in]Server, dazu bb), sowie schließlich die Übermittlung vom Mail(in)Server zum Adressaten der E-Mail (cc).

aa) Übertragung zum Mail(out)Server

Die Übertragung der E-Mail vom Absender zum Mail(out)Server seines E-Mail-Providers kann grundsätzlich auf zwei unterschiedlichen Wegen erfolgen. Wird ein Mail-Client oder auch Mail User Agent (MUA) verwendet (z. B. Microsoft Outlook, Apple Mail oder Mozilla Thunderbird), überträgt dieser die E-Mail mit Hilfe des – auf dem TCP/IP-Modell des Internets basierenden – Standard Message Transfer Protocols (SMTP) zum Server des E-Mail-Providers.[276] Stellt der Anwender die Verbindung mit dem Mail(out)Server dagegen – wie bei den gängigen Webmaildiensten (hotmail, gmail, web.de usw.) – über einen Web-Browsers im World Wide Web mittels des dafür verbreiteten Hypertext Transfer Protocols (HTTP) her, erfordert dies zuvor eine Anmeldung über die Webseite des E-Mail-Providers.[277]

bb) Übertragung zum Mail(in)Server

Der nächste Schritt besteht in der Übertragung vom Mail(out)Server zum Mail(in)Server, die ebenfalls unter Verwendung des Standard Message Transfer Protocols (SMTP) erfolgt.[278] Auf dem Server des Providers des Empfängers sorgt dann ein sog. Mail Delivery Agent (MDA) dafür, dass die eingegangene E-Mail dem Benutzerkonto des Empfängers zugeordnet und entsprechend gespeichert wird.[279]

---

276 *Böckenförde,* Ermittlung, S. 75 f.; ausf. *Kurose/Ross,* Computernetzwerke, S. 147 ff.
277 *Meininghaus,* Zugriff, S. 13; *Störing,* Zugriffsmöglichkeiten, S. 11.
278 *Böckenförde, Ermittlung,* S. 73, 76; *Störing, Zugriffsmöglichkeiten,* S. 13 f.
279 *Böckenförde, Ermittlung,* S. 76; *Störing, Zugriffsmöglichkeiten,* S. 14.

cc) Der Abruf der E-Mail durch den Empfänger

Auch beim Abruf von E-Mails durch den Empfänger ist zwischen der Verwendung eines Mail-Clients und der Nutzung von Webmail-Diensten über einen Internetbrowser zu unterscheiden. Die für den hier behandelten Kontext weniger relevante Nutzung von Mail-Clients kann dabei entweder nach dem sog. Post Office Protocol Version 3 (POP3) oder unter Verwendung des Internet Message Access Protocol (IMAP) erfolgen.[280] Dabei ist das IMAP-Verfahren mit den Cloud-Sachverhalten noch eher vergleichbar, weil dort regelmäßig jedenfalls die vollständigen E-Mails nicht dauerhaft auf dem Rechner des Empfängers gespeichert werden.[281] Nutzt der Empfänger dagegen Webmail-Dienste und ruft die E-Mail über einen Standard-Internetbrowser ab, können mittels HTTP (siehe oben) die auf dem Server eingegangenen und gespeicherten E-Mails eingesehen werden.[282] Sie verbleiben in diesem Fall – ebenso wie beim Abruf mit IMAP – auf den Servern des Providers des Adressaten der E-Mail und werden entweder gar nicht oder allenfalls vorübergehend auf den Rechner des Benutzers kopiert.[283]

Zusammenfassend lässt sich damit sagen, dass der Zugriff auf E-Mails jedenfalls insoweit mit den in dieser Arbeit untersuchten Cloud-Sachverhalten vergleichbar ist, als die Mails nicht auf dem Rechner des Empfängers dauerhaft gespeichert sind und somit im Rahmen einer Durchsuchung/Beschlagnahme dort sichergestellt werden können. Allein diese Sachverhalte sind Gegenstand der nachfolgend skizzierten Diskussion.

b) Rechtsprechung und Schrifttum zum E-Mail-Zugriff im Überblick

aa) Hintergrund: Die Einteilung der E-Mail-Kommunikation in „Phasen"

Ausgangspunkt der Diskussionen um die rechtliche Zulässigkeit des Zugriffs auf E-Mails war bemerkenswerterweise eine Entscheidung, die ei-

---

280 Zu den Einzelheiten näher und m. w. N. *Meinicke,* Zugriff, S. 4 ff.
281 Typischerweise werden nicht ganze E-Mails, sondern nur die sog. Header der E-Mails auf dem lokalen Rechner gespeichert, vgl. *Störing,* Zugriffsmöglichkeiten, S. 21; auch *Scherff,* Computernetzwerke, S. 341.
282 *Meininghaus, Zugriff,* S. 11; *Kurose/Ross,* Computernetzwerke, S. 160.
283 *Meininghaus, Zugriff,* S. 11.

nen anders gelagerten Sachverhalt zum Gegenstand hatte. Im Jahr 1995 befasste sich der Ermittlungsrichter am BGH mit der Frage, inwieweit die Strafprozessordnung den Zugriff auf Daten ermöglicht, die in einer Mail- bzw. Voicebox, also in einem elektronischen Anrufbeantworter gespeichert sind.[284] Diese Problemstellung war deshalb wegweisend für die daran anschließende Entwicklung, weil es sich auch mit Blick auf die E-Mail-Kommunikation schnell als die (zumindest vordergründig) entscheidende Frage herauskristallisierte, inwiefern kommunikationsbezogene Daten auch dann dem Schutz des Fernmeldegeheimnisses aus Art. 10 Abs. 1 GG unterliegen, wenn diese nicht Gegenstand eines aktuellen Telekommunikationsvorgangs sind, sondern gewissermaßen „ruhen".[285] Das war im Grundsatz genau die Situation, mit der sich der Ermittlungsrichter in der Mailbox-Entscheidung konfrontiert sah – und die er zugunsten einer Eröffnung des Schutzbereichs von Art. 10 Abs. 1 GG sowie der Anwendung von § 100a StPO als Eingriffsgrundlage entschied.[286]

Eine bedeutende Weichenstellung für die Kontroverse um den E-Mail-Zugriff war sodann ein – vor der Veröffentlichung der Mailbox-Entscheidung erschienener – Aufsatz von *Palm/Roy*, der erstmals die in der Folgezeit jedenfalls im Grundsatz weithin übernommene Unterteilung des E-Mail-Verkehrs in unterschiedliche „Phasen" vornahm.[287] Die beiden Autoren, deren Ausführungen zwar weitgehend die damals noch verbreitetere Mailbox-Technologie betrafen, sich aber auch auf E-Mails erstreckten, votierten für ein „Drei-Phasen-Modell" und unterschieden dabei eine erste Phase der Übersendung der Nachricht zum Provider des Absenders, eine zweite Phase des „Ruhens" in der „Mailbox" (also: auf dem Server) sowie schließlich als dritte Phase den Abruf der Nachricht durch den Empfänger.[288] Der Kern dieses Ansatzes bestand darin, dass die sog. „zweite Phase" aus dem Telekommunikationsvorgang herausgelöst wurde mit der Begründung, es fehle an der für die Telekommunikation kennzeichnenden Dynamik. Hieraus aufbauend wurde dann der Schutzbereich des Art. 10 Abs. 1 GG als nicht eröffnet angesehen und für die Beschlagnahmevorschriften als einschlägige Ermächtigungsgrundlage votiert.

---

284 BGH NStZ 1997, 247.
285 Vgl. zur Mailbox-Entscheidung die Ausführungen bei *Meinicke*, Zugriff, S. 14 f. m. w. N.
286 BGH NStZ 1997, 247.
287 *Palm/Roy*, NJW 1996, 1791 ff.; näher hierzu *Meinicke*, Zugriff, S. 11 ff.
288 Vgl. hierzu und zum Folgenden *Palm/Roy*, NJW 1996, 1791, 1793.

Eine Gegenposition[289] berief sich stattdessen oft auf ein „Vier-Phasen-Modell" und fügte ergänzend die endgültige Speicherung der Nachricht beim Empfänger als vierte Phase hinzu. Damit sollte vor allem betont werden, dass die sog. „zweite Phase", in der eine E-Mail auf dem Server des Providers gespeichert ist, weiterhin das Kernmerkmal der dem Art. 10 Abs. 1 GG zu Grunde liegenden Gefährdungslage aufweist: die erleichterte Zugriffsmöglichkeit Dritter auf die Kommunikationsinhalte. Dies falle erst dann weg, wenn die Nachricht abschließend auf einem ausschließlich vom Beschuldigten genutzten Rechner gespeichert wird – was bei den geläufigsten Formen heutiger E-Mail-Dienste zumeist gar nicht passiert. Bei diesem Ausgangspunkt soll die Speicherung der E-Mails auf den Servern des Providers nichts daran ändern, dass in materieller Hinsicht weiterhin ein dem Schutzbereich des Fernmeldegeheimnisses unterfallender Vorgang gegeben ist. Die Vertreter dieses Ansatzes gelangten dann regelmäßig zu der Einschätzung, dass ausschließlich § 100a StPO als Ermächtigungsgrundlage herangezogen werden kann, solange sich die Kommunikationsdaten auf den Servern des Providers befinden, sei es auch, dass sie dort endgültig und nach einem Lesezugriff des Nutzers gespeichert werden (vgl. sogleich unten (b) (aa)).

In der hier vorgelegten Untersuchung bedarf es nun keiner Auseinandersetzung damit, welches der genannten – oder auch sonstiger – „Phasen-Modelle" unter welchen Gesichtspunkten eine adäquate Beschreibung der E-Mail-Kommunikation liefert. Das Vorstehende dient in erster Linie dazu, den nachfolgend skizzierten Diskussionsstand vorab zu strukturieren. Eine wichtige Einsicht auch für den weiteren Gang der Untersuchung besteht jedoch darin, dass es eine erhöhte Eingriffsschwelle begründet, wenn die Art der Datenspeicherung ein erhöhtes Risiko des Zugriffs durch Dritte begründet. Darauf gestützt wird zu einem späteren Zeitpunkt eine zentrale These dieser Arbeit formuliert, wonach die in der Cloud gespeicherten Daten insgesamt dem Schutzbereich des sog. „IT-Grundrechts" aus Art. 2 Abs. 1 GG unterliegen (siehe unter 3 a), welches eher als das Grundrecht aus Art. 10 Abs. 1 GG geeignet ist, den Besonderheiten des zu Grunde liegenden Regelungsbereichs und der relevanten grundrechtsspezifischen Gefährdungslage gerecht zu werden. Zunächst wird nachfolgend jedoch der bisherige Meinungsstand zum E-Mail-Zugriff dargestellt.

---

289 Vgl. zum Folgenden die Nachweise bei *Meinicke*, Zugriff, S. 12 m. Fn. 63.

bb) E-Mail-Zugriff zwischen Beschlagnahme und TKÜ

(a) Rechtsprechung

Die überwiegende Zahl der landgerichtlichen Entscheidung gelangte zunächst zu der Einschätzung, dass auch während des „Ruhens" der E-Mails auf einem Server des Providers von einem Telekommunikationsvorgang i. S. d. Art. 10 Abs. 1 GG auszugehen und dass der Zugriff auf solche Mails nur unter den Voraussetzungen des § 100a StPO zulässig sei.[290] Aufgrund der fehlenden Beherrschbarkeit der Informationsübermittlung für den Nutzer im Falle einer Speicherung beim Provider müsse so lange von einem einheitlich in den Schutzbereich des Fernmeldegeheimnisses fallenden Telekommunikationsvorgang ausgegangen werden, bis die E-Mails endgültig auf einem Rechner des Beschuldigten gespeichert werden.[291] Es drohe die Unbefangenheit nicht-öffentlicher Kommunikation beeinträchtigt zu werden, wenn die Kommunikationsteilnehmer nicht darauf vertrauen könnten, dass die unter Einschaltung eines Providers getätigten Kommunikationsinhalte nicht aufgezeichnet würden.[292]

Teilweise wurde in der Rechtsprechung der Instanzgerichte indessen auch eine Analogie zur Postbeschlagnahme nach § 99 StPO mit der Begründung befürwortet, dass der E-Mail-Verkehr eine verkürzte und vereinfachte Form des Briefverkehrs darstelle.[293] Bei dieser Betrachtung sei der Anwendungsbereich des § 100a StPO gerade nicht eröffnet, da dessen hohe Voraussetzungen nicht zuletzt der Tatsache geschuldet seien, dass die Beteiligten beim Telefonverkehr gerade darauf verzichten, ihre Kommunikationsinhalte aufzuzeichnen.[294] Auch der 1. Strafsenat des Bundesgerichtshofes hielt die Vorschriften über die Postbeschlagnahme für anwendbar und mit Blick auf den dadurch gewährleisteten Grundrechtsschutz für ausreichend.[295] § 100a StPO hielt der Senat deshalb für nicht einschlägig, weil es – insoweit an den Grundgedanken des „Drei-

---

290 Im Ergebnis übereinstimmend LG Hanau NJW 1999, 3647; LG Mannheim StV 2002, 242 f. m. Anm. *Jäger*; LG Hamburg MMR 2008, 186 m. Anm. *Störing*.
291 LG Hamburg MMR 2008, 186 f.
292 LG Mannheim StV 2002, 242.
293 LG Ravensburg NStZ 2003, 325, 326; in nicht widerspruchsfreier Weise wird die Vergleichbarkeit mit der Postbeschlagnahme auch behauptet bei LG Mannheim StV 2002, 242, 243 mit insoweit zu Recht krit. Anm. *Jäger*.
294 LG Ravensburg NStZ 2003, 325, 326.
295 BGH NJW 2009, 1828 m. Anm. *Jahn* JuS 2009, 1048.

Phasen-Modells" anknüpfend – während der Speicherung an einem Telekommunikationsvorgang fehle.[296]

Schließlich hielt das LG Braunschweig die einfache Beschlagnahme gemäß § 94 StPO für einschlägig in einem Fall, in dem die E-Mails nach dem Lesezugriff des Nutzers dauerhaft auf den Servern des Providers – mit anderen Worten: „in der Cloud" – gespeichert wurden.[297] Das Landgericht knüpfte dabei an die kurz zuvor ergangenen „Bargatzky-Entscheidung" des BVerfG[298] an. In diesem Judikat hob das Verfassungsgericht die elementare Verknüpfung des Schutzbereichs von Art. 10 Abs. 1 GG mit der fehlenden Beherrschbarkeit des Kommunikationsvorgangs für den Nutzer hervor und gelangte somit zu dem Ergebnis, dass das Fernmeldegeheimnis immer dann nicht mehr maßgeblich sei, wenn die Kommunikationsinhalte endgültig in den Herrschaftsbereich des Empfängers gelangt seien.[299] Das LG Braunschweig hielt die endgültige Speicherung auf einem Server des Providers insoweit für parallel gelagert und verneinte somit einen Eingriff in den Schutzbereich von Art. 10 Abs. 1 GG, sofern auf entsprechende Daten zugegriffen werde.

Aufgrund einer Verfassungsbeschwerde des Beschuldigten gab es zunächst eine einstweilige Anordnung bzgl. der Entscheidung des LG Braunschweig[300] sowie in der Folge die bis heute grundlegende Entscheidung des Zweiten Senats zur Frage des E-Mail-Zugriffs[301]. Dieses Judikat begründete gewissermaßen eine Zäsur in der Diskussion, weil das BVerfG die bis dahin weithin zu Grunde gelegte Verknüpfung von Schutzbereich der Telekommunikationsfreiheit einerseits und einschlägiger Ermächtigungsgrundlage andererseits aufgebrochen hat. Seit der Einführung des „Drei-Phasen-Modells" durch *Palm/Roy* (siehe oben) galt es in der gesamten Debatte als entscheidende Weichenstellung, ob während der „Ruhephase" von einem Telekommunikationsvorgang auszugehen sei oder nicht. Wer dies bejahte, gelangte zur Anwendbarkeit von § 100a StPO, wer den Schutzbereich des Art. 10 Abs. 1 GG dage-

---

296 BGH NJW 2009, 1828.
297 LG Braunschweig, Beschl. v. 12.4.2006 – 6 Qs 88/06.
298 BVerfGE 115, 166 = NJW 2006, 976; zu dieser Entscheidung etwa *Jahn*, JuS 2006, 491; *Günther*, NStZ 2006, 643.
299 Zur ausführlichen Begründung siehe BVerfG NJW 2006, 976, 978 f.
300 BVerfG MMR 2007, 169 m. Anm. *Sankol*.
301 BVerfGE 124, 43 = NJW 2009, 2431; Besprechungen und Anmerkungen etwa von *B. Gercke*, StV 2009, 624; *Krüger*, MMR 2009, 680; *Kasiske*, StraFO 2010, 228; *Klein*, NJW 2009, 2996.

gen verneinte zur Anwendung der Beschlagnahme-, ggf. Postbeschlagnahmevorschriften. Nicht so der Zweite Senat des BVerfG. Das Gericht bejahte zunächst die Anwendbarkeit des Fernmeldegeheimnisses und führte damit konsequent die Linie der „Bargatzky-Entscheidung" fort, wonach es vor allem der durch die Einschaltung des Providers begründete Mangel an Beherrschbarkeit sei, der die grundrechtsspezifische Gefährdungslage charakterisiere.[302] Dieses Moment sei unabhängig davon zu bejahen, dass während der Speicherung auf den Servern des Providers kein Telekommunikationsvorgang im dynamischen Sinne stattfinde.

Neuland betrat der Zweite Senat jedoch sodann mit der Annahme, der Eingriff in den hiernach eröffneten Schutzbereich der Telekommunikationsfreiheit gem. Art. 10 Abs. 1 GG könne unter Rückgriff auf die einfachen Beschlagnahmevorschriften der §§ 94 ff. StPO erfolgen.[303] Der Systematik der Strafprozessordnung könne nicht entnommen werden, dass Eingriffe in Art. 10 Abs. 1 GG nur unter den Voraussetzungen der §§ 99 f., 100a, 100g StPO zulässig seien.[304] Nach der Ansicht des Zweiten Senats genügten die Beschlagnahmevorschriften den Erfordernissen einer hinreichend bereichsspezifischen Bestimmtheit, wobei es der Verantwortung des Ermittlungsrichters obliege, im Einzelfall die erforderlichen Konkretisierungen im Durchsuchungs- bzw. Beschlagnahmebeschluss zu formulieren.[305] Das Gericht sichert sein Ergebnis durch ausführliche Erörterungen zur Wahrung der Verhältnismäßigkeit ab.[306] Zudem betonte es, dass der Eingriff i. d. R. nicht verdeckt erfolge, weshalb das durch die Beschlagnahmevorschriften verbürgte Schutzniveau ausreichend sei.[307]

(b) Literatur

In der Literatur ist die Frage nach der für den Zugriff auf beim Provider gespeicherte E-Mails anwendbaren Ermächtigungsgrundlage viel diskutiert worden. Die folgende Darstellung unterscheidet zunächst zwischen dem Meinungsstand vor der Entscheidung des BVerfG und den Reaktionen auf diese Entscheidung. Das ist insofern angezeigt, als sich zuvor

---

302 BVerfG NJW 2009, 2431, 2432 a. E.
303 BVerfG NJW 2009, 2431, 2433 ff.
304 BVerfG NJW 2009, 2431, 2433.
305 BVerfG NJW 2009, 2431, 2434.
306 BVerfG NJW 2009, 2431, 2436.
307 BVerfG NJW 2009, 2431, 2435.

die jeweiligen Meinungsblöcke anhand einer Verknüpfung von einschlägigem Grundrecht und „passender" Ermächtigungsgrundlage bilden ließen. Wer trotz des „Ruhens" auf dem Server des Providers von einem Eingriff in Art. 10 Abs. 1 GG ausging, gelangte zur Anwendbarkeit von § 100a StPO; wer hingegen den Schutzbereich der Telekommunikationsfreiheit nicht für eröffnet hielt, ließ den Eingriff unter den geringeren Voraussetzungen der §§ 94 ff. StPO zu. Diese einigermaßen klare „Frontlinie"" wurde durch das BVerfG – wie gezeigt – durchbrochen, was zu überwiegend kritischen Reaktionen geführt hat. Schließlich werden noch Ansichten dargestellt, die weder § 100a StPO noch die §§ 94 ff. StPO für anwendbar halten und die Existenz einer tauglichen Ermächtigungsnorm gänzlich in Abrede stellen.

(aa) Das Meinungsbild vor BVerfG NJW 2009, 2431 ff.

Jenseits der spezifischen Diskussion rund um die „Mailbox-Entscheidung" des BGH-Ermittlungsrichters fanden sich zur Frage des E-Mail-Zugriffs im Schrifttum bis zur Entscheidung des BVerfG aus dem Jahre 2009 im Wesentlichen die Positionen, die bis dahin auch in der bereits dargestellten Rechtsprechung vertreten wurden. Vor allem *Palm/Roy* haben wie bereits angedeutet dahingehend argumentiert, dass die Ruhephase, also der Zeitraum der Speicherung beim Provider gerade nicht durch die für einen Telekommunikationsvorgang charakteristische Dynamik gekennzeichnet sei, weshalb nicht § 100a StPO, sondern die §§ 94 ff. StPO als einschlägige Ermächtigungsgrundlagen heranzuziehen seien.[308] Diese Auffassung fand im Schrifttum einige Zustimmung.[309]

Andere Autoren wollen dagegen nicht die einfache Beschlagnahme, wohl aber die Postbeschlagnahme nach den §§ 99, 100 StPO anwenden.[310] Besonders ausführlich hat *Thomas Böckenförde* diese Ansicht begründet.[311] Er arbeitet dabei zunächst Friktionen zwischen den Regelungen über die Postbeschlagnahme, die bereits seit Inkrafttreten der StPO gelten, und der erst später eingeführten Telekommunikationsüber-

---

308 Vgl. *Palm/Roy*, NJW 1996, 1791, 1793 ff.

309 I. Erg. ebenso bereits vorher *Lührs*, wistra 1995, 19, 20; ferner *Nack*, in: KK-StPO, § 100a Rn. 29; *M. Gercke*, Inhalte, S. 185 f.

310 *Kemper*, NStZ 2005, 538, 543; *Graf*, in: Beck-OK-StPO, § 100a Rn. 30, der davon ausgeht, dass eine Anwendung der §§ 99, 100 auch im Einklang mit der Verfassungsgerichtsentscheidung aus dem Jahr 2009 steht.

311 *Th. Böckenförde*, Die Ermittlung im Netz, S. 382 ff.

wachung, heraus.[312] Insofern wird ein „Nebeneinander von unterschiedlichen Eingriffsvoraussetzungen" trotz zweier „in ihrem Rang nicht prinzipiell unterschiedlicher Schutzgüter" festgestellt.[313] Insbesondere weist *Böckenförde* darauf hin, dass die Anforderungen an die Ausführung der Maßnahme bei der Postbeschlagnahme sogar strenger seien als bei der Telekommunikationsüberwachung.[314] Sodann wird dezidiert herausgearbeitet, dass die gesetzliche Regelung des § 99 StPO hinsichtlich ihrer Eingriffsvoraussetzungen sowohl sprachlich[315] als auch dem Sinn und Zweck nach auf den Zugriff auf elektronische Post (= E-Mails) anwendbar sei.[316] Auch die Nichtkörperlichkeit des Beschlagnahmegegenstands könne nicht gegen die Eröffnung des Anwendungsbereichs der Postbeschlagnahme vorgebracht werden, da der Gesetzgeber hier neben Briefen und Telegrammen auch sonstige Sendungen erfassen wollte, und zwar auch solche, die sich im Gewahrsam von Telekommunikationsdienstleistungsunternehmen befinden.[317] Außerdem sei dem einschränkenden Kriterium des Beschuldigten- bzw. Untersuchungsbezugs des Beschlagnahmegegenstands, durch das der historische Gesetzgeber der besonderen Eingriffsintensität einer Postbeschlagnahme Rechnung tragen wollte, bei der Beschlagnahme von E-Mails besonders gut Rechnung zu tragen.[318]

Vielfach wurde eine Anwendbarkeit der Beschlagnahmevorschriften auf den E-Mail-Zugriff jedoch auch generell abgelehnt.[319] Diese seien als „catch-all-Befugnisse" zu unbestimmt bzw. würden zu niedrige Eingriffsvoraussetzungen aufstellen, um einen so weitreichenden Grundrechtseingriff rechtfertigen zu können.[320] Vielmehr sei dieser nur so lange bei Vorliegen der Voraussetzungen des § 100a StPO zulässig,[321] wie die Nachrichten noch – sei es auch beim IMAP-Verfahren „endgültig" – auf dem Server des Providers gespeichert seien. Gegen die eine Anwendung

---

312 S. 382 ff.
313 *Th. Böckenförde*, Die Ermittlung im Netz, S. 385.
314 *Th. Böckenförde*, Die Ermittlung im Netz, S. 384.
315 Eingehend zur Wortsinnauslegung in diesem Zusammenhang *Th. Böckenförde*, Die Ermittlung im Netz, S. 391 ff.
316 *Th. Böckenförde*, Die Ermittlung im Netz, S. 388 ff.
317 *Th. Böckenförde*, Die Ermittlung im Netz, S. 402 f.
318 *Th. Böckenförde*, Die Ermittlung im Netz, S. 396 ff.
319 Vgl. insb. *Gaede*, StV 2009, 96 ff.; *Schlegel*, HRRS 2007, 44, 47 ff.; *Störing*, Zugriffsmöglichkeiten, S. 197 ff.
320 *Gaede*, StV 2009, 96, 99.
321 Eingehend zur Subsumierbarkeit des E-Mail-Zugriffs unter § 100a StPO *Gaede*, StV 2009, 96, 99 ff.

der Beschlagnahmevorschriften befürwortende Ansicht wird geltend gemacht, das von ihr regelmäßig zugrunde gelegte 3-Phasen-Modell „trivialisiere die technischen Grundlagen" der E-Mail-Kommunikation.[322] Denn es bedürfe stets eines weiteren Telekommunikationsvorganges, wenn der Adressat die Nachricht abrufen wolle, weshalb eine Vergleichbarkeit mit SMS-Nachrichten oder Mitteilungen auf dem heimischen Anrufbeantworter nicht gegeben sei.[323] Entgegen des 3-Phasen-Modells sei die E-Mail-Kommunikation so lange als einheitlicher Kommunikationsvorgang aufzufassen, wie die für Art. 10 Abs. 1 GG typische Gefährdungslage fortbestehe. Denn bis dahin seien die Kommunikationsinhalte auch nach dem erstmaligen Abruf der E-Mails weiterhin dem Zugriff des Providers respektive der Ermittlungsbehörden ausgesetzt.[324]

Ein Eingriff in den so verstandenen einheitlichen Vorgang der E-Mail-Kommunikation auf der Grundlage der Regelungen über die Postbeschlagnahme scheide außerdem deshalb aus, weil diese Vorschriften nur den Zugriff auf körperliche Gegenstände ermöglichen sollen.[325] Außerdem sei eine Vergleichbarkeit zwischen der Beschlagnahme von Briefpost bzw. Telegrammen und E-Mail-Kommunikation schon wegen der unterschiedlichen Nutzungshäufigkeit nicht gegeben, weshalb der Eingriff in letztere – vor allem bei der Beschlagnahme des gesamten Postfachs – stets eine größere Intensität aufweise.[326] Schließlich sei es auch nicht überzeugend, darauf zu verweisen, der Nutzer habe die Möglichkeit, in seinem Postfach befindliche E-Mails in seinen eigenen Herrschaftsbereich zu überführen. Denn wenn der Grundrechtsträger stets damit rechnen müsse, dass seine Kommunikationsinhalte dem staatlichen Zugriff unterliegen, würde er in unsachgemäßer Weise in seinem grundrechtlich geschützten Kommunikationsverhalten beeinträchtigt; er wäre etwa gezwungen, empfangene E-Mails sofort zu beantworten und anschließend zu löschen, womit ihm die Möglichkeit genommen wäre, diese im weiteren Verlauf als Anknüpfungspunkt für weitere Kommunikation zu nehmen.[327]

---

322 *Schlegel*, HRRS 2007, 44, 47.
323 *Schlegel*, HRRS 2007, 44, 47.
324 *Gaede*, StV 2009, 96, 97; *Schlegel*, HRRS 2007, 44, 48.
325 *Schlegel*, HRRS 2007, 44, 51.
326 *Schlegel*, HRRS 2007, 44, 51; siehe auch *Gaede*, StV 2009, 96, 99.
327 *Gaede*, StV 2009, 96, 97 f.

Schließlich wird zwischen gelesenen und ungelesenen E-Mails differenziert. Nur bei letzteren solle es sich um einen Teil eines Telekommunikationsvorganges handeln, in den nur bei Vorliegen der Voraussetzungen des § 100a StPO eingegriffen werden dürfe.[328] Bei bereits vom Empfänger gelesenen E-Mails seien die weiterhin gespeicherten Daten dagegen „gleichsam nur Remineszesen an [diesen] früheren oder aber Ausgangspunkt eines potentiell späteren, nicht mehr dagegen Objekt eines laufenden Telekommunikationsvorganges".[329] Die freiwillige Entscheidung des Grundrechtsträgers zur weiteren Speicherung auf dem Server des Providers rechtfertige es, ihm den Schutz des Fernmeldegeheimnisses zu versagen.[330]

(bb) Die Reaktionen im Schrifttum auf BVerfG NJW 2009, 2431 ff.

Die bereits dargestellte Entscheidung des Bundesverfassungsgerichts hat deutliche Bewegung in die Diskussion um den Zugriff auf beim Provider gespeicherte E-Mails gebracht. Dabei ist die Entscheidung überwiegend kritisch rezipiert worden.[331] Dem Gericht wird vorgeworfen, es habe den betroffenen Grundrechtsträgern einen „Pyrrhus-Sieg" beschert, indem es zwar den Schutzbereich des Fernmeldegeheimnisses bei gespeicherten E-Mails eröffnet, zugleich aber einen Eingriff unter den geringen Voraussetzungen der §§ 94 ff. StPO für zulässig erklärt hat.[332] Von einem anderen Ausgangspunkt kritisiert *Krüger* den Beschluss in seiner Entscheidungsanmerkung. Nach seiner Einschätzung war die Erstreckung des Schutzbereichs von Art. 10 Abs. 1 GG auf gespeicherte E-Mails unnötig, die das Gericht vorgenommen hat.[333] Es bestehe für diesen Schutz kein Bedürfnis mehr, da der Empfänger der E-Mails nach dem erstmaligen Abruf frei über deren weiteres Schicksal entscheiden könne. *Krüger* betont sodann aber die Wandlung des Telekommunikationsgrundrechts zu einem Datenschutzrecht ab dem Moment, in dem die Daten den gewählten Speicherort erreicht haben. Insofern hätte es nach *Krüger* auch keine Abschwächung der Schutzintensität gegeben, denn das Grundrecht auf Gewährleistung der Vertraulichkeit informationstechnischer Syste-

---

328 Vgl. *Kudlich*, JA 2000, 227, 233; *Meininghaus*, Zugriff, S. 253 ff.
329 *Kudlich*, JA 2000, 227, 233.
330 *Meininghaus*, Zugriff, S. 253 ff.
331 So bei *B. Gercke*, StV 2009, 624 ff.; *Krüger*, MMR 2009, 680 ff.; diff. *Kasiske*, StraFo 2010, 228 ff.
332 *B. Gercke*, StV 2009, 624 f.
333 MMR 2009, 680, 682.

me, das *Krüger* zufolge einschlägig wäre, sei hinsichtlich der Eingriffsvoraussetzungen mit Art. 10 Abs. 1 GG vergleichbar. Die vom Zweiten
Senat gewählte Lösung über die §§ 94 ff. StPO wird dagegen von *Krüger*
scharf kritisiert. Dadurch werde dem Nutzer der gerade erst eröffnete
Grundrechtsschutz nahezu vollständig wieder genommen.[334]

Weniger kritisch wurde die Entscheidung von *Klein* aufgenommen.[335] Er
interpretiert das Gericht dahingehend, dass dem Beschluss eine strikte
Trennung zwischen heimlichen und offenen Zugriffen zugrunde liege.[336]
Insofern sei dem Gericht zuzustimmen, wenn es den offenen Zugriff bereits unter den geringen Voraussetzungen des § 94 StPO zulasse, während es für den heimlichen Zugriff – so die Interpretation von *Klein* –
das Vorliegen der strengen Voraussetzungen des § 100a StPO fordere.
Insofern kritisiert *Klein* auch die kurz zuvor ergangene, auf § 99 StPO
abstellende Entscheidung des 1. Strafsenats am BGH. Diese stelle für
den offenen Eingriff zu hohe, für den verdeckten dagegen zu niedrige
Anforderungen auf. Zusammenfassend formuliert *Klein* bildlich: „Wer
mit offenem Visier in die Ermittlungen geht, kann niederschwellig vor-
anschreiten. Wer dagegen den Schlapphut ins Gesicht zieht, muss höhere
Hürden überwinden".[337]

(cc) Keine Ermächtigungsgrundlage für den Zugriff auf E-Mails

In zwei eingehend begründeten Stellungnahmen zur hier behandelten
Problematik, namentlich der Kommentierung von *Wolter*[338] sowie in
einem Beitrag von *Klesczewski*,[339] ist die Auffassung vertreten worden,
dass das geltende Strafprozessrecht keine Ermächtigungsgrundlage für
den Zugriff auf beim Provider gespeicherte E-Mails enthalte. *Wolter*
kommt zu dem Ergebnis, dass die diskutierten Ermächtigungsgrundlagen immer nur jeweils Teilaspekte der Maßnahme erfassen würden, weshalb der Grundrechtseingriff letztlich unter Rückgriff „in den gesamten
Fundus der §§ 94-103 StPO" erfolge, was mit dem Gebot bereichsspezi-

---

334 MMR 2009, 680, 682 f.
335 NJW 2009, 2996 ff.
336 Dieser Aspekt wird auch von *Kasiske*, StraFo 2010, 228 ff. betont.
337 NJW 2009, 2996, 2999.
338 *Ders.*, in: SK-StPO[4], § 100a Rn. 32 ff.; vgl. Im Ergebnis ebenso jetzt *ders./Greco*, in: SK-
   StPO, § 100a Rn. 32 ff.
339 ZStW 123 (2011), 737, 744 ff.

fischer und klarer Ermächtigungsgrundlagen nicht zu vereinbaren sei.[340] Die Beschlagnahmevorschriften seien schon deshalb als Eingriffsgrundlage ungeeignet, weil sie keinen – vom Zweiten Senat geforderten – Schutz des Kernbereichs privater Lebensgestaltung ermöglichen. Auch § 100a StPO erfasse den Vorgang unzutreffend, da dieser Vorschrift der Bezug zu den beim E-Mail-Zugriff vorhandenen Elementen der Sicherstellung fehle. Letztlich sei es somit Sache des Gesetzgebers, eine auf diese Maßnahme abgestimmte Vorschrift zu schaffen. Hierbei sei jedoch von einem gewissen Übergangsbonus auszugehen. In dieser Zeit müsse die Maßnahme unter strikter Wahrung des Kernbereichs sowie unter Begrenzung auf einen engen Straftatenkatalog zulässig sein.[341]

Insbesondere das 3-Phasen-Modell (siehe oben) wird von *Wolter* kritisiert, da es im Ergebnis unzulässigerweise darauf hinauslaufe, den Schutz der E-Mail-Kommunikation in der sog. zweiten Phase unter die Voraussetzungen der §§ 100a, 100b StPO a. F. abzusenken.[342] Zwar sei es richtig, dass der Zugriff auf E-Mails, die beim Provider zwischen- oder auch endgespeichert sind, ein Element aufweist, das über die herkömmliche Telekommunikationsüberwachung hinausgehe; dies ändere aber nichts daran, dass das Element der Nichtbeherrschbarkeit der Privatsphäre weiterhin in einer Weise ausgeprägt sei, die einen Schutz auf dem Niveau der §§ 100a, 100b StPO a. F. erforderlich mache.[343]

Klesczewski geht im Ergebnis sogar noch weiter als *Wolter*, da er angesichts des Fehlens einer hinreichend bestimmten bereichsspezifischen Ermächtigungsgrundlage den E-Mail-Zugriff für unzulässig hält und – insofern anders als *Wolter* – diesen auch für eine Übergangszeit nicht gestatten will.[344] Die Entscheidung des BVerfG und die dort befürwortete Anwendung der §§ 94 ff. StPO wird von *Klesczewski* deutlich kritisiert.[345] Es sei bereits verfehlt, in der Übertragung der E-Mails des Beschuldigten eine weniger eingriffsintensive Maßnahme im Verhältnis zur Beschlagnahme des ganzen Servers zu sehen. Denn bei letzterer komme es auch zu Eingriffen in das Fernmeldegeheimnis von anderen Kommunikationsteilnehmern. Insoweit handele es sich bei der

---

340 *Wolter*, in: SK-StPO⁴, § 100a Rn. 33.
341 A. a. O. (vorige Fn.).
342 *Wolter*, in: SK-StPO⁴, § 100a Rn. 36 ff.
343 *Wolter*, in: SK-StPO⁴, § 100a Rn. 38 f.
344 So im Ergebnis *Klesczewski* ZStW 123 (2011), 737, 751.
345 ZStW 123 (2011), 737, 747 ff.

Beschlagnahme des gesamten Rechners keineswegs um ein Minus – dies gelte lediglich im Hinblick auf das Eigentum des Providers.[346] Außerdem verweist *Klesczewski* auf den historischen Hintergrund bei der Einführung des § 100a StPO. Hier sei der Gesetzgeber davon ausgegangen, dass das seinerzeit geltende Recht – also insbesondere die §§ 94 ff. StPO – die Überwachung des Fernmeldeverkehrs nicht gestatten, und zwar nicht lediglich die Aufzeichnung von Telefonaten, sondern auch das Mitlesen von Fernschreiben.[347] Letzteres weise aber einige Parallelen zum Zugriff auf E-Mails auf, weshalb die seinerzeitigen gesetzgeberischen Motive auch heute noch bedeutsam seien. Darüber hinaus hält *Klesczewski* die Beschlagnahmevorschriften mit Blick auf ihre niedrigen Eingriffsvoraussetzungen für ungeeignet, einen Eingriff zu tragen, der eine solche Intensität und Streubreite aufweist, wie dies beim Auslesen eines E-Mail-Postfachs der Fall sei.[348] Schließlich sei es auch verfehlt, die Beschlagnahme von E-Mails beim Provider als „offene" Maßnahme zu charakterisieren, da Durchsuchungen von Unverdächtigen nach § 103 StPO praktisch regelmäßig ohne Kenntnis des Beschuldigten abliefen.[349]

c) Folgerungen für die vorliegende Untersuchung

Folgt man der seit der Entscheidung des BVerfG für die Praxis maßgeblichen Linie, wonach die §§ 94 ff. StPO den Zugriff auf beim Provider zwischen- oder endgültig gespeicherte E-Mails des Beschuldigten legitimieren, liegt es nahe, die Beschlagnahmevorschriften auch für „sonstige" Zugriffe auf in der Cloud gespeicherte Daten heranzuziehen.[350] Dies könnte sogar auf einen erst-recht-Schluss gestützt werden, denn es ließe sich zumindest vordergründig durchaus dahingehend argumentieren, dass Kommunikationsinhalte gegenüber anderen Daten besonders schutzwürdig sind. Indes wird im nachfolgenden Abschnitt gezeigt, dass die §§ 94 ff. StPO richtigerweise *nicht* dazu geeignet sind, den Zugriff auf die in der Cloud gespeicherten Daten des Beschuldigten zu legiti-

---

346 *Klesczewski* ZStW 123 (2011), 737, 747.
347 *Klesczewski* ZStW 123 (2011), 737, 748 mit Nachweisen aus der Gesetzgebungsgeschichte.
348 *Klesczewski* ZStW 123 (2011), 737, 748 f.
349 *Klesczewski* ZStW 123 (2011), 737, 749.
350 Einschränkend hinsichtlich der Vergleichbarkeit aber *Dalby*, Grundlagen, S. 207 ff.

mieren. Die Berechtigung des angedeuteten erst-recht-Schlusses muss daher nicht näher hinterfragt werden.[351]

3. Die Unzulänglichkeit der §§ 94 ff. StPO als Ermächtigung zum Eingriff in die Cloud

Wie soeben gezeigt wurde, war eines der Hauptargumente gegen die Anwendbarkeit der Beschlagnahmevorschriften auf die Konstellation des E-Mail-Zugriffs – die letztlich ein Unterfall des Zugriffs auf Cloud-Systeme ist –, dass diese Regelungen zu unbestimmte bzw. zu niedrigschwellige Eingriffsvoraussetzungen bei gleichzeitig zu weitreichenden Eingriffsbefugnissen vorsehen, um als Grundlage für einen Eingriff in das Grundrecht aus Art. 10 Abs. 1 GG zu dienen. Auch wenn der Zweite Senat des BVerfG sich dieser Argumentation nicht angeschlossen hat, wird sie – das sei an dieser Stelle vorweggenommen – in ihrer Struktur wegweisend für die weiteren Überlegungen sein. Denn eine der wesentlichen Thesen dieser Arbeit, die im folgenden Abschnitt entwickelt wird, besteht darin, dass „die Cloud" – genauer: die bei einem Anbieter von Cloud-Diensten genutzten Anwendungen – aus der Sicht des Benutzers ein informationstechnisches System im Sinne der Rechtsprechung des Ersten Senats am BVerfG darstellen.[352] Das hat zur Folge, dass beim Zugriff auf in einer Cloud gespeicherte Daten in das Grundrecht auf die Gewährleistung der Vertraulichkeit und Integrität informationstechnischer Systeme eingegriffen wird, das der Erste Senat in seiner Entscheidung zur präventiven (geheimdienstlichen) Online-Durchsuchung entwickelt und zuletzt in seinem Judikat zum BKAG weiter ausgebaut hat.[353] Weil Eingriffe in dieses Grundrecht – letztlich wohl sogar in noch stärkerem Maße als bei Art. 10 Abs. 1 GG – nur unter strengen Voraussetzungen zulässig sind, kommen (so wird die hier vertretene These lauten) die Beschlagnahmevorschriften als Eingriffsgrundlage nicht in Betracht.

---

351 Sie ist durchaus fragwürdig, weil in einer Cloud potentiell umfassende Datensätze gespeichert sind, die weit größere Rückschlüsse auf das persönliche Leben des Nutzers zulassen als dies bei einem Zugriff auf bestimmte Kommunikationsinhalte der Fall ist, vgl. in diese Richtung auch *Sieber/Brodowski*, in: Hoeren/Sieber/Holznagel, Teil 19.3 Rn. 133.

352 In diesem Sinne aus der jüngsten Literatur *Heinson*, IT-Forensik, S. 270 f.; *Wicker*, Strafanspruch, S. 300; grundsätzlich auch *Hauser*, IT-Grundrecht, S. 93 ff. („je nach Ausgestaltung").

353 Monographisch hierzu *Hauser*, IT-Grundrecht, *passim*.

a) „IT-spezifische" Gefährdungslage in Cloud-Sachverhalten

Im Folgenden wird gezeigt, dass beim strafprozessualen Zugriff auf in einer Cloud gespeicherte Daten von einer grundrechtstypischen Gefährdungslage auszugehen ist, die eine Zuordnung zum Schutzbereich des Grundrechts auf Gewährleistung der Vertraulichkeit und Integrität informationstechnischer Systeme erforderlich macht.

aa) Das neue Grundrecht auf Gewährleistung der Vertraulichkeit und Integrität informationstechnischer Systeme

Das Grundrecht auf Gewährleistung der Vertraulichkeit und Integrität informationstechnischer Systeme (im Folgenden auch „IT-Grundrecht" oder „Computer-Grundrecht") wird vom Ersten Senat des BVerfG nicht als genuin „neues Grundrecht" konzipiert, sondern als Ausprägung des allgemeinen Persönlichkeitsrechts.[354] Wenn in dieser Arbeit gleichwohl immer wieder von einem „neuen" Grundrecht die Rede ist, so ist dies mithin „untechnisch" gemeint; die Charakterisierung ist angesichts der vielen Neu- und Besonderheiten der Freiheitsverbürgung durchaus gerechtfertigt.

(a) Schutzbereich

Die Bestimmung des Schutzbereichs des IT-Grundrechts ist im verfassungsrechtlichen Schrifttum mehrfach als unklar kritisiert worden.[355] Es lassen sich insoweit zumindest drei Begründungsstränge identifizieren: Wesentliche Bedeutung kommt einem objektiv-rechtlich geprägten Systemschutz zu. Darüber hinaus gewinnt das IT-Grundrecht seine Konturen in maßgeblichem Umfang durch die Abgrenzung zu anderen Freiheitsverbürgungen. Schließlich wird der Schutzbereich auch funktional über die Beschreibung der abzuwehrenden Eingriffe bestimmt

---

354 BVerfG NJW 2008, 822, 827; krit. hierzu *Lepsius*, in: Roggan, Online-Durchsuchungen, S. 21, 36; vgl. hierzu auch *Böckenförde*, JZ 2008, 925, 927.
355 *Lepsius*, in: Roggan, Online-Durchsuchungen, S. 21 f.; *Sachs/Krings*, JuS 2008, 481, 484; ausführlich zum Schutzbereich *Hauser*, IT-Grundrecht, S. 70 ff.

(aa) Schutz des Systems als System

Kernpunkt der Entscheidung des Ersten Senats ist die Formulierung eines systembezogenen Grundrechtsschutzes, der in gewissem Umfang vom Schutz der Nutzer des Systems abstrahiert.[356] Geschützt wird, wie *Lepsius* treffend formuliert, „das System, nicht das Verhalten".[357] Seinen Ursprung hat dieser Systemschutz insbesondere darin, dass einerseits die Bedeutung informationstechnischer Systeme für den Bürger in der Vergangenheit enorm gewachsen ist, während andererseits die Kontrollierbarkeit der dabei ablaufenden Datenverarbeitungsprozesse rapide abgenommen hat. Beide Aspekte kommen etwa in folgender Formulierung des Ersten Senats zum Ausdruck:

> „Im Rahmen des Datenverarbeitungsprozesses erzeugen informationstechnische Systeme [zudem] selbsttätig zahlreiche weitere Daten, die ebenso wie die vom Nutzer gespeicherten Daten im Hinblick auf sein Verhalten und seine Eigenschaften ausgewertet werden können. In der Folge können sich im Arbeitsspeicher und auf den Speichermedien solcher Systeme eine Vielzahl von Daten mit Bezug zu den persönlichen Verhältnissen, den sozialen Kontakten und den ausgeübten Tätigkeiten des Nutzers finden. Werden diese Daten von Dritten erhoben und ausgewertet, so kann dies weitreichende Rückschlüsse auf die Persönlichkeit des Nutzers bis hin zu einer Profilbildung ermöglichen."[358]

Insbesondere bei der Vernetzung über das Internet werde

> „eine technische Zugriffsmöglichkeit [eröffnet], die genutzt werden kann, um die auf dem System vorhandenen Daten auszuspähen oder zu manipulieren. Der Einzelne kann solche Zugriffe zum Teil gar nicht wahrnehmen, jedenfalls aber nur begrenzt abwehren. Informationstechnische Systeme haben mittlerweile einen derart hohen Komplexitätsgrad erreicht, dass ein wirkungsvoller sozialer oder technischer Selbstschutz erhebliche Schwierigkeiten

---

356 Hierzu *Lepsius*, in: Roggan, Online-Durchsuchungen, S. 21, 32 ff., an den die nachfolgende Darstellung vielfach anknüpft; zweifelnd *Sachs/Krings*, JuS 2008, 481, 486, der den Schwerpunkt bei den subjektiv-rechtlichen Bezügen sieht; ausführlich zum Begriff des Systems in diesem Zusammenhang *Hauser*, IT-Grundrecht, S. 71 ff.
357 *Lepsius*, in: Roggan, Online-Durchsuchungen, S. 21, 33.
358 BVerfG NJW 2008, 822, 824.

aufwerfen und zumindest den durchschnittlichen Nutzer überfordern kann".[359]

Vor dem Hintergrund dieser Gemengelage von gewachsener Bedeutung und gesunkener Beherrschbarkeit konstituiert das BVerfG einen schutzwürdigen „Gewährleistungsbereich", der von konkreten subjektiven Verhaltensweisen weitgehend unabhängig ist, sondern stattdessen vielmehr die Ausgangsbedingungen für Freiheitsbetätigungen absichert.[360] Entscheidend ist also nicht, dass konkrete Grundrechtsträger tatsächlich in die Integrität eines bestimmten Systems vertrauen; die grundrechtliche Schutzbedürftigkeit ergibt sich vielmehr schon daraus, dass potentielle Nutzer entsprechende Erwartungen berechtigterweise sollen haben können.[361]

Damit ist ein zentraler Gedanke für den Grundrechtsschutz im informationstechnischen Zeitalter formuliert, auf den zurückzukommen sein wird, wenn die Tauglichkeit herkömmlicher strafprozessualer Ermächtigungsgrundlagen für den Zugriff auf die Cloud thematisiert wird. Angesichts der nicht zu überblickenden Vielzahl an Datenerfassungs- und -verarbeitungsvorgängen, die permanent und weitgehend unbemerkt ablaufen, sobald wir etwa ein Mobiltelefon oder einen mit dem Internet verbundenen Computer benutzen, erlangt das Vertrauen darauf, dass diese Prozesse frei von unerwünschten Einflüssen ablaufen, zentrale Bedeutung. Anders als z. B. bei Schriftstücken gibt es kein vergegenständlichtes Substrat, durch dessen sorgsame Aufbewahrung der Grundrechtsinhaber sicherstellen kann, dass der unberechtigte Zugriff auf seine Informationen ausgeschlossen ist. Im Gegensatz zu herkömmlichen Formen der Telekommunikation beschränkt sich die grundrechtsspezifische Gefährdungslage nicht auf einen bestimmten Zeitraum, etwa das Bestehen einer Telekommunikationsverbindung während eines Telefonats, sondern die vom Grundrechtsinhaber genutzten Geräte sind gleichsam permanent für einen potentiellen Zugriff geöffnet, da sie durchgehend und unabhängig von spezifischen Aktivitäten laufend Daten empfangen und aussenden.

---

359 BVerfG NJW 2008, 822, 824 f.
360 Zum Gewährleistungsdenken *Lepsius*, in: Roggan, Online-Durchsuchungen, S. 21, 43 ff. m. w. N. zu Hoffmann-Riem als „Vorreiter" dieser Denkfigur.
361 So *Sachs/Krings*, JuS 2008, 481, 484; ähnlich *Lepsius*, in: Roggan, Online-Durchsuchungen, S. 21, 35.

In dieser neuartigen Ausgangslage radikalisiert sich die grundrechtstypische Gefährdung, die bislang vor allem bei der Telekommunikationsfreiheit relevant war und die durch die Einbeziehung Dritter – des Dienstanbieters – in den Kommunikationsvorgang gekennzeichnet ist. Die daraus resultierende Gefahr eines unberechtigten Zugriffs durch den Dritten – oder eines von dem Dritten ermöglichten Zugriffs durch den Staat – ist durch die Verbreitung moderner Informationstechnologie ubiquitär geworden und besteht gleichsam 24 Stunden am Tag und sieben Tage in der Woche. Zugleich ist es heute praktisch unmöglich zu erkennen, welche Daten zu welchen Zeitpunkten entstehen, während vormals zumindest Klarheit darüber herrschte, was potentieller Gegenstand eines unberechtigten Zugriffs sein könnte (etwa der Inhalt eines bestimmten Telefongesprächs). Amazon Web Services etwa sammelt Daten in einem Ausmaß, das bislang vermutlich allenfalls ansatzweise bekannt und das für keinen Nutzer zu überblicken ist. In dieser für den Grundrechtsträger nicht mehr zu überschauenden Situation erscheint der hinter dem IT Grundrecht stehende Kerngedanke vollkommen zutreffend, wonach der Grundrechtsschutz von dem konkreten Verhalten des Grundrechtsträger abgekoppelt und auf das System an sich verlagert wird. Daten entstehen laufend und völlig unabhängig von einem konkreten Verhalten des Nutzers, er ist sozusagen von einem ubiquitären System aus Datenverarbeitungsprozessen umgeben, das für ihn nicht zu kontrollieren ist. Hier kann allein der Schutz des Systems selbst dazu beitragen, dass eine freie und vertrauensvolle Nutzung dieser Systemarchitektur ermöglicht wird.[362]

(bb) Negative Abgrenzung: Das Verhältnis zu den Art. 2 Abs. 1, 10, 13 GG

Die Konturen des IT-Grundrechts lassen sich darüber hinaus – unbeschadet der gewichtigen Bedeutung eines positiv formulierten Systemschutzes – nicht ohne die Abgrenzung seines Schutzbereichs zu „umliegenden" Freiheitsverbürgungen erkennen.[363] Die in diesem Zusammenhang vorgenommene Einordnung des Ersten Senats hat in der Literatur Kritik dahingehend ausgelöst, das BVerfG habe die durch das eigens aus der Taufe gehobene IT-Grundrecht geschaffene Schutzlücke erst konstruiert,

---

362 Zusf. zum Ganzen *Hauser*, IT-Grundrecht, S. 50 ff.
363 Umfassend *Hauser*, IT-Grundrecht, S. 125 ff.

indem es die Schutzbereiche anderer Grundrechte in unnötiger Weise beschränkt hat.[364]

(1) Art. 13 GG

Bis zur Entscheidung des Ersten Senats galt es als die umstrittenste Frage im Zusammenhang mit der verfassungsrechtlichen Beurteilung heimlicher Online-Zugriffe, inwieweit hierbei ein Eingriff in Art. 13 GG zu bejahen ist.[365] Die besondere Bedeutung dieser Fragestellung ergab sich angesichts des restriktiven Schrankenvorbehalts des Grundrechts auf Unverletzlichkeit der Wohnung.[366] Wäre dieses bei der Online-Durchsuchung einschlägig gewesen, so hätte die Schaffung einer einfachgesetzlichen (strafprozessualen) Regelung wohl einer Verfassungsänderung bedurft.[367] Die Unzulässigkeit der strafprozessualen Onlinedurchsuchung unter Rückgriff auf die Durchsuchungsvorschriften der geltenden StPO hatte der Bundesgerichtshof kurz vor der verfassungsgerichtlichen Entscheidung bereits – in der Sache vollkommen zutreffend – begründet (dazu näher IV b bb (cc)).

Angesichts der im Vorfeld der Entscheidung beträchtlichen Diskussionen über die Relevanz von Art. 13 GG bei Online-Durchsuchungen wirkt dessen Behandlung im Judikat des ersten Senats eher knapp. Das Gericht verneint eine Anwendbarkeit unter Berufung auf eine raumbezogene Konzeption des Schutzbereichs von Art. 13 GG, wonach dieses Grundrecht seinen Schutz mit Blick auf eine räumliche Sphäre entfaltet, in der sich das Privatleben des Grundrechtsträgers abspielt.[368] Da die Nutzung von informationstechnischen Systemen unabhängig davon sei, ob sich der Nutzer gerade in einer unter den in diesem Sinne bestimmten Schutzbereich von Art. 13 GG fallenden Räumlichkeit befinde, könne dieses Grundrecht nicht alle bei der Nutzung solcher Systeme auftretenden Gefährdungen erfassen. Diese Abgrenzung überzeugt zumindest insofern, als das Nutzungsverhalten potentiell betroffener

---

364 Eingehend *Lepsius,* in: Roggan, Online-Durchsuchungen, S. 21, 23 ff.; ferner Britz DÖV 2008, 411, 413 f. (insbesondere mit Blick auf das Recht auf informationelle Selbstbestimmung); *Sachs/Krings,* JuS 2008, 481, 483 f.

365 So die Einschätzung von *Schantz,* KritV 2007, 310, 313.

366 *Lepsius,* in: Roggan, Online-Durchsuchungen, S. 21, 23

367 *Lepsius,* in: Roggan, Online-Durchsuchungen, S. 21, 23; *Sachs/Krings,* JuS 2008, 481, 483.

368 BVerfG NJW 2008, 822, 826; zust. *Böckenförde,* JZ 2008, 925, 926 f.; näher und – mit Blick auf die Inkonsistenz gegenüber der Entscheidung zum „großen Lauschangriff – krit. *Lepsius,* in: Roggan, Online-Durchsuchungen, S. 21, 23 ff.

Grundrechtsträger mit Blick auf Smartphones, Tablets usw. tatsächlich zunehmend unabhängig vom Aufenthalt in bestimmten Räumlichkeiten wird. Daraus lässt sich allerdings nicht ohne Weiteres erklären, weshalb das BVerfG Art. 13 GG nicht zumindest auch für anwendbar hält, sofern sich der Nutzer im Zeitpunkt des konkret in Rede stehenden Eingriffs in einem nach Art. 13 GG geschützten Raum befindet.[369] Zudem ist zu berücksichtigen, dass in der Entscheidung zum großen Lauschangriff – entgegen eines seinerzeit eindringlich formulierten Sondervotums – eine stärker verhaltensbezogene Ausrichtung des Art. 13 GG etabliert wurde, deren konsequente Übertragung auf den Fall der Online-Durchsuchung das vom Ersten Senat gefundene Ergebnis keineswegs nahe gelegt hätte.[370]

In der vorliegenden strafprozessualen Arbeit kann eine abschließende Stellungnahme dahinstehen, inwieweit die vom BVerfG vorgenommene Abgrenzung zu Art. 13 GG in grundrechtstheoretischer Hinsicht überzeugt.[371] Sie ist zumindest insofern jedenfalls konsequent, als es dem bereits dargestellten systembezogenen Ansatz entspricht, wenn der Schutz davon abstrahiert wird, wo sich der Nutzer in räumlicher Hinsicht aufhält. Der Grundrechtsschutz „folgt" insoweit – im wörtlichen Sinne – dem jeweiligen Standort des Systems. Unbeschadet dieser Abgrenzung wird jedenfalls eine vollständige Überwachung der Nutzung eines informationstechnischen Systems regelmäßig die Installation einer einschlägigen Software (eines zumeist sog. „Trojaners") erfordern, die zwar unter bestimmten Voraussetzungen auch „online" möglich ist (etwa wenn der Nutzer den Anhang einer präparierten E-Mail öffnet), zumeist aber nicht ohne einen unmittelbar physischen Zugriff auf das System erfolgen kann.[372] Sofern hierbei ein Eindringen in eine in den Schutzbereich von Art. 13 GG fallende Räumlichkeit stattfindet, handelt es sich stets um einen Eingriff in dieses Grundrecht.

---

369 So auch *Sachs/Krings*, JuS 2008, 481, 483, die darauf hinweisen, dass in diesem Falle der Eingriff regelmäßig zu unterbleiben hätte, da es ausreicht, dass ein Eingriff nur möglicherweise stattfindet und es nur in wenigen Fällen ausgeschlossen werden könne, dass sich der Nutzer gerade in einer geschützten Räumlichkeit aufhalte; zur Bedeutung von Art. 13 GG beim Zugriff auf informationstechnische Systeme ferner *Kudlich*, GA 2011, 193, 196 f.

370 *Lepsius*, in: Roggan, Online-Durchsuchungen, S. 21, 23 ff. m. w. N.

371 Vgl. die differenzierende, im Ergebnis letztlich aber („geeigneter Kompromiss") zustimmende Darstellung bei *Hauser*, IT-Grundrecht, S. 155 ff. mit ausführlichen Nachweisen.

372 Vgl. aus jüngerer Zeit zu den denkbaren Installationsvarianten *Hauser*, IT-Grundrecht, S. 36 ff. m. w. N.

(2) Art. 10 GG

Die Abgrenzung zu Art. 10 GG liegt insbesondere deshalb nahe, weil bei der Nutzung des Internets jedenfalls in einem strikt technischen Sinne stets Telekommunikationsvorgänge ablaufen (zu diesem technischen Verständnis des Telekommunikationsbegriffs näher siehe unten III 2 b). Auch insoweit macht es sich der Erste Senat indessen wieder vergleichsweise einfach. Er rekurriert zum einen auf die Grundsätze aus der „Bargatzky-Entscheidung", wonach der durch Art. 10 Abs. 1 GG vermittelte Schutz regelmäßig dort ende, wo die Kommunikationsinhalte in den Herrschaftsbereich des Empfängers gelangt sind.[373] Das BVerfG formulierte dies seinerzeit dahingehen, dass

> „[d]ie Nachricht mit Zugang bei dem Empfänger nicht mehr den erleichterten Zugriffsmöglichkeiten Dritter – auch des Staates – ausgesetzt [ist], die sich aus der fehlenden Beherrschbarkeit und Überwachungsmöglichkeit des Übertragungsvorgangs durch die Kommunikationsteilnehmer ergeben. Die gespeicherten Inhalte und Verbindungsdaten unterscheiden sich dann nicht mehr von Dateien, die der Nutzer selbst angelegt hat".[374]

Hieraus leitet das Gericht eine kommunikationsbezogene Bestimmung des Schutzbereichs von Art. 10 Abs. 1 GG ab, wonach diese Vorschrift Daten nur insoweit bzw. so lange schützt, wie diese in Bezug zu einem Kommunikationsvorgang zwischen zwei Individuen stehen (oder ggf. der Vorbereitung eines solchen dienen). Spiegelt man dieses Konzept vor dem Hintergrund des systembezogenen Ansatzes, den der Erste Senat entwickelt, wird ersichtlich, weshalb Art. 10 Abs. 1 GG den intendierten Schutz nicht vollständig gewährleisten kann. Denn bei der vollständigen Überwachung eines solchen Systems fallen geradezu notgedrungen auch solche Daten an, bei denen ein entsprechender Bezug zu einem (noch nicht abgeschlossenen) Kommunikationsvorgang nicht gegeben ist.

An dieser Stelle sind die relativ knappen Ausführungen des Ersten Senats zur (strafprozessualen) sog. „Quellen-TKÜ" von Bedeutung (näher dazu siehe unten IV 1 a).[375] Eine solche Maßnahme, bei der die Ermittlungsbehörden auf prinzipiell verschlüsselte „Voice over IP-Kommu-

---

373 BVerfGE 115, 166 = NJW 2006, 976.
374 BVerfG NJW 2006, 976, 978.
375 Die nachfolgenden Ausführungen entsprechen im Wesentlichen den Überlegungen bei *Becker/Meinicke*, StV 2011, 50.

nikation" (insbesondere via skype) zugreifen, indem der Datenstrom entweder vor seiner Verschlüsselung beim Absender oder nach seiner Entschlüsselung beim Empfänger (mithin „an der Quelle") aufgezeichnet wird, begründet nach Ansicht des Ersten Senats lediglich dann keinen Eingriff in das IT-Grundrecht, wenn gewährleistet sei, dass durch die Maßnahme ausschließlich kommunikationsbezogene Daten erfasst werden. Die Abgrenzung des Ersten Senats bzgl. der Relevanz des IT-Grundrechts bei der Quellen-TKÜ ist demnach stimmig vor dem Hintergrund des skizzierten kommunikationsbezogenen Verständnisses und bekräftigt dieses, ohne dass damit eine Aussage über die Anwendbarkeit von § 100a a. F. StPO in diesem Zusammenhang getroffen würde, die auf der Basis der damals geltenden Rechtslage – also vor der Einführung von § 100a Abs. 1 S. 2, S. 3 StPO – richtigerweise zu verneinen war (vgl. zu alldem siehe unten IV 1 a).

Zusammenfassend lässt sich der Ansatz des Ersten Senats mit Blick auf die Abgrenzung des Computer-Grundrechts zur Telekommunikationsfreiheit aus Art. 10 Abs. 1 GG somit wie folgt formulieren: Alle Daten, die mit Kommunikation zwischen zwei Grundrechtsträgern zusammenhängen, fallen unter den Schutz des Art. 10 Abs. 1 GG. Sobald ein staatlicher Zugriff auf ein informationstechnisches System nicht ausschließlich solche Daten zum Gegenstand hat, vermag das Telekommunikationsgrundrecht keinen ausreichenden Schutz zu gewährleisten. Hier greift dann – jedenfalls sofern die Maßnahme sich auf das System insgesamt bezieht – das IT-Grundrecht ein. Auf diesen Ansatz wird später im Zusammenhang mit § 100a StPO und der Überwachung des Surfverhaltens noch zurückzukommen sein (unten III).

Wenig überzeugend ist dann allerdings die Bestimmung des Verhältnisses beider Grundrechte, die der Senat vornimmt.[376] Das IT-Grundrecht ist demnach subsidiär und tritt insbesondere hinter Art. 10 Abs. 1 GG zurück, sobald dessen Schutzbereich eröffnet ist.[377] Diese strikte Trennung wird der Gefährdungslage beim Zugriff auf moderne informationstechnische Systeme nicht gerecht, da eine strikte Trennung zwischen kommunikations- und nicht kommunikationsbezogenen Daten hier in materieller Hinsicht kaum überzeugend durchführbar ist. Um einen um-

---

376 Hierzu bereits *Meinicke,* Masterarbeit, S. XXX.
377 So zuletzt auch BVerfG HRRS 2016 Rn. 41.

fassenden Schutz des Nutzers zu gewährleisten, ist es vielmehr erforderlich, das IT-Grundrecht *neben* Art. 10 Abs. 1 GG anzuwenden.[378]

Im Übrigen darf bezweifelt werden, dass die „Neuschöpfung" des Ersten Senats wirklich erforderlich war, um Schutzlücken zu schließen. Auch vor dem Hintergrund der kommunikationsbezogenen Schutzbereichsbestimmung im Kontext des Art. 10 Abs. 1 GG hätte mit dem Recht auf informationelle Selbstbestimmung eine Freiheitsverbürgung zur Verfügung gestanden, die einen Schutz etwaiger nicht-kommunikationsbezogener Daten hätte erfassen können. Im Folgenden ist kurz zu skizzieren, mit welcher Begründung der Senat eine Anwendbarkeit des Rechts auf informationelle Selbstbestimmung verneint.

(3) Recht auf informationelle Selbstbestimmung

Die Vorgehensweise, mit der der Zweite Senat das Verhältnis des IT-Grundrechts zum Recht auf informationelle Selbstbestimmung vornimmt, ist im Schrifttum besonders kritisiert worden, da der Senat den Schutzbereich dieses Grundrechts unnötig begrenzt habe, um „mutwillig"[379] die Schutzlücke zu kreieren, für deren Schließung dann das IT-Grundrecht erst erforderlich wurde.[380] Die These von der Insuffizienz des Rechts auf informationelle Selbstbestimmung stützt sich letztlich auf eine reine *petitio principii*:[381] Der Senat hält dieses nur dann für anwendbar, wenn lediglich einzelne Datenerhebungen betroffen sind, nicht aber bei einem Zugriff auf das gesamte System. Ein Argument hierfür wird letztlich nicht gegeben. Es ist auch nicht leicht einzusehen, warum ein höheres Volumen an Daten – inklusive solcher, die gleichsam „automatisch" vom System erzeugt werden – dazu führen soll, dass die spezifisch dem Datenschutz dienende Freiheitsverbürgung in ihrem Anwendungsbereich eingeschränkt wird. Allein die gegenteilige Sichtweise wäre – *prima facie* – konsequent gewesen. Hier zeigt sich, dass der Senat die Notwendigkeit des IT-Grundrechts für den umfassenden Systemschutz erst behaupten musste, um dann die Ungeeignetheit der bisher anerkannten Grundrechtsausprägungen für dessen Gewährleistung zu konstatieren.

---

378 Im Ergebnis wie hier *Britz*, DÖV 2008, 411, 414 f.
379 *Britz*, DÖV 2008, 411, 413: „mutwillig die Flügel gestutzt".
380 *Britz*, DÖV 2008, 411, 413 f.; *Lepsius*, in: Roggan, Online-Durchsuchungen, S. 21, 28 ff.; *Sachs/Krings*, JuS 2008, 481, 483 f.; vgl. dagegen aber *Böckenförde*, JZ 2008, 925, 927 f.
381 Zutreffend *Sachs/Krings*, JuS 2008, 481, 484.

Allerdings ist hier keine abschließende Kritik der grundrechtsdogmatischen Konzeption des Ersten Senats beabsichtigt. Vielmehr ist sogleich vor dem Hintergrund seiner Schutzbereichsbestimmung zu subsumieren, inwieweit das so verstandene IT-Grundrecht beim Zugriff auf in der Cloud gespeicherte Daten einschlägig ist. Zuvor ist noch kurz die vom BVerfG ebenfalls angedeutete funktionale Schutzbereichsbestimmung in den Blick zu nehmen.

(cc) Bestimmung des Schutzbereichs vom Eingriff her

Es ist nicht von der Hand zu weisen, dass der Schutzbereich des IT-Grundrechts maßgeblich vom Charakter des Eingriffs her bestimmt wird, der in der Entscheidung zu Grunde lag.[382] Das betrifft vor allem die Elemente der Streubreite einerseits sowie der Heimlichkeit andererseits. So betont der Erste Senat, dass keineswegs jedes informationstechnische System auf einen entsprechenden qualifizierten grundrechtlichen Schutz angewiesen sei; soweit „ein derartiges System nach seiner technischen Konstruktion lediglich Daten mit punktuellem Bezug zu einem bestimmten Lebensbereich des Betroffenen" enthalte, sei der der durch das Grundrecht auf informationelle Selbstbestimmung vermittelte Schutz regelmäßig ausreichend.[383] Sodann beschreibt der Senat die Ausprägung eines besonders schutzwürdigen informationstechnischen Systems präzise:

> „Das Grundrecht auf Gewährleistung der Integrität und Vertraulichkeit informationstechnischer Systeme ist hingegen anzuwenden, wenn die Eingriffsermächtigung Systeme erfasst, die allein oder in ihren technischen Vernetzungen personenbezogene Daten des Betroffenen in einem Umfang und in einer Vielfalt enthalten können, dass ein Zugriff auf das System es ermöglicht, einen Einblick in wesentliche Teile der Lebensgestaltung einer Person zu gewinnen oder gar ein aussagekräftiges Bild der Persönlichkeit zu erhalten."[384]

Damit wird ganz deutlich gemacht, weshalb im Falle eines staatlichen Zugriffs auf bestimmte informationstechnische Systeme eine besondere Gefährdung droht, die potentiell sogar über die Gefahren einer Über-

---

382 Hierzu *Sachs/Krings*, JuS 2008, 481, 484.
383 BVerfG NJW 2008, 822, 827.
384 Ebenda.

wachung der Wohnung hinausgeht.[385] Die umfassende Überwachung der Nutzung informationstechnischer Systeme hat ein „totalitäres" Potenzial,[386] sie erstreckt sich nicht nur auf Kommunikation, sondern darüber hinaus auf verschiedenste private und berufliche Tätigkeiten und Vorlieben bis hin zu unter Umständen intimsten Gedanken. Wer soziale Medien wie Facebook nutzt, hinterlässt hier unzählige Spuren über sein gesamtes Verhalten, seine persönlichen Lebensumstände usw. Diese Entwicklung ist in der Tat neu, weshalb es mindestens plausibel ist, dass der Erste Senat für die dadurch entstandenen Schutzbedürfnisse ein neues Instrument entwickelt hat, mag die nähere begriffliche Ausformung bzw. die Zuordnung zu dem ein oder anderen Grundrecht auch diskutabel bleiben.

Weiterer Konturen erhält der Schutzbereich des IT-Grundrechts mit Blick auf in Betracht kommende Eingriffe dadurch, dass der Erste Senat die besondere Eingriffsintensität bei heimlichen und dauerhaften Überwachungen der Nutzung betont.[387] Dabei erhöhe sich „das Risiko einer Bildung von Verhaltens- und Kommunikationsprofilen", zumal wenn entsprechende Eingriffe zusätzlich der Umgehung von Verschlüsselungsmechanismen dienen und so eigene Schutzvorkehrungen des Bürgers hintertreiben.[388]

(dd) Die Cloud als System i.S.d. IT-Grundrechts

Vor dem Hintergrund des vorstehend dargestellten Verständnisses des IT-Grundrechts ist folgende, für die vorliegende Arbeit zentrale These zu formulieren: Sofern ein Grundrechtsträger Daten in einer (privaten) Cloud speichert bzw. über Cloud-Technologie vermittelte Dienste nutzt, unterfallen diese Daten stets dem Schutzbereich des IT-Grundrechts. Zugespitzt: Die Cloud *ist* ein informationstechnisches System i.S.d. der dargestellten verfassungsgerichtlichen Rechtsprechung.[389]

Diese Annahme liegt insbesondere aufgrund folgender Überlegung nahe: Wie eingangs im technischen Teil ausgeführt, dient die Cloud dem

---

385 Dass die Parallele zwischen dem heimlichen Zugriff auf informationstechnische Systeme und der akustischen Wohnraumüberwachung i.S.d. § 100c StPO allenfalls bedingt tragfähig ist, wird unter IV 2 b dd) näher erläutert.

386 Treffend (zur Online-Durchsuchung) *Buermeyer*, Stellungnahme, S. 5.

387 BVerfG NJW 2008, 822, 830.

388 Ebenda.

389 Ähnlich bereits *Böckenförde*, JZ 2008, 925, 929; außerdem *Heinson*, IT-Forensik, S. 270 f.

Nutzer primär zur „Auslagerung" von Soft- und Hardwarekapazitäten. Das bedeutet aber letztlich, dass der Nutzer insgesamt auf ein externes informationstechnisches System zurückgreift. Er ruft nicht lediglich einzelne online verfügbare Daten unter Nutzung seines eigenen Computers (= informationstechnischen Systems) ab, sondern er arbeitet gewissermaßen mit einem online verfügbaren Computer, selbst wenn der Zugang über ein eigenes Gerät erfolgt, das aber auch ein Mobiltelefon oder ein Tablet-PC sein kann. Daraus ergibt sich aber, dass die Überlegungen des Ersten Senats zur Schutzbedürftigkeit informationstechnischer Systeme als solcher in normativer Hinsicht auf die Nutzung von in der Cloud bereitgestellter Infrastruktur übertragen werden müssen. Denn es kann nicht entscheidend sein, ob sich das System in gegenständlicher Hinsicht unmittelbar im Herrschaftsbereich des Grundrechtsträgers befindet oder ob er ein dezentralisiertes System über Cloud-Technologie nutzt. Die grundrechtsspezifische Gefährdungslage bleibt dieselbe.

Die hier formulierte These ist auch kompatibel mit der Definition eines informationstechnischen Systems, von der der Erste Senat in der Entscheidung ausgeht. Danach erfasst das IT-Grundrecht Systeme, „die allein oder in ihren technischen Vernetzungen personenbezogene Daten des Betroffenen in einem Umfang und in einer Vielfalt enthalten können, dass ein Zugriff auf das System es ermöglicht, einen Einblick in wesentliche Teile der Lebensgestaltung einer Person zu gewinnen oder gar ein aussagekräftiges Bild der Persönlichkeit zu erhalten".[390] Diese Voraussetzungen sind ohne Frage gegeben, wenn Ermittlungsbehörden auf (sämtliche) Daten zugreifen, die ein Beschuldigter in einer privaten Cloud gespeichert hat, denn hierbei handelt es sich potentiell um Daten desselben Zuschnitts, wie sie auf einem Personalcomputer zu finden sind (denn diesen ersetzt die Cloud ja gerade). Der Personalcomputer ist aber das Paradebeispiel eines Systems, das nach der Auffassung des Ersten Senats des gesonderten Schutzes durch das IT-Grundrecht bedarf. Im Übrigen erkennt der Senat selbst grundsätzlich an, dass auch Rechnernetze zu den schutzbedürftigen Systemen gehören können.[391]

Gerade bei großen Anbietern, wie z.B. Apple, Google, Microsoft oder Amazon, dürfte die Aussagekraft der in den entsprechenden Cloud-Angeboten (z.B. Amazon Web Services) vorzufindenden Daten sogar weit

---

390 B VerfG NJW 2008, 822, 827.
391 Vgl. B VerfG NJW 2008, 822, 824.

hinaus gehen über das, was auf einem gleichsam stationären informationstechnischen System zu finden wäre. Denn hier können Dinge wie Kaufverhalten, Suchanfragen oder auch gewisse Standortdaten gespeichert werden, deren Auswertung bis hin zu Bewegungsprofilen und Verhaltensmustern führen könnte. Hier zeigt sich ganz deutlich eine qualitativ andere Dimension des Zugriffs auf eine Cloud im Verhältnis zur Beschlagnahme eines Rechners mitsamt dem darin verbauten Datenträger. In der Cloud finden sich nicht nur Daten, die der Nutzer selbst dort gespeichert hat, sondern auch zahlreiche vom System selbst erzeugte Daten, die der Nutzer kaum überblicken kann. Wollte man daher gegen die hier vertretene Ansicht vorbringen, dass ein Computer als solcher (unstreitig) mitsamt den darauf gespeicherten Daten beschlagnahmefähig ist, so dass für in einer Cloud gespeicherte Daten dasselbe gelten müsse, würde diese besondere Qualität von Cloud-Daten übersehen.

In der Sache hat der Ersten Senat des BVerfG jüngst in seiner Entscheidung zum BKAG die vorstehend entwickelte Ansicht vertreten. Die Erhebung von in einer Cloud bzw. auf externen Servern in einem berechtigten Vertrauen auf Vertraulichkeit abgelegten Daten stellt demnach – ganz im vorstehenden Sinne – einen Eingriff in das Recht auf Gewährleistung der Vertraulichkeit und Integrität informationstechnischer Systeme dar.[392] Der Senat hat ausdrücklich anerkannt, dass heutzutage auch höchstpersönliche Daten „auf deren Vertraulichkeit die Betroffenen angewiesen sind und auch vertrauen, in weitem Umfang nicht mehr nur auf eigenen informationstechnischen Systemen, sondern auch auf denen Dritter" gespeichert sind und dass das „IT-Grundrecht" vor dem heimlichen Zugriff auf solche Daten schützt.[393] Eingriffe in dieses Grundrecht seien „ihrem Gewicht nach mit dem Eingriff in die Unverletzlichkeit der Wohnung vergleichbar".[394]

(b) Schranken

Für die Beantwortung der Frage, welchen Schranken das IT-Grundrecht unterliegt, ist auf die Herleitung aus dem allgemeinen Persönlichkeitsrecht zurückzugreifen.[395] Es steht daher grundsätzlich unter dem Vorbe-

---

392 BVerfG NJW 2016, 1781, 1794 f.
393 BVerfG NJW 2016, 1781, 1794.
394 BVerfG NJW 2016, 1781, 1794 a. E.
395 So auch *Lepsius*, in: Roggan, Online-Durchsuchungen, S. 21, 38.

halt der verfassungsmäßigen Ordnung, was nach gefestigter Dogmatik letztlich einen allgemeinen Rechtsordnungs- bzw. Gesetzesvorbehalt bedeutet.[396] Diese etwa im Verhältnis zu Art. 13 GG zunächst relativ weite Schrankenregelung darf allerdings nicht darüber hinwegtäuschen, dass das BVerfG in seinem Judikat zur Online-Durchsuchung sehr restriktive Maßstäbe aufstellt, an denen potentiell grundrechtsbeschränkende Gesetze im Falle des IT-Grundrechts zu messen sind.[397] Das zeigt sich insbesondere dort, wo das Gericht eingehend die Intensität des Eingriffs bei der Online-Durchsuchung beschreibt und aufgrund dessen („Je-desto-Formel")[398] hohe Anforderungen an die Verhältnismäßigkeit eines derart schwerwiegenden Eingriffs formuliert.[399] Auch an dieser Stelle wird erneut deutlich, dass die vom Senat entwickelte Schutzkonzeption beim Zugriff auf die Cloud „passt". Das zeigt etwa folgende Formulierung:

> „Ein […] heimlicher Zugriff auf ein informationstechnisches System öffnet der handelnden staatlichen Stelle den Zugang zu einem Datenbestand, der herkömmliche Informationsquellen an Umfang und Vielfältigkeit bei Weitem übertreffen kann. Dies liegt an der Vielzahl unterschiedlicher Nutzungsmöglichkeiten, die komplexe informationstechnische Systeme bieten und die mit der Erzeugung, Verarbeitung und Speicherung von personenbezogenen Daten verbunden sind. Insbesondere werden solche Geräte nach den gegenwärtigen Nutzungsgepflogenheiten typischerweise bewusst zum Speichern auch persönlicher Daten von gesteigerter Sensibilität, etwa in Form privater Text-, Bild- oder Tondateien, genutzt. Der verfügbare Datenbestand kann detaillierte Informationen über die persönlichen Verhältnisse und die Lebensführung des Betroffenen, die über verschiedene Kommunikationswege geführte private und geschäftliche Korrespondenz oder auch tagebuchartige persönliche Aufzeichnungen umfassen."

Es dürfte heute dem gängigen Nutzungsverhalten entsprechen, dass Textdokumente ebenso private Bilder oder Videos bei Cloud-Diensten wie Dropbox, OneDrive oder iCloud gespeichert werden. Sofern staatliche Organe auf den vollständigen Datenbestand zugreifen, den ein Nutzer bei einem entsprechenden Anbieter gespeichert hat, ist der Effekt

---

396 *Sachs/Krings*, JuS 2008, 481, 484 f. m. w. N.
397 *Sachs/Krings*, JuS 2008, 481, 485: strenge Kriterien.
398 *Lepsius*, in: Roggan, Online-Durchsuchungen, S. 21, 38.
399 BVerfG NJW 2008, 822, 829 ff.

kein wesentlich anderer als beim Zugriff auf einen einzelnen Computer; die Aussagekraft der Daten ist unter Umständen, wie gerade gezeigt, sogar höher. Die Erstreckung des Schutzes des „IT-Grundrechts" auf in der Cloud gespeicherte Daten vollzieht nach alldem lediglich eine Veränderung des Nutzungsverhaltens nach, das sich längst von der Verwendung stationärer Systeme hin zur flexiblen bedarfsorientierten Nutzung von Kapazitäten entwickelt hat.

Dabei ist zu bedenken, dass der Zugriff, wie dargestellt (siehe oben I 1 c), im Rahmen einer Beschlagnahme letztlich – vorbehaltlich einer „Durchsicht" nach § 110 Abs. 3 StPO (unten V) – nur beim Provider erfolgen kann, so dass es sich im Verhältnis zum Beschuldigten (dem Nutzer) zunächst um eine heimliche Maßnahme handelt. Eine Benachrichtigungspflicht nach § 33 Abs. 3 StPO dürfte regelmäßig ausscheiden, da der Nutzer vermutlich die Daten löschen würde, sofern er vor der Beschlagnahme angehört würde, so dass sich eine Gefährdung des Anordnungszwecks regelmäßig unschwer feststellen lassen wird und die Pflicht zur vorherigen Anhörung damit gemäß § 33 Abs. 4 S. 1 StPO entfällt.[400] Bei einer nichtrichterlich angeordneten Beschlagnahme führt die anschließende richterliche Bestätigung (§ 98 Abs. 2 StPO) selbst dann zu keinem anderen Ergebnis, wenn der Nutzer im Falle der Beschlagnahme beim Provider richtigerweise als „Betroffener" i. S. v. § 98 Abs. 2 S. 1 StPO betrachtet wird.[401] Auch in diesem Fall bliebe es bei einer nachträglichen Information, während der Zugriff selbst vom Nutzer unbemerkt, also ihm gegenüber heimlich stattfindet. Jedenfalls unzulässig – das dürfte unstreitig sein – ist der fortlaufende Zugriff auf die Daten beim Provider ohne Mitteilung gegenüber dem Nutzer, was einer nach den §§ 94 ff. StPO keinesfalls legitimierbaren fortlaufenden Überwachung der Cloud-Nutzung entspräche.[402]

Darüber hinaus betont der Erste Senat des BVerfG mit Recht, dass die Eingriffsintensität weiter dadurch gesteigert wird, dass die unbefangene Nutzung entsprechender Infrastruktur insgesamt dadurch in Frage gestellt wird, dass den potentiellen Nutzern die Gefahr (heimlicher) staat-

---

400 Das übersieht *Heinson*, IT-Forensik, S. 228, wenn er für richterliche Entscheidungen ohne Begründung von einer Benachrichtigungspflicht ausgeht.
401 Dafür mit Recht *Wohlers/Greco*, in: SK-StPO, § 98 Rn. 42.
402 Zur Unzulässigkeit laufender Überwachung unter Berufung auf die Beschlagnahme- und Durchsuchungsvorschriften siehe nur *Zerbes/El-Ghazi*, NStZ 2015, 425, 432 m. w. N.

licher Zugriffe ins Bewusstsein rückt.[403] Dieses vom Senat für kommunikationsbezogene Daten fruchtbar gemachte Argument[404] trifft auch für die Nutzung von Cloud-Technologie zu. Das Vertrauen in die Sicherheit und den Datenschutz ist Grundvoraussetzung dafür, dass entsprechende Einrichtungen überhaupt sinnvoll genutzt werden können. Damit betreffen Eingriffsmaßnahmen nicht nur den jeweiligen Adressaten, sondern jedenfalls mittelbar alle Bürger. Das ist bei der Frage nach der Verhältnismäßigkeit einer Eingriffsnorm zu bedenken.

bb) Untauglichkeit der Beschlagnahmevorschriften als Ermächtigungsnorm für den Zugriff auf die Cloud

Die vorstehenden Überlegungen haben gezeigt, dass es regelmäßig einen Eingriff in das Grundrecht auf die Gewährleistung der Vertraulichkeit und Integrität informationstechnischer Systeme bedeutet, wenn die Strafverfolgungsbehörden auf Daten zugreifen, die von einem Benutzer in einer (nichtöffentlichen) Cloud gespeichert wurden. Das gilt insbesondere dann, wenn die Ermittler – wie es schon aus praktischen Gründen dem absoluten Regelfall entsprechen dürfte – beim Provider auf die Daten zugreifen und der Nutzer hiervon vor dem Zugriff keine Kenntnis erlangt und allenfalls nachträglich informiert wird. Dann ist der Eingriff in der Sache mit dem heimlichen Zugriff auf ein informationstechnisches System zu vergleichen, also mit jener Maßnahme, die der Erste Senat des BVerfG zum Anlass für die Entwicklung des IT-Grundrechts genommen hat.

Vor diesem Hintergrund ergibt sich unter Berücksichtigung der vom Ersten Senat des BVerfG aufgestellten Maßstäbe dann aber relativ eindeutig, dass die § 94 ff. StPO keine tauglichen Ermächtigungsgrundlagen für die Durchführung einer solchen Maßnahme sind. Insbesondere hat das BVerfG in der Entscheidung zur Online-Durchsuchung unter Anknüpfung an den Verhältnismäßigkeitsgrundsatz herausgearbeitet, dass der Gesetzgeber selbst dazu angehalten ist, das Verhältnis von Eingriffsvoraussetzungen und Eingriffsintensität durch abstrakte Regelungen angemessen zu gestalten.[405] Die gesetzliche Regelung selbst

---

403 Vgl. auch *Lepsius*, in: Roggan, Online-Durchsuchungen, S. 21, 39: „Einschüchterungseffekte".
404 BVerfG NJW 2008, 822, 830.
405 BVerfG NJW 2008, 822, 829 ff.

muss also gewährleisten, dass die von einer Eingriffsnorm gestatteten Grundrechtseingriffe nicht schwerer wiegen als die durchzusetzenden Belange.[406] Eine Delegation dieser Aufgabe an den Ermittlungsrichter ist nur in begrenztem Umfang zulässig, wobei es dem Grundsatz der Wesentlichkeitstheorie entsprechend umso mehr Aufgabe des Gesetzgebers ist, die Eingriffsvoraussetzungen selbst abstrakt-generell festzulegen, je schwerwiegender der Eingriff ist.

Stellt man nun auch noch in Rechnung, dass der Staat zu präventiven Zwecken tendenziell umfassender in Grundrechte eingreifen darf als zu repressiven, weil die Verhinderung einer noch nicht eingetretenen Schädigung ein höheres Gut ist als die Aufklärung einer bereits eingetretenen (siehe dazu außerdem unten IV 2 b bb),[407] scheiden die §§ 94 StPO als Grundlage von potentiell weitreichenden Eingriffen in das IT-Grundrecht aus. Die Beschlagnahme ist als grundlegendste und allgemeinste Ermittlungsmaßnahme eine „*catch all*-Befugnis"[408], der Gesetzgeber hat hier keinerlei Einschränkungen etwa durch einen Straftatenkatalog oder spezielle Verdachtserfordernisse vorgesehen.

Die Beschlagnahme ist damit nach der gesetzlichen Regelung bei potentieller Beweisbedeutung des gesuchten Gegenstands für irgendeine (vermutete) Straftat zulässig; jegliche weitere Konkretisierung bleibt dem Ermittlungsrichter überlassen. Der Erste Senat des BVerfG hat für schwerwiegende Eingriffe in das IT-Grundrecht dagegen explizit gefordert, dass schon die gesetzliche Regelung den Eingriff (im präventiven Bereich) von konkreten Gefahren für überragend wichtige Rechtsgüter abhängig machen muss. Daraus lässt sich ableiten, dass im repressiven Bereich jedenfalls ein Straftatkatalog vorgesehen werden muss, mag über dessen Ausgestaltung im Einzelnen dann auch trefflich gestritten werden (vgl. insofern zur Neuregelung in § 100b StPO unten IV 2 b bb). Eine Vorschrift, die Eingriffe unabhängig von der abstrakten Schwere der Tat und unabhängig von der konkreten Schwere im Einzelfall allein aufgrund der potentiellen Beweisbedeutung gestattet, wird dem erkennbar nicht gerecht.

Neben diesen aus dem Verhältnismäßigkeitsgrundsatz folgenden Vorgaben verlangt der Grundsatz der Normenklarheit und Bestimmtheit die

---

406 BVerfG NJW 2008, 822, 831 m. w. N.
407 Hierzu auch BVerfG NJW 2008, 822, 829.
408 Formulierung von *Gaede*, StV 2009, 96, 99.

Vorhersehbarkeit von Eingriffen für den Bürger sowie die wirksamen Begrenzung der Befugnisse der Exekutive und schließlich einen effektiven Rechtsschutz; dies erlangt bei heimlichen und eingriffsintensiven Maßnahmen besondere Bedeutung, die infolgedessen nur sehr eingeschränkt in einem Wechselspiel aus Anwendungspraxis und gerichtlicher Kontrolle konkretisiert werden können.[409] Hier ist also – ganz im Sinne der allgemeinen Wesentlichkeitstheorie – der demokratisch legitimierte Gesetzgeber mehr als sonst ohnehin gefordert, angesichts der Kombination aus schwerwiegender Beeinträchtigung und heimlicher Vorgehensweise – und der damit verknüpften eingeschränkten Rechtsschutzmöglichkeit – die Voraussetzungen des Eingriffs so klar und präzise zu bestimmen, dass allein durch die gesetzliche Regelung selbst ein hinreichender Grundrechtsschutz gewährleistet ist.

Somit ergibt sich auch unter dem Gesichtspunkt des Gewaltenteilungsprinzips für heimliche Grundrechtseingriffe eine zusätzliche Verschiebung der Regelungsbefugnisse hin zum Parlament, während die – grundsätzlich nicht ausgeschlossene – Kompetenz der Gerichte und der Exekutive zur Konkretisierung der Eingriffsnorm weiter eingeschränkt wird. Dem wird beim Rückgriff auf die §§ 94 ff. StPO eindeutig nicht ausreichend Rechnung getragen, weil der Eingriff seine wesentlichen Konturen erst durch die richterliche Beschlagnahmeanordnung erhält, während die gesetzliche Regelung letztlich unspezifisch bleibt.

Nun mag man gegen die hier vorgestellten Überlegungen einwenden, dass die §§ 94 ff. StPO grundsätzlich ohne Frage – jenseits der ausdrücklich geregelten Beschlagnahmeverbote – auch dafür herangezogen werden können, höchstpersönliche Unterlagen (z. B. Tagebücher) zu beschlagnahmen und dass sich daraus ableiten ließe, dass die Vorschriften demnach auch in der Cloud anwendbar sein könnten. Aber eine solche Argumentation würde die grundsätzliche neuartige Qualität verkennen, die durch die vielfältige Verknüpfung und Vernetzung verschiedener Daten und Informationen bei der Nutzung informationstechnischer Systeme entsteht. Es ist eben nicht einfach nur so, dass der Zugriff auf die Cloud den Ermittlern Zugang zu persönlichen Aufzeichnungen, Fotos o. ä. bietet; vielmehr finden sich hier potentiell Datenbestände, die eine weitreichende Rekonstruktion von Verhaltensmustern und Persönlich-

---

keitsstrukturen ermöglichen.[410] Wollte man dies mit der „gegenständlichen" Welt vergleichen, wäre den Ermittlern nicht nur der Zugriff auf sämtliche vom Angeklagten selbst angefertigte Aufzeichnungen und Dokumente eröffnet, sondern sie würden darüber hinaus auch Kenntnis von Informationen erlangen, die Dritte über den Angeklagten gesammelt haben, Informationen über Standorte, Aktivitäten u. a.. Derart umfassende Datenbestände existieren außerhalb der Welt informationstechnischer Systeme schlicht nicht. Sie wären allenfalls durch umfassende und dauerhafte Observationen von Beschuldigten herstellbar und müssten dabei mindestens die Überwachung von Kommunikation, Aufenthaltsorten, sowie die akustische Wohnraumüberwachung einschließen. Ein solches Bündel an Maßnahmen, das zur Erlangung vergleichbar aussagekräftiger Informationen über den Beschuldigten erforderlich wäre, ließe sich erkennbar niemals unter den relativ niedrigschwelligen Voraussetzungen der §§ 94 ff. StPO legitimieren. Die Anwendung dieser Vorschriften beim Zugriff auf die Cloud – wie letztlich die Anwendung aller derzeit geltenden strafprozessualen Eingriffsnormen (einschließlich des § 100b StPO) – übersieht den vom Ersten Senat des BVerfG zutreffend herausgearbeiteten fundamental neuen Charakter, der Datenbeständen im informationstechnischen Zeitalter mit Blick auf ihre Aussagekraft zukommt.

Dabei wird auch nicht bestritten, dass es durchaus begrenztere und weniger eingriffsintensive Maßnahmen im Zusammenhang mit Cloud-Systemen geben kann, wenn etwa der Zugriff auf bestimmte Programme (z. B. eine Buchhaltungssoftware) beschränkt und so der Zugriff auf höchstpersönliche Informationen ausgeschlossen wird. Auch können die Ermittlungsbehörden unter Umständen gezielt nach bestimmten Daten suchen und nur auf diese zugreifen, insbesondere wenn der Provider mitwirkt und einen entsprechend begrenzten Datensatz bereitstellt. Doch blieben all diese Einschränkungen dem Ermittlungsrichter überlassen, sofern der Zugriff nach den §§ 94 ff. StPO zugelassen würde. Etwaige Abstufungen müssten aber in abstrakt-genereller Weise durch das Gesetz vorgesehen werden, wobei der richtige Lösungsweg – so viel sei vorweggenommen – dahin gehen dürfte, eine niedrigschwellig zulässige vorläufige Sicherungsanordnung gegenüber dem Provider vorzusehen, während die anschließende Herausgabe der Daten dann – da ein Verlust der Daten nicht mehr zu befürchten ist – unter Geltung eines uneinge-

---

410 Zutr. zusammengefasst bei BVerfG NJW 2008, 822, 829 f.

schränkten Richtervorbehaltes unter Beteiligung des Beschuldigten erfolgen könnte (vgl. unten V 2 b cc (c)).

cc) Zwischenergebnis: Unanwendbarkeit der §§ 94 ff. StPO

Die Ergebnisse der vorstehenden Überlegungen lassen sich an dieser Stelle wie folgt zusammenfassen: Die von einem Nutzer in einer Cloud gespeicherten Daten unterfallen dem Schutzbereich des Grundrechts auf die Gewährleistung der Vertraulichkeit und Integrität informationstechnischer Systeme. Aus der Sicht des Nutzers übernimmt die Cloud wesentliche, wenn nicht gar alle Funktionen, die vormals von physischen Systemen übernommen wurden. In der Cloud werden potentiell Daten aus verschiedensten Bereichen bis hin zu höchstpersönlichen Informationen gespeichert. Der Zugriff auf sämtliche von einem Nutzer bei einem bestimmten Anbieter (oder gar bei mehreren Anbietern) gespeicherten Daten eröffnet den Strafverfolgungsbehörden Zugang zu einem Datensatz, dessen Auswertung die Bildung umfassender Persönlichkeitsprofile ermöglichen kann.

Angesichts dieser grundrechtstypischen Gefährdungslage beim Zugriff auf die Cloud müssen bei der Beurteilung der Voraussetzungen eines gerechtfertigten Eingriffs die Maßstäbe Anwendung finden, die der Erste Senat des BVerfG in seiner Rechtsprechung zum IT-Grundrecht formuliert hat. Dem wird ein auf die allgemeinen Beschlagnahmevorschriften der §§ 94 ff. StPO gestützter Zugriff vor allem deshalb nicht gerecht, weil diese Vorschriften zu unbestimmt sind und die Konkretisierung der Eingriffsvoraussetzungen in zu hohem Maße dem anordnenden Gericht überlassen. Angesichts der Schwere des Eingriffs müssen die wesentlichen Voraussetzungen aber in hinreichend bestimmter und bereichsspezifischer Weise durch die gesetzliche Ermächtigungsgrundlage selbst umschrieben werden. Dem tragen die §§ 94 ff. StPO nicht in ausreichender Weise Rechnung, weshalb ein Zugriff auf in der Cloud gespeicherte Daten nicht auf diese Normen gestützt werden kann.

II. §§ 99 f. StPO (Postbeschlagnahme)

Nur eher kurz soll hier erörtert werden, ob die Vorschriften zur Postbeschlagnahme gem. §§ 99 f. StPO möglicherweise als Ermächtigungsgrundlagen zum Zugriff auf die Cloud geeignet sind. Dies ist jedenfalls deshalb nicht ganz auszuschließen, weil diese immerhin im Zusammenhang mit dem Zugriff auf E-Mails teilweise für einschlägig gehalten wurden und weil die Eingriffsvoraussetzungen gegenüber der einfachen Beschlagnahme teilweise strenger sind.

1. Norminhalt

Durch die §§ 99 f. StPO erhalten die Ermittlungsbehörden die Möglichkeit des Zugriffs auf Postsendungen und Telegramme, während diese sich auf dem Übermittlungsweg, also im Herrschaftsbereich eines Dienstanbieters bzw. in dessen Gewahrsam befinden. Dies ist der Fall, wenn der Absender nicht mehr sowie der Empfänger noch nicht über eine Zugriffsmöglichkeit verfügt.[411] Entgegen der Bezeichnung als „Postbeschlagnahme" handelt es sich nicht um eine Vorschrift, die zur Beschlagnahme i. e. S. ermächtigt.[412] Vielmehr regelt § 99 StPO eine Befugnis zur Durchsicht entsprechender Schriftstücke um eine eventuelle Beweiseignung festzustellen. Die eigentliche Beschlagnahme wird dann erst bzgl. solcher Sendungen angeordnet, bei denen eine hinreichende Beweiseignung vorliegt. Die Postbeschlagnahme stellt einen Eingriff in das durch Art. 10 GG geschützte Brief-, Post- bzw. das Fernmeldegeheimnis dar. Es ist angesichts der Liberalisierung der entsprechenden Märkte mittlerweile in den §§ 39 PostG, 88 TKG einfachgesetzlich geregelt, da private Unternehmen nicht unmittelbar an Art. 10 GG gebunden sind.[413] Auch das Recht auf Achtung der Korrespondenz gem. Art. 8 Abs. 2 EMRK ist betroffen.[414]

Da die Vorschrift den Zugriff nur auf solche Sendungen gestattet, die entweder an den Beschuldigten gerichtet (bzw. für ihn) sind oder von ihm herrühren, ist es regelmäßig erforderlich, dass bereits ein Ermittlungsverfahren gegen einen konkreten Beschuldigten geführt wird. Ist dieser den Ermittlungsbehörden nicht namentlich bekannt, wird die notwendige Zuordnung entsprechender Sendungen regelmäßig unmöglich

---

411 Dazu *Schäfer*, in: Löwe-Rosenberg-StPO, § 99 Rn. 22.
412 Statt Vieler *Wohlers*, in: SK-StPO, § 99 Rn. 4.
413 Vgl. *Schäfer*, in: Löwe-Rosenberg-StPO, § 99 Rn. 2.
414 *Wohlers*, in: SK-StPO, § 99 Rn. 1 m. w. N.

und die Maßnahme somit unzulässig sein.[415] Denkbar ist es jedoch, dass das Ermittlungsverfahren mit der Postbeschlagnahme als erster Ermittlungsmaßnahme eingeleitet wird.[416]

Fraglich ist, ob es einer Anordnung nach § 100 Abs. 1 StPO bedarf, wenn einer der Kommunikationsteilnehmer in den hoheitlichen Zugriff eingewilligt hat. Die h. M. bejaht dies, da die Partner der Kommunikation gegeneinander keinen Anspruch darauf haben sollen, dass das Fernmeldegeheimnis gewahrt wird.[417] Diese Ansicht ist insofern nicht unproblematisch, als Art. 10 GG grundsätzlich Schutz gegen sämtliche staatliche Eingriffe in Kommunikationsvorgänge bietet.[418] Aber in letzter Konsequenz fehlt es dennoch bereits bei der Einwilligung nur eines Beteiligten an einem grundrechtlichen Schutzbedürfnis.[419] Willigt der *Absender* ein, so steht einem staatlichen Zugriff auf ein im Übermittlungsvorgang befindliches Schriftstück nichts entgegen, denn dieser Vorgang ist als solcher prinzipiell absendergesteuert. Willigt der Empfänger ein, so ist es wenig plausibel, die Beschlagnahme während des laufenden Übermittlungsvorgangs zu versagen, wo doch der Empfänger das Schriftstück unmittelbar nach dem Zugang freiwillig preisgeben kann. Daher genügt im Ergebnis die Einwilligung eines Kommunikationsteilnehmers, um eine Anordnung nach § 100 Abs. 1 StPO entbehrlich zu machen.

§ 99 StPO stellt keine besonderen Anforderungen an den Grad des Tatverdachts oder an die Schwere der verfolgten Straftat. Zuständig ist das Gericht bzw. – bei Gefahr im Verzug – die Staatsanwaltschaft, vgl. § 100 Abs. 1 StPO. Gegenüber der einfachen Beschlagnahme (vgl. §§ 94, 98 Abs. 1 StPO) besteht somit lediglich der Unterschied, dass eine Anordnung durch Ermittlungspersonen der Staatsanwaltschaft unzulässig ist. Diese niedrige Eingriffsschwelle ist angesichts der beträchtlichen Eingriffsintensität der Maßnahme bedenklich, weshalb die h. A. unter Berufung auf den Grundsatz der Verhältnismäßigkeit zu Recht davon ausgeht, dass ein Vorgehen nach § 99 StPO regelmäßig weder bei einem noch sehr vagen Tatverdacht noch bei der Verfolgung geringfügiger Strafta-

---

415 *Graf*, in: Beck-OK-StPO, § 99 Rn. 4; *Nack*, in: KK-StPO, § 99 Rn. 8; strenger *Wohlers*, in: SK-StPO, § 99 Rn. 10.

416 *Schäfer*, in: Löwe-Rosenberg-StPO, § 99 Rn. 18.

417 *Nack*, in: KK-StPO, § 99 Rn. 4; i. Erg. ebenso, aber mit differenzierter Begründung *Wohlers*, in: SK-StPO, § 99 Rn. 7 m. w. N.

418 Vgl. dazu BVerfGE 85, 386, 399 („Fangschaltung").

419 Siehe die überzeugende Begründung bei *Wohlers*, in: SK-StPO, § 99 Rn. 7, der hier gefolgt wird.

ten zulässig ist.[420] Eine Grenzziehung ist insofern allerdings durchaus schwierig.

2. Keine Anwendbarkeit beim Zugriff auf die Cloud

Für die vorliegende Untersuchung lässt sich vorläufig festhalten, dass die Postbeschlagnahme insofern einen Sachzusammenhang zumindest zur Maßnahme des E-Mail-Zugriffs (als einem Unterfall des Zugriffs auf Cloud-Systeme) aufweist, als die §§ 99 f. StPO den Zugriff auf Kommunikationsinhalte in einem Stadium regelt, in dem diese der Verfügbarkeit der Kommunikationsteilnehmer entzogen sind. Inwiefern daraus aber folgt, dass die Vorschriften über die Postbeschlagnahme eine Sicherstellung von beim Provider gespeicherten E-Mails oder sonstigen Daten legitimieren können, ist mehr als zweifelhaft.[421] Wie bereits dargestellt (oben I 2 b bb (a)), hatte der 1. BGH-Strafsenat kurzzeitig befürwortet, dass die Strafverfolgungsbehörden auf E-Mails, die auf den Servern des Diensteanbieters gespeichert sind, unter den Voraussetzungen der §§ 99 f. StPO zugreifen dürfen. Eine ausführlichere Begründung hierfür hatte der Senat freilich nicht geliefert. Kurze Zeit später hatte sich dann – wie ebenfalls bereits dargestellt – das BVerfG für eine Anwendbarkeit der §§ 94 ff. StPO beim E-Mail-Zugriff ausgesprochen und dabei jedoch geäußert, dies stehe der Auffassung des 1. BGH-Strafsenats nicht entgegen. Das ist allerdings schwer nachvollziehbar, da die Postbeschlagnahme jedenfalls insofern an strengere Voraussetzungen gebunden ist, als eine Anordnung durch Hilfsbeamte der Staatsanwaltschaft, anders als bei der einfachen Beschlagnahme, nicht zulässig ist. Insofern sind die Voraussetzungen der Postbeschlagnahme zumindest etwas strenger gegenüber denjenigen einer einfachen Beschlagnahme, so dass jedenfalls nicht ausgeschlossen ist, dass die hier gegen die Anwendbarkeit der §§ 94 ff. StPO geltend gemachten Bedenken ausgeräumt werden können, wenn stattdessen auf die §§ 99 f. StPO zurückgegriffen würde.

Im Schrifttum hat der Ansatz über die §§ 99 f. StPO im Zusammenhang mit dem Zugriff auf E-Mails – wie gesagt in technischer Hinsicht ein Unterfall des Cloud-Zugriffs – einige Anhänger gefunden. Besonders ausführlich begründet wurde dieser Ansatz von *Thomas Böckenförde*. Seine

---

420 *Wohlers*, in: SK-StPO, § 99 Rn. 16 m. w. N.
421 Das Folgende knüpft an die Ausführungen an bei *Meinicke*, Zugriff, S. 63 f.

hier bereits an anderer Stelle (vgl. D I 2 b (b) (aa)) zusammenfassend dargestellte Argumentation – die allerdings nicht den Zugriff auf alle in der Cloud gespeicherten Daten, sondern den Sonderfall der E-Mails betrifft – ist zumindest insofern zuzustimmen, dass die in den §§ 99 f. StPO geregelte Ausführung der Maßnahme einige Schutzmechanismen vorsieht, die prinzipiell geeignet sind, einem erhöhten Eingriffsniveau Rechnung zu tragen. Aber die dort getroffenen Regelungen bilden ein entscheidendes Moment der für den Zugriff auf Daten typischen grundrechtsspezifischen Gefährdungslage nicht ab, und zwar deren Ubiquität, also die mit der Nichtkörperlichkeit zusammenhängende umfassende und letztlich grenzenlose Verfügbarkeit.[422] Denn die Postbeschlagnahme knüpft zwar an den hoheitlichen Zugriff auf Kommunikationsinhalte an, die aufgrund der Zwischenschaltung eines Dienstleisters der Beherrschbarkeit des Kommunikationsteilnehmers entzogen sind. Aber es handelt sich eben um gegenständliche Kommunikationsinhalte, die insofern „beherrschbarer" sind, weil der Grundrechtsträger sich prinzipiell darauf verlassen kann, dass keine Duplikate existieren und deren Anfertigung auch nicht ohne weiteres möglich ist, jedenfalls nicht ohne erkennbare Spuren. Dies ist aber ein entscheidender Unterschied zur Situation bei internetbasierten Datenspeicherung.

Dieses IT-spezifische Moment der Ubiquität ist jedoch ein wesentliches Charakteristikum der grundrechtsspezifischen Gefährdungslage beim Zugriff auf Cloud-Systeme und muss daher bei der Ausbalancierung von Eingriffsintensität und Eingriffsvoraussetzungen Berücksichtigung finden. Da dieser Aspekt bei der Postbeschlagnahme keine Rolle spielt, ist nicht davon auszugehen, dass der Gesetzgeber die dort geregelten Eingriffsvoraussetzungen auch auf diesen intensiveren, qualitativ andersartigen Eingriff übertragen wollte. Dies gilt umso mehr, als die grundrechtlichen Besonderheiten strafprozessualer Eingriffe im Zusammenhang mit Datennetzen dem Gesetzgeber bei Abfassung der §§ 99 f. StPO überhaupt nicht bekannt sein konnten. Richtigerweise kommen die §§ 99 f. StPO daher nicht als Ermächtigung für den Zugriff auf in einer Cloud gespeicherte Daten in Betracht.

Dass es bisweilen zu fast schon absurden Konsequenzen führen kann, wenn versucht wird, praktisch als notwendig empfundene Maßnahmen

---

422 Mit Recht erblickt *Warken*, NZWiSt 2017, 417 f. in der fehlenden Körperlichkeit von E-Mails den entscheidenden wesensmäßigen Unterschied zu herkömmlichen Postsendungen.

„mit aller Gewalt" unter die Anwendungsvoraussetzungen einer geltenden Rechtsnorm zu subsumieren, zeigt eine Entscheidung des AG Reutlingen, das die „Beschlagnahme" eines ganzen Facebook-Accounts als Anwendungsfall von § 99 StPO behandelt hat.[423] Die auf einem Facebook-Account gespeicherten Daten sämtlich als „Postsendungen" und „Telegramme" zu subsumieren, sprengt selbst bei Anerkennung eines Spielraums für „entwicklungsoffene" Begriffsbildung jeden vernünftigerweise zu legitimierenden Rahmen dessen, was noch als eine Auslegung des Gesetzes bezeichnet werden kann.[424] Nimmt man den allgemeinen Gesetzesvorbehalt in seinen spezifischen strafprozessualen Ausprägungen (siehe oben C) ernst, ist fast schon offenkundig, dass die Regelungen über die Postbeschlagnahme im Bereich informationstechnischer Systeme keine Rolle spielen können, weder bei Facebook-Accounts noch im Fall des in dieser Arbeit untersuchten Zugriffs auf Daten in Cloud-Systemen.

III. § 100a StPO (Überwachung der Telekommunikation)

Nachdem sich gezeigt hat, dass § 94 StPO keine taugliche Ermächtigungsgrundlage für den Zugriff auf in der Cloud gespeicherte Daten ist, weil die Vorschrift – entgegen der für den Zugriff auf beim Provider gespeicherte E-Mails entwickelten Ansicht des Zweiten Senats am Bundesverfassungsgericht – den Anforderungen an eine hinreichend bestimmte und bereichsspezifische Eingriffsgrundlage nicht gerecht wird, rückt die Telekommunikationsüberwachung (TKÜ) nach § 100a Abs. 1 S. 1 StPO in den Fokus der Betrachtung. Bevor auf die insoweit zentrale Frage einzugehen ist, ob unter Telekommunikation i. S. d. Norm auch der rein technische Informationsaustausch zwischen zwei (oder mehreren) Computern zu verstehen ist, soll kurz dargestellt werden, weshalb § 100a Abs. 1 S. 1 StPO für die hier behandelte Thematik von erheblicher praktischer Bedeutung ist.

---

423 StV 2012, 461 m. abl. Anm. *Meinicke.*
424 Vgl. bereits *Meinicke*, StV 2012, 463 f.

1. Zur großen praktischen Relevanz der TKÜ in Cloud-Sachverhalten

Tatsächlich ist die Telekommunikationsüberwachung in praktischer Hinsicht erstaunlich gut dafür geeignet, den Schwierigkeiten beim strafprozessualen Zugriff auf in der Cloud gespeicherte Daten Rechnung zu tragen. Um dies deutlich zu machen, wird nachfolgend ein Sachverhalt in den Blick genommen, der auf einem Verfahren basiert, in dem der Verf. als Verteidiger tätig war.

Wie bereits dargestellt, kann das tatsächlich Problem der Ermittlungsbehörden in Cloud-Sachverhalten insbesondere darin bestehen, dass eine Durchsuchung beim Beschuldigen immer dann keine Ergebnisse erbringt, wenn dieser seine Daten ausschließlich bei einem Cloud-Anbieter gespeichert hat. Denn unter diesen Umständen finden die Ermittler auf der Hardware des Beschuldigten, die potentiell Gegenstand einer Beschlagnahme sein könnte, keine Daten. Verfügen sie darüber hinaus auch nicht über die Zugangsdaten zu dem Account des Beschuldigten beim entsprechenden Cloud-Anbieter, wird es den Ermittlern regelmäßig nicht gelingen, von der Hardware des Beschuldigten auf die Daten zuzugreifen (vgl. insoweit zu § 110 Abs. 3 StPO noch unten unter V). Ein Zugriff im Wege der Beschlagnahme der Server unmittelbar beim Provider scheitert häufig daran, dass dieser seinen Sitz im Ausland hat.

In dem besagten Sachverhalt gingen die Beschuldigten nun wie folgt vor: Es wurde ein E-Mail-Account bei einem US-amerikanischen Webmail-Anbieter eingerichtet, zu dem mehrere Beteiligte Zugang hatten. Die Kommunikation erfolgte dann dergestalt, dass sich immer jeweils ein Beteiligter einloggte und einen E-Mail-Entwurf verfasste, der daraufhin als solcher gespeichert wurde. Der abgespeicherte Entwurf wurde dann von dem „Adressaten" – also einem anderen Beteiligten, der sich zu einem späteren Zeitpunkt einloggte – gelesen und „fortgeschrieben". Somit kommunizierten die Beteiligten, ohne dass eine einzige E-Mail versendet wurde. Sie nutzten dabei Hardware in Internet-Cafés bzw. Call-Shops. In dieser Konstellation kommen die Cloud-spezifischen Probleme vollends zur Geltung. Eine Durchsuchung der Wohnräume der Beschuldigten ware aussichtslos gewesen, da auf etwaig dort vorgefundenen Geräten keine relevanten Daten gespeichert gewesen wären. Die Server des Dienstanbieters befanden sich nicht im Geltungsbereich der

Strafprozessordnung, so dass diese ebenfalls nicht beschlagnahmt werden konnten.

Die Ermittler gelangten aber letztlich unabhängig von Rechtshilfeverfahren dadurch an die Daten, dass sie eine Telekommunikationsüberwachung nach § 100a StPO bzgl. der Leitungen aller von den Beschuldigten genutzten Internet-Cafés bzw. Call-Shops anordneten. Denn – und hier kommen wir zum entscheidenden Punkt – eine Aufzeichnung der über die Telefonleitung versendeten Datenströme hat zur Folge, dass das gesamte Surfverhalten des Anschlussnutzers inklusive aller dabei getätigten Tastatureingaben aufgezeichnet wird.[425] Lässt man die Besonderheit beiseite, dass in dem dargestellten Sachverhalt somit das Surfverhalten aller Nutzer der entsprechenden Einrichtungen aufgezeichnet wurde, wird schnell deutlich, warum sich durch eine „einfache" TKÜ die faktischen Probleme bei Ermittlungen in der Cloud fast schon „in Luft auflösen". Die Ermittler benötigen schlicht keinen Zugriff mehr auf die vom Beschuldigten in der Cloud gespeicherten Daten, wenn sie diese sämtlich bereits zu dem Zeitpunkt aufgezeichnet haben, in dem der Beschuldigten sie in die Cloud hochlädt. Mit anderen Worten: Wenn die Ermittler direkt „am Anschluss" zugreifen, ist es irrelevant, wohin die Daten dann von dort aus gehen. Und die gleichsam herkömmliche Überwachung der Nutzung eines bestimmten Telefonanschlusses lässt sich heute jedenfalls in technischer Hinsicht ohne größere Schwierigkeiten auf die gesamte Nutzung des Internets erstrecken, jedenfalls sofern nicht ausnahmsweise eine Verschlüsselung erfolgt (vgl. insofern zur Kommunikation mittels VoiceOverIP unten IV). Es wird also das gesamte Surfverhalten des Anschlussnutzers aufgezeichnet und die Ermittlungsbehörden bekommen zumindest Zugang zu allen Daten, die ab dem Beginn der Überwachung über den entsprechenden Anschluss in die Cloud hochgeladen werden.

Somit rückt die Frage ins Zentrum, ob eine solche faktische Überwachung des Surfverhaltens durch die Aufzeichnung des über die Telefon- und Internetleitung laufenden Datenstroms auf die Vorschrift über die Telekommunikationsüberwachung nach § 100a Abs. 1 S. 1 StPO gestützt werden kann. Das hängt in wesentlicher Hinsicht davon ab, ob es sich dabei um die „Überwachung oder Aufzeichnung von Telekommunikation" handelt, wie es § 100a Abs. 1 S. 1 StPO voraussetzt. Das Problem

---

425 Näher zu den unterschiedlichen technischen Ausgestaltungsmöglichkeiten eines solchen Zugriffs *Dalby*, Grundlagen, S. 99 ff.

ist im Schrifttum – auch vom Verf. – überwiegend kritisch erörtert worden.[426] Kürzlich entschied der Zweite Senat des BVerfG hingegen, dass eine Auslegung des § 100a StPO, bei der diese Vorschrift eine Aufzeichnung der Internetdaten erfasst, jedenfalls nicht gegen Verfassungsrecht verstößt.[427] Im folgenden Abschnitt wird zu zeigen sein, dass dieses Ergebnis verfehlt ist. Auch und gerade in grundrechtlicher Hinsicht überzeugt es unter Berücksichtigung der verfassungsgerichtlichen Judikatur zum IT-Grundrecht nicht, die TKÜ-Vorschriften als Ermächtigung zur Aufzeichnung des Surfverhaltens eines Anschlussnutzers zu betrachten.

2. Der Telekommunikationsbegriff

Entscheidend kommt es im vorliegenden Zusammenhang darauf an, ob es sich bei der Aufzeichnung des über die Telefon-/Internetleitung versendeten Datenstroms um „Telekommunikation" i.S.d. § 100a StPO handelt. Bei der Beantwortung dieser Frage wird im Folgenden zwischen dem Telekommunikationsbegriff der StPO und demjenigen des TKG zu unterscheiden sein.

a) Der strafprozessuale Telekommunikationsbegriff

aa) Grundlagen

Die StPO enthält – insoweit eben anders als das TKG – keine Legaldefinition des Begriffs „Telekommunikation". In der ursprünglichen Fassung des § 100a StPO war noch von „Fernmeldeverkehr" die Rede. Die Auslegung erfolgt im Wesentlichen unter Rückgriff auf die inhaltliche Ausprägung des bei der TKÜ vor allem betroffenen Grundrechts, des sog. Fernmeldegeheimnisses i.S.v. Art. 10 GG.[428] Es herrscht insoweit Einigkeit, dass es sich um einen „entwicklungsoffenen" Begriff handelt,[429] der mithin einer Erfassung neuer Kommunikationsformen nicht im Wege steht. Nach allgemeiner Ansicht umfasst der Anwendungsbereich des strafpro-

---

426 Die Anwendbarkeit von § 100a StPO ablehnend u.a. *Meinicke*, in: Taege (Hrsg.), Law as a Service, S. 967, 969 ff.; *Schmitt*, in: Meyer-Goßner/Schmitt, StPO, § 100a Rn. 6 und Rn. 14 f; *Sieber/Brodowski*, in: Hoeren/Sieber/Holznagel, Teil 19.3 Rn. 133; *Hieramente/Fenina*, StraFo 2015, 365 ff.
427 BVerfG NJW 2016, 3508 m. abl. Anm. *Eidam*.
428 *Wolter/Greco*, in: SK-StPO, § 100a Rn. 12 ff.
429 Siehe nur BGH NJW 2003, 2034, 2035.

zessualen Telekommunikationsbegriffs – wiederum vor allem abgeleitet aus der Reichweite des Grundrechts aus Art. 10 Abs. 1 GG – in erster Linie die für die vorliegende Untersuchung wesentlichen sog. Inhaltsdaten, also diejenigen Daten, zu deren Übermittlung der Telekommunikationsvorgang erfolgt (Gesprächsinhalt, Inhalt einer E-Mail usw.).[430] Darüber hinaus erstreckt sich der Begriff aber auch auf die näheren Umstände eines Telekommunikationsvorgangs, also darauf, ob, wie oft oder wann zwischen bestimmten Beteiligten eine Telekommunikation stattgefunden oder zumindest versucht wurde.[431]

Die entscheidende Hürde in begrifflicher wie auch in normativer Hinsicht besteht nun darin, dass es bei der Überwachung des Surfverhaltens eines Anschlussnutzers durch die Aufzeichung der über den Telefonanschluss versendeten Daten jedenfalls in erheblichem Umfang auch dazu kommt, dass Daten aufgezeichnet werden, die mit keinem Kommunikationsvorgang zwischen zwei natürlichen Personen zusammenhängen.[432] Dabei mag der eingangs geschilderte Sachverhalt noch einen Sonderfall darstellen, weil die Beteiligten zwar kommunizierten, dies aber innerhalb eines „fortgeführten Entwurfs" taten, also tatsächlich nie eine E-Mail versandten. Aber wenn durch die Aufzeichnung aller über eine Telekommunikationsleitung versendeten Daten im Ergebnis das gesamte Surfverhalten des Nutzers erfasst wird, kommt es fraglos dazu, dass auch Daten aufgezeichnet werden, die mit keiner solchen Kommunikation, also mit keinem Austausch von Nachrichten zwischen zwei Menschen einhergeht. Schließlich lassen sich aus dem aufgezeichneten Datenstrom praktisch sämtliche Seiten ablesen, die der Nutzer aufgerufen hat. Fraglich ist somit, ob diese Erstreckung auf nicht kommunikationsbezogene Daten einer Anwendung des § 100a StPO auf eine Überwachung des Surfverhaltens entgegensteht.

Einigkeit herrscht darüber, dass es sich „nicht mehr" um Telekommunikation handelt, wenn Daten endgültig im Herrschaftsbereich des Nutzers angekommen sind. Das hat das Bundesverfassungsgericht in seiner „Bargatzky-Entscheidung" judiziert (siehe bereits oben). Zugleich wird angenommen, dass „noch nicht" in einen Telekommunikationsvorgang involvierte Daten nicht in den Anwendungsbereich von § 100a StPO

---

430 *Hauck,* in: Löwe/Rosenberg-StPO, § 100a, Rn. 13.
431 *Eschelbach,* in: Satzger/Schluckebier/Widmaier-StPO, § 100a, Rn. 2 a. E. m. w. N.
432 Vgl. zum Ganzen (im Ergebnis wie hier) *Sieber/Brodowski,* in: Hoeren/Sieber/Holznagel, Teil 19.3 Rn. 130 ff. m. w. N.

fallen, selbst wenn sie für einen solchen vorgesehen sind, also z. B. ein Text, der zu einem späteren Zeitpunkt als E-Mail versendet werden soll.[433] Aber keine dieser Fallgruppen passt vollständig auf das hier behandelte Problem. Denn bei der vollständigen Überwachung des Surfverhaltens geht es eben zumindest auch um Daten, die nichts mit „zwischenmenschlichen" Kommunikationsvorgängen zu tun haben und auch nicht zu tun hatten oder zukünftig zu tun haben sollen.[434]

bb) Erweiterungen

Der strafprozessuale Telekommunikationsbegriff des § 100a StPO hat darüber hinaus zumindest zwei wesentliche Erweiterungen in der Rechtsprechung erfahren, die zur Erörterung der hier in Rede stehenden Problematik kurz zu skizzieren sind. Die erste betrifft die Aufzeichnung von sog. Raumgesprächen, also der Kommunikation zwischen unmittelbar anwesenden Personen, die von einer TKÜ-Maßnahme allein deshalb erfasst wird, weil zuvor eine Telekommunikationsverbindung versehentlich nicht ordnungsgemäß beendet wurde.[435] In der ersten diesbezüglich ergangenen Entscheidung aus dem Jahr 1983 hatte der 2. Strafsenat des BGH die Verwertbarkeit eines dergestalt aufgezeichneten Raumgesprächs noch abgelehnt.[436] In dem vom Beschuldigten bewohnten Haus, dessen Telekommunikationsleitung überwacht wurde, hatte ein Hausbewohner den Hörer nach Abschluss eines Gesprächs nicht ordnungsgemäß aufgehängt (tatsächlich kam dies sogar mehrmals vor). Als sich dann der Beschuldigte mit seiner Ehefrau in dem Zimmer unterhielt, in dem sich der Apparat befand, wurde das Gespräch aufgezeichnet.

Der 2. Strafsenat stützte seine die Verwertbarkeit ablehnende Entscheidung im Wesentlichen auf den Wortlaut des § 100a StPO, in dem seinerzeit noch der Begriff „Fernmeldeverkehr" verwendet wurde. Darunter fielen „nach dem allg. Sprachgebrauch außer dem Telefongespräch nur

---

433 *Eschelbach,* in: Satzger/Schluckebier/Widmaier-StPO, § 100a, Rn. 4; auch *Graf,* in: Graf/Allgayer-StPO, § 100a, Rn. 10 m. Nachw.

434 Gegen die Erfassung einer „einseitigen Nutzung informationstechnischer Systeme" (unter Einbeziehung des „Surfens") durch den Telekommunikationsbegriff des § 100a StPO – und damit im Ergebnis wie hier – *Eschelbach,* in: Satzger/Schluckebier/Widmaier-StPO, § 100a, Rn. 5; *Schmitt,* in: Meyer-Goßner/Schmitt-StPO, § 100a, Rn. 7d; *Wolter/Greco,* in: SK-StPO, § 100a Rn. 16.

435 Hierzu (die Anwendbarkeit von § 100a StPO ablehnend) *Wolter/Greco,* in: SK-StPO, § 100a Rn. 23 ff. m. w. N.

436 BGHSt 31, 296 = NStZ 1983, 59.

die unmittelbar mit dem Telefonieren notwendigerweise verbundenen Vorgänge, z. B. das Anwählen des Gesprächspartners", nicht dagegen „eine Unterhaltung, die ohne Inanspruchnahme einer Fernsprecheinrichtung im häuslichen Bereich stattfindet".[437] Auch den Gesetzesmaterialien sei keinerlei Intention zu entnehmen, über den Fernmeldeverkehr hinaus auch „Raumgespräche" zu erfassen.[438]

Im Kern gegenteilig judizierte indessen derselbe Senat beinahe auf den Tag genau zwanzig Jahre später, wobei dieser Entscheidung die insoweit bis heute geltende Fassung des § 100a StPO zu Grunde lag, die anstelle des Begriffs „Fernmeldeverkehr" denjenigen der „Telekommunikation" gebraucht.[439] Der Beschuldigte hatte in dem zu entscheidenden Sachverhalt während einer Autofahrt von seinem Mobiltelefon aus einen Dritten angerufen. Als dieser den Anruf nicht annahm, schaltete sich die Mailbox ein. Der Beschuldigte wollte jedoch keine Nachricht hinterlassen und schloss zur Beendigung des Gesprächs die Tastaturklappe seines Mobiltelefons, ohne jedoch zuvor die Taste für die Gesprächsbeendigung gedrückt zu haben. Auf diese Weise wurde bis zum Ende der Mailbox-Aufzeichnung (nach sieben Minuten) das anschließend im Auto geführte Gespräch aufgezeichnet.

Der Senat bejahte die Verwertbarkeit des aufgezeichneten Gesprächs. In der Begründung betonte er zunächst in Abgrenzung zu der 20 Jahre zuvor ergangenen Entscheidung, dass sich der inzwischen im Gesetz enthaltene Begriff der „Telekommunikation" von demjenigen des „Fernmeldeverkehrs" dahingehend unterscheide, dass jener „die Vorgänge des Aussendens, Übermittelns und Empfangens von Nachrichten jeglicher Art, also grundsätzlich den gesamten Datenverkehr mittels Telekommunikationsanlagen" umfasse.[440] Allerdings falle nicht ohne weiteres „jeder technische Vorgang des Aussendens, Übermittelns oder Empfangens von analog oder digital codierten Daten dem Eingriffsbereich des § 100a StPO", sondern „nur die mit dem Versenden und Empfangen von Nachrichten mittels Telekommunikationsanlagen in Zusammenhang stehenden Vorgänge"; eine Telekommunikation i. S. d. § 100a StPO erfordere daher, „dass sich eine Person einer Telekommunikationsanlage bedient, das heißt Kommunikation mittels einer solchen Anlage

---

437 BGH NStZ 1983, 517.
438 BGH NStZ 1983, 517.
439 BGH NJW 2003, 2034.
440 BGH NJW 2003, 2034 a. E. unter Berufung auf *Bär*.

vornimmt".[441] Auf ein aktuelles Bewusstsein des Nutzers von dem konkret in Rede stehenden Datenübertragungsvorgang komme es nicht an, weshalb Telekommunikation „jedenfalls dann vor[liegt], wenn der von einer Überwachungsanordnung Betroffene ein von ihm benutztes Mobiltelefon zum Aussenden von Nachrichten in Betrieb setzt oder wenn eine betriebsbereit gehaltene Telekommunikationsanlage Nachrichten Dritter empfängt".[442]

Auf einer ähnlichen Linie liegt eine Entscheidung des Ermittlungsrichters am BGH aus dem Jahre 2001.[443] Danach sollen die Netzbetreiber im Rahmen einer Überwachung gem. §§ 100a f. StPO a. F. verpflichtet sein, die geografischen Daten der Funkzelle eines überwachten Mobiltelefons unabhängig davon mitzuteilen, ob mit diesem gerade telefoniert werde.[444] Der Ermittlungsrichter beruft sich zur Begründung in erster Linie auf die Entwicklungsoffenheit es Telekommunikationsbegriffs für neue Technologien.[445] Zu den hiernach neben den Kommunikationsinhalten auch erfassten Kommunikationsumständen können demnach auch solche Daten zählen, die „bereits im Vorfeld eines (potentiellen) Telefongesprächs erhoben werden"; im Einzelnen heißt es:

> „Die Positionsmeldungen sind, auch wenn nicht telefoniert wird, kommunikationserheblich, weil sie die Betriebsbereitschaft des im sog. Stand-by-Betriebs befindlichen Mobiltelefons sicherstellen. Es gehört zwingend zu dem Telefonieren mit einem Mobilgerät, dieses empfangsbereit zu halten, da sonst der Empfang von Gesprächen nicht möglich ist. Um ständig empfangsbereit zu sein, muss das Mobiltelefon seine Position regelmäßig dem Netz mitteilen".[446]

Speziell die zuletzt geschilderten höchstrichterlichen Erweiterungen des Anwendungsbereichs von § 100a StPO (Raumgespräche und Standortdaten) hängen eng zusammen mit der Neufassung des Gesetzeswortlautes und der Ersetzung des Begriffs „Fernmeldeverkehr" durch denjenigen der „Telekommunikation". Seither wird zur Ausfüllung dieses Tatbestandsmerkmals der strafprozessualen Eingriffsnorm vielfach auf

---

441 BGH NJW 2003, 2034 f.
442 BGH NJW 2003, 2034 f.
443 BGH MMR 2001, 442 m. zust. Anm. *Bär*.
444 BGH MMR 2001, 442; vgl. insoweit auch BGH NJW 2003, 2034, 2035.
445 BGH NJW 2003, 2034, 2035.
446 BGH MMR 2001, 442, 443

die telekommunikationsrechtliche Legaldefinition des Telekommunikationsbegriffs in § 3 Nr. 22 TKG (i. V. m. § 3 Nr. 23 TKG) zurückgegriffen.[447] Im Folgenden werden knapp die Grundlagen dieser telekommunikationsrechtlichen Begriffsbildung skizziert, bevor abschließend zu der Frage Stellung genommen wird, inwiefern eine Aufzeichnung sämtlicher Internetdaten unter Rückgriff auf die strafprozessualen TKÜVorschriften zulässig ist.

b) Der Telekommunikationsbegriff im TKG

§ 3 Nr. 22 TKG spricht von Telekommunikation als dem „technische[n] Vorgang des Aussendens, Übermittelns und Empfangen von Signalen mittels Telekommunikationsanlagen". In § 3 Nr. 16 TKG 1996 hieß es dagegen noch, Telekommunikation seine „Nachrichten jeglicher Art in der Form von Zeichen, Sprache, Bilder oder Tönen". Dass die Neufassung jedoch keine wesentlichen sachlichen Änderungen bedeutet, wird vor allem aus dem systematischen Zusammenhang zur Begriffsbestimmung in § 3 Nr. 23 TKG geschlossen, wonach „Telekommunikationsanlagen" solche technischen Einrichtungen sind, „die als Nachrichten identifizierbare elektromagnetische oder optische Signale senden, übertragen, vermitteln, empfangen, steuern oder kontrollieren können".

Wenn demnach kennzeichnend für „Telekommunikation" i. S. d. TKG eine Identifizierbarkeit von Daten als „Nachrichten" ist, so folgt daraus indes keine inhaltliche Beschränkung des telekommunikationsrechtlichen Telekommunikationsbegriffs auf bestimmte (kommunikative) Inhalte. Der Telekommunikationsbegriff des TKG ist vielmehr inhaltsneutral und bezieht sich allein auf den technischen Vorgang; er verlangt lediglich, dass die übermittelten Signale überhaupt einen Informationsgehalt haben, dass also tatsächlich Daten transportiert werden.[448] Deshalb erbringen auch Internet Service Provider stets „Telekommunikation" in diesem Sinne.[449] Gemäß diesem inhaltsneutralen und rein technisch ausgerichteten telekommunikationsrechtlichen Begriff der Telekommunikation hindert es also nicht die Bejahung des entsprechenden

---

447 So etwa bei *Graf,* in: Graf/Allgayer-StPO, § 100a, Rn. 6; *Nack,* in: KK-StPO, § 100a, Rn. 4; auch *Eschelbach,* in: Satzger/Schluckebier/Widmaier-StPO, § 100a, Rn. 2; vgl. ferner (zu § 3 Nr. 16 TKG a. F.) BGH NJW 2003, 2034 a. E.: „inhaltsgleich".

448 Beck-TKG, § 3, Rn. 74 (Gemeinschaftskommentierung).

449 *Säcker,* in: Säcker/Berndt-TKG, § 3, Rn. 59 a. E. m. Nachw.

Merkmals, dass beim Surfen nicht (jedenfalls nicht durchgehend) zwischen zwei natürlichen Personen kommuniziert wird. Die Übermittlung von als Daten identifizierbaren Signalen zwischen informationstechnischen Systemen genügt vielmehr.

c) Eigene Stellungnahme zum Telekommunikationsbegriff

Nunmehr ist zu der Frage Stellung zu nehmen, ob der Begriff „Telekommunikation" i.S.d. § 100a Abs. 1 S. 1 StPO neben der Kommunikation zweier natürlicher Personen auch die „Kommunikation" zweier informationstechnischer Systeme, also zweier Rechner umfasst, die während der Benutzung des Internets permanent stattfindet. Wir haben bereits gesehen, dass eine Subsumtion unter den Telekommunikationsbegriff des TKG insoweit möglich ist. Anstatt nun aber schlicht zu fragen, ob dieses telekommunikationsrechtliche Verständnis auch für die StPO zu übernehmen ist, wird hier stattdessen das in § 100a StPO enthaltene Merkmal mithilfe des klassischen juristischen Methodenkanons ausgelegt.[450] Das Verhältnis zu den Begrifflichkeiten des TKG (sowie auch zu Art. 10 Abs. 1 GG) ist insoweit eine Frage der systematischen Auslegung.[451]

aa) Die Anwendung des Methodenkanons

Zunächst ist zu konstatieren, dass der Gesetzeswortlaut einer Erfassung des Datenaustausches zwischen informationstechnischen Systemen nicht entgegensteht.[452] Zwar mag es umgangssprachlich naheliegender sein, unter Tele*kommunikation* ein (in irgendeiner Weise technisch vermitteltes) Gespräch zwischen zwei Menschen zu verstehen.[453] Aber auch in der Umgangssprache dürfte es inzwischen geläufig sein, hierunter zumindest auch rein technische Vorgänge der Übermittlung von Daten zu verstehen. Ein eindeutiges Ergebnis liefert der Gesetzeswortlaut weder in die eine noch in die andere Richtung.

In systematischer Hinsicht bedeutet der Telekommunikationsbegriff des TKG ein starkes Argument für die Auslegung in dem Sinne, dass auch der Datenübermittlungsvorgang zwischen zwei informationstechnischen

---

450 Dafür auch *Gercke,* in: HK-StPO, § 100a, Rn. 9 m. w. N.
451 *Gercke,* in: HK-StPO, § 100a, Rn. 9 spricht von einer „wichtigen Orientierungshilfe".
452 Vertiefend hierzu *Gercke,* Bewegungsprofile, S. 100 f.
453 Deutlich in diesem Sinne *Bernsmann/Jansen,* StV 1999, 591, 592.

Systemen erfasst wird. Allerdings hat dieses systematische Argument jedenfalls keinen zwingenden Charakter.[454] Es ist keineswegs ausgeschlossen, dass derselbe Begriff in unterschiedlichen Gesetzen (prinzipiell sogar innerhalb desselben Gesetzes) unterschiedlich ausgelegt wird. Dies gilt schon deshalb, weil die Zwecke von Strafprozess- und Telekommunikationsrecht doch erheblich differieren.[455] Vor diesem Hintergrund muss die in Rechtsprechung und Kommentarliteratur immer wieder vorzufindende Inbezugnahme der Begriffsbestimmung des § 3 Nr. 22 TKG zur Ausfüllung des Merkmals „Telekommunikation" in § 100a Abs. 1 StPO zumindest als verkürzt kritisiert werden. § 3 Nr. 22 TKG mag als Ausgangspunkt für die strafprozessuale Begriffsbildung akzeptabel sein; wo Abweichungen aus spezifisch strafprozessrechtlichen oder auch verfassungsrechtlichen Gründen geboten sind, scheidet eine Übernahme des telekommunikationsrechtlichen Begriffs demgegenüber aus.[456]

Ebenso wenig vermag es zu überzeugen, die Auslegung der Eingriffsnorm des § 100a StPO an der Reichweite des betroffenen Grundrechtes aus Art. 10 Abs. 1 GG zu orientieren.[457] Mit anderen Worten: Es kommt nicht primär darauf an, ob die hier diskutierte Maßnahme der Aufzeichnung des Internetdatenverkehrs einen Eingriff in die verfassungsrechtliche Telekommunikationsfreiheit darstellt,[458] sondern die Tatbestandvoraussetzungen der strafprozessualen Eingriffsnorm bilden den maßgeblichen Prüfungsmaßstab. Nur weil § 100a StPO *einen* Eingriff in das Grundrecht aus Art. 10 Abs. 1 GG ermöglicht, bedeutet es nicht, dass *jeder* Eingriff in die Telekommunikationsfreiheit auf jene Norm gestützt werden kann.[459] Richtschnur bleibt damit der strafprozessuale Telekommunikationsbegriff, während die Frage, welches Grundrecht bzw. welche Grundrechte bei der Aufzeichnung von Internetdaten betroffen sind, zunächst offenbleiben kann.

---

454 Zutreffend insofern zwischen semantischem Gehalt und Regelungsgehalt differenzierend *Böckenförde*, Ermittlung im Netz, S. 435 f.
455 Überzeugend *Fezer*, NStZ 2003, 625, 626; ebenso *Bernsmann*, NStZ 2002, 103; *Gercke*, in: HK-StPO, § 100a, Rn. 9 m. w. N.; *Gercke*, Bewegungsprofile, S. 94 ff., wo darüber hinaus auch auf die unterschiedliche Eingriffsintensität abgestellt wird; *Günther*, NStZ 2005, 485, 487; auch bereits *Bär*, CR 1993, 578, 581 (zum Begriff „Fernmeldeverkehr")..
456 Überzeugend *Sieber/Brodowski*, in: Hoeren/Sieber/Holznagel, Teil 19.3 Rn. 132.
457 *Kudlich*, JuS 2001, 1165, 1167; *Gercke*, in: HK-StPO, § 100a, Rn. 9 m. w. N.; vertiefend *Gercke*, Bewegungsprofile, S. 98 f. m. w. N.
458 So aber *Gähler*, HRRS 2016, 340, 342.
459 Vgl. auch *Bernsmann/Jansen*, StV 1999, 591.

Eindeutig gegen eine Anlehnung an das telekommunikationsrechtliche, die rein „technische" Kommunikation zwischen zwei Rechnern einbeziehende Verständnis[460] spricht eine historische Betrachtung. Damit ist nicht gemeint, dass im Sinne einer streng subjektiven und auf den ursprünglichen historischen Kontext des Zeitpunkts der Gesetzesentstehung beschränkten Auslegungstheorie generell keine „neuen" Kommunikationsmethoden erfasst werden dürften. Es ist vielmehr grundsätzlich zutreffend, den Telekommunikationsbegriff als „entwicklungsoffen" zu beschreiben.[461] Was hiervon aber jedenfalls mit Blick auf § 100a StPO nicht ohne weiteres umfasst sein kann, ist eine Öffnung für Kommunikationsformen, an denen nicht zwei Individuen beteiligt sind, also für die in unserem Kontext in Rede stehende rein technische „Kommunikation" zwischen informationstechnischen Systemen. Denn die – inzwischen in § 100a Abs. 1 S. 1 StPO n. F. geregelte – Telekommunikationsüberwachung ist durch den Gesetzgeber unmissverständlich und eindeutig daraufhin konzipiert worden, den strafprozessualen Zugriff auf zwischenmenschliche Kommunikation zu regeln,[462] da der historische Gesetzgeber es seinerzeit als inakzeptabel empfand, dass selbst beim Verdacht schwerster Straftaten keine Aufzeichnung von Telefongesprächen möglich war.[463] Daran hat richtigerweise auch die Ersetzung des Wortes „Fernmeldeverkehr" durch das Merkmal „Telekommunikation" nichts geändert, da es sich hierbei lediglich um eine redaktionelle Anpassung an den modernen Sprachgebrauch handelte.[464] Auch die zuletzt durch das Gesetz zur effektiveren und praxistauglicheren Ausgestaltung des Strafverfahrens neu eingefügten Maßnahmen (dazu unten IV) haben insoweit keine Erweiterung des Telekommunikationsbegriffs bewirkt, da es sich ebenfalls um zwischenmenschliche Kommunikation handelt (per VoiceOverIP bzw. Messenger). Entwicklungsoffenheit kann in diesem

---

460 Vgl. zum „technisch geprägten Charakter" des TKG und zur Unvereinbarkeit mit strafprozessualen Begrifflichkeiten erneut *Fezer*, NStZ 2003, 625, 626.
461 Vgl. insoweit zur gesetzgeberischen Entwicklung der strafprozessualen TKÜ-Vorschriften *Gercke*, Bewegungsprofile, S. 104 ff. m. w. N.
462 Vgl. insoweit auch *Kudlich*, JuS 2001, 1165, 1167, der die Überwachung der Sprachtelefonie als das „klassische Leitbild des § 100a StPO" bezeichnet; ferner im Ergebnis wie hier *Bernsmann/Jansen*, StV 1999, 591, 592.
463 Vgl. hierzu BT-Drucks. V/1880, S. 6 f.; für dieses kommunikationsbezogene Verständnis der Norm ferner etwa *Fezer*, NStZ 2003, 625, 626; zust. *Gercke*, in: HK-StPO, § 100a, Rn. 9 a. E.; ferner wie hier *Eisenberg/Singelnstein*, NStZ 2005, 62, 66: Normzweck der TKÜ-Vorschriften ist die Ermöglichung der „Kenntnisnahme von Inhalt und Begleitumständen aktiver verbaler Kommunikation".
464 Vgl. BR-Dr. 369/97, S. 45; *Bernsmann*, NStZ 2002, 103, 104; *Bär*, CR 1998, 434, 435.

Sinne also nur bedeuten, dass die Norm zwar neue technische Formen zwischenmenschlicher Kommunikation grundsätzlich erfassen kann, nicht dagegen, dass auch Kommunikationsvorgänge in den Anwendungsbereich fallen, an denen keine zwei Individuen beteiligt sind.

Die Norm zielt ihrem *telos* nach somit darauf ab, den Strafverfolgungsorganen einerseits zur Ermittlung des Sachverhalts den Zugriff auf die Kommunikation des Beschuldigten zu ermöglichen und andererseits dabei der Natur des damit verknüpften Grundrechtseingriffs adäquate Eingriffsvoraussetzungen zu formulieren.[465] Es soll – wie bei strafprozessualen Eingriffsnormen im Allgemeinen – das Verhältnis von Strafverfolgungsinteresse und Beschuldigtenrechten mit Blick auf die Überwachung der i. w. S. fernmündlichen zwischenmenschlichen Kommunikation des Beschuldigten ausbalanciert werden. Daraus folgt aber, dass sich die vom Gesetz aufgestellten Eingriffsvoraussetzungen und Schutzmaßnahmen ausschließlich an eben diesem ursprünglichen Normzweck orientieren.[466] Würde der Anwendungsbereich nun im Wege der Auslegung auf Formen nichtmenschlicher Kommunikation erweitert, also auf den reinen Datenaustausch zwischen informationstechnischen Systemen, wären die insoweit vom Gesetzgeber festgelegten Eingriffsvoraussetzungen nicht mehr adäquat. Die Rechtsprechung usurpiert hier also die alleinige Kompetenz des Gesetzgebers zur Bestimmung eines Ausgleichs zwischen Eingriffsschwere und Grundrechtsschutz.[467] Das ist der zutreffende Kerngedanke hinter dem bereits ausführlich dargestellten Erfordernis einer bestimmten und bereichsspezifischen Eingriffsnorm (siehe oben C).

§ 100a StPO ist in diesem Sinne bereichsspezifisch auf Grundrechtseingriffe durch den Zugriff auf zwischenmenschliche Kommunikation zugeschnitten. Die Vorschrift kann daher nicht den abweichenden Anforderungen bei der Aufzeichnung und Überwachung der Benutzung von vernetzten informationstechnischen Systemen durch einen einzelnen Nutzer Rechnung tragen. Es handelt sich insofern vielmehr um einen „eigenständigen, typusprägenden Grundrechtseingriff".[468] Der Gesetzgeber hat mit Blick auf diesen spezifischen Grundrechtseingriff durch die Abfassung der strafprozessualen TKÜ-Vorschriften insbesondere

---

465 Vgl. insoweit BT-Drucks. V/1880, S. 11 ff.
466 Ähnlich (und im Ergebnis wie hier) *Dalby*, Grundlagen, S. 105 f.
467 Zu dieser Aufgabe des Gesetzgebers BVerfG NJW 2016, 1781, 1783.
468 Treffende Formulierung von *Hieramente*, HRRS 2016. 448, 451.

auch nicht die verfassungsrechtlich unerlässliche normenklare und bereichsspezifische Regelung vorbeugender Kontrollbefugnisse vorgenommen.[469] Aus diesen historischen bzw. subjektiv-teleologischen Gründen ist eine – von Wortlaut sowie Systematik her mögliche – Auslegung, wonach unter Telekommunikation i. S. d. § 100a StPO auch der Datenaustausch zwischen zwei (oder mehreren) informationstechnischen Systemen erfasst wird, abzulehnen.[470]

Bemerkenswerterweise hat der 3. BGH-Strafsenat kürzlich in seiner Entscheidung zur sog. „stillen SMS"[471] diese Sichtweise in der Sache geteilt. In der Entscheidung heißt es wörtlich zur Begründung der Unanwendbarkeit von § 100a StPO bei der stillen SMS:

> „Bei dem Versand stiller SMS fehlt es […] an einem menschlich veranlassten Informationsaustausch, der sich auf zu übermittelnde Inhalte bezieht. Es wird lediglich ein Datenaustausch zwischen technischen Geräten verursacht, der keinen Rückschluss auf Kommunikationsbeziehungen oder inhalte erlaubt."[472]

Damit vertritt der 3. Strafsenat eindeutig (wenngleich nicht tragend) die hier für richtig gehaltene Ansicht, wonach der rein technische Datenaustausch zwischen Maschinen nicht unter den strafprozessualen Telekommunikationsbegriff fällt.

bb) Grundrechtsspezifische Aspekte

Dieses Ergebnis lässt sich zudem auch auf eine grundrechtsorientierte Auslegung stützen, die keinesfalls gleichbedeutend ist mit dem abzulehnenden Rückschluss vom Schutzbereich des Grundrechts auf den Anwendungsbereich der Eingriffsnorm (siehe oben). Vielmehr ist es

---

469 Zu diesem Erfordernis siehe erneut BVerfG NJW 2016, 1781, 1786.
470 Wie hier im Ergebnis die oben bereits genannten sowie *Bernsmann*, NStZ 2002, 103, 104; auch *Kudlich*, JuS 2001, 1165, 1167 ff.; wohl auch Warken, NZWiSt 2017, 329, 335; *Bell*, Strafverfolgung, S. 147 ff., die eine Ausnahme annimmt, sofern Daten mit anderen Cloud-Nutzern geteilt werden; a. A. für den Begriff des Fernmeldeverkehrs *Bär*, CR 1993, 578, 581 f., der jedoch zu einseitig den Zweck der Gewinnung von Beweismitteln betont und dabei übersieht, dass die qualitative Erweiterung des Eingriffsbereichs von der zwischenmenschlichen Kommunikation hin zum rein technischen Datenverkehr zur Folge hat, dass die vom Gesetzgeber vorgenommene (und auf den ursprünglichen Anwendungsbereich zugeschnittene) Abwägung von Beschuldigtenrechten und Strafverfolgungsinteresse unterlaufen wird; unzutr. daher auch zum Telekommunikationsbegriff *Bär*, CR 1998, 434, 435.
471 BGH NStZ 2018, 611 m. Anm. *Rückert*.
472 BGH NStZ 2018, 611, 612.

vor dem Hintergrund des Abwehrcharakters von Grundrechten geradezu selbstverständlich, dass eine Eingriffsnorm stets restriktiv im Lichte
der betroffenen Freiheitsverbürgung auszulegen ist.[473] Insbesondere mit
Blick auf das durch die in § 100a StPO geregelte Maßnahme betroffene
Grundrecht aus Art. 10 Abs. 1 GG ist es aber naheliegend, unter „Telekommunikation" lediglich die Verständigung zwischen zwei Grundrechtsträgern zu verstehen, nicht dagegen den rein technischen Datenaustausch zwischen Maschinen.[474]

Das verkennt der Zweite Senat des BVerfG in seiner jüngsten Entscheidung zur Anwendbarkeit von § 100a StPO, wenn er allein auf die körperlose Übertragung von Daten und die daraus resultierenden Gefahren
(„Vulnerabilität") abstellt.[475] Dabei wird ausgeblendet, dass nur der Gesetzgeber befugt ist, die Abwägung zwischen Eingriffsvoraussetzungen
und spezifischem Grundrechtseingriff vorzunehmen. Dies ist in § 100a
StPO aber nicht etwa hinsichtlich sämtlicher Formen nichtkörperlicher
Datenübermittlungen geschehen, sondern ausschließlich bezogen auf
kommunikative zwischenmenschliche Akte. Durch die Übernahme des
technischen Telekommunikationsbegriffs aus dem TKG erfasst die Eingriffsnorm nunmehr entgegen ihrer ursprünglichen Konzeption auch
solche Daten und Informationen, die der Nutzer gerade nicht zur Mitteilung gegenüber anderen Personen vorgesehen hat.[476] Es ist unzulässig,
die für den Eingriff in zwischenmenschliche Kommunikation vorgesehenen Eingriffsvoraussetzungen unbesehen und ohne gesetzgeberische
Entscheidung auf die Internetnutzung ohne kommunikativen Bezug
zu übertragen. Es gibt keinen plausiblen Grund für die Annahme, die
gesetzliche Regelung würde für diese beiden ihrem Typus nach unterschiedlichen Gefährdungslagen schon deshalb eine adäquate Regelung
treffen, weil es in beiden Fällen um die körperlose Übertragung von Daten geht. Richtig hat vielmehr der Erste Senat in seiner Entscheidung
zur teilweisen Verfassungswidrigkeit des BKAG entschieden, dass nur
der Gesetzgeber aufgerufen ist, die Voraussetzungen für neuartige, durch

---

473 *Bernsmann/Jansen*, StV 1999, 591 a. E. m. w. N.
474 *Weßlau*, StV 2003, 483, 484; *Günther*, NStZ 2005, 485, 491 a. E.; zu diesem Verständnis des
   Grundrechts aus Art. 10 Abs. 1 GG vgl. außerdem BVerfG NJW 2007, 351, 352 f. m. w. N.;
   Badura, in: FS-Amelung, S. 529, 541; a. A. *Vassilaki*, JR 2000, 446 f., deren Hinweis auf
   eine Schutzlücke jedoch fehlgeht, da insbesondere die unterschiedlichen Ausprägungen des
   allgemeinen Persönlichkeitsrechts eingreifen, wenn eine Zuordnung der rein technischen
   Kommunikation zum Fernmeldegeheimnis abgelehnt wird.
475 Vgl. für die Argumentation des Senats BVerfG NJW 2016, 3508, 3509 ff.
476 Überzeugend *Hieramente*, HRRS 2016, 448, 451.

den technischen Fortschritt ermöglichte Grundrechtseingriffe festzulegen.[477]

Verfehlt ist schließlich auch die Annahme des Zweiten Senats, dass die durch eine heimliche Überwachung der Internetnutzung erlangten Daten stets nur „fragmentarischen Inhalt" liefern würden, weil es sich um „Einzelakte einer häufig nur oberflächlichen" Kommunikation handele.[478] Vielmehr ist das genaue Gegenteil richtig. Der Senat geht hier nicht nur vollständig an der Lebenswirklichkeit heutiger Internetnutzung vorbei, sondern er verfehlt auch – erneut – die vom Ersten Senat zutreffend formulierte Höhenmarke hinsichtlich des Grundrechtsschutzes im Kontext mit der Nutzung informationstechnischer Systeme (siehe oben). Denn die Aufzeichnung der gesamten Internetnutzung eines Anschlussinhabers ermöglicht oft nicht weniger als die Erstellung von Persönlichkeitsprofilen bis hin zu Einsichten in private und sogar intime Bereiche.[479] Damit ist aber nach den vom Ersten Senat formulierten Maßstäben der Anwendungsbereich des IT-Grundrechts eröffnet – und die allein auf Art. 10 GG ausgerichtete Argumentation des Zweiten Senats fällt in sich zusammen.

Aus der Tatsache, dass die Überwachung der gesamten Internetnutzung nicht primär das Grundrecht aus Art. 10 GG beeinträchtigt, sondern den vom „IT-Grundrecht" vermittelten Systemschutz berührt, lässt sich ein weiteres Argument gegen die Anwendbarkeit von § 100a StPO ableiten. Denn der Zugriff auf informationstechnische Systeme ist seinem Gewicht nach mit der Wohnraumüberwachung vergleichbar,[480] für die aus zwingenden verfassungsrechtlichen Gründen der Verdacht einer besonders schweren Straftat erforderlich ist[481]. Die Telekommunikationsüberwachung erfordert dagegen „lediglich" Anhaltspunkte für eine schwere Straftat.[482] Auch daran wird deutlich, dass die Eingriffsvoraussetzungen des § 100a StPO nicht auf die einer Systemüberwachung der Sache nach gleichkommende heimliche Aufzeichnung sämtlicher Internetdaten übertragen werden können.

---

477 BVerfG NJW 2016, 1781, 1783.
478 BVerfG NJW 2016, 3508, 3511.
479 Völlig richtig daher *Hieramente*, HRRS 2016, 448, 451; *Sieber/Brodowski*, in: Hoeren/Sieber/Holznagel, Teil 19.3 Rn. 133.
480 BVerfG NJW 2016, 1781, 1784.
481 Hierzu BVerfGE 109, 279, 343 ff.
482 Zuletzt BVerfGE 129, 208, 243.

cc) Probleme des Kernbereichsschutzes

Schließlich muss gegen die Anwendung der strafprozessualen TKÜ-Vorschriften als Ermächtigungsnorm für eine Überwachung der Internetnutzung ein unzureichender und nicht hinreichend spezifischer Kernbereichsschutz angeführt werden. Selbst wenn der an und für sich fragwürdige § 100a Abs. 4 StPO a.F. (vgl. nunmehr § 100d StPO) im Kontext herkömmlicher Telekommunikationsüberwachung als noch verfassungskonforme Regelung anzusehen sein sollte, was mit guten Gründen bezweifelt werden kann, versagt die Vorschrift jedenfalls bei einem verfassungskonformen Schutz des Kernbereichs anlässlich der Überwachung der Internetnutzung.

Unter dem Schlagwort des Kernbereichsschutzes versteht man die aus der Menschenwürde abgeleitete Notwendigkeit eines Bereichs höchstpersönlicher Privatheit gegenüber staatlicher Überwachung, in dem das Individuum die Möglichkeit hat, innere Vorgänge wie Empfindungen und Gefühle sowie Überlegungen und Ansichten höchstpersönlicher Art zum Ausdruck zu bringen.[483] Dieser Menschenwürdekern ist unverfügbar und selbst angesichts überragender öffentlicher Interessen vor staatlichen Eingriffen geschützt.[484] Bei Überwachungsmaßnahmen muss der größtmögliche Schutz des Kernbereichs sowohl auf der Ebene der Datenerhebung als auch bei der anschließenden Aus- und Verwertung der erhobenen Daten gewährleistet sein.[485] Sofern auf der Ebene der Datenerhebung die Erfassung kernbereichsrelevanter Daten nicht oder nur in äußerst geringem Umfang vermieden werden kann, ist die Sichtung der erhobenen Daten durch eine unabhängige Stelle in der Regel zwingend erforderlich.[486] Gerade beim Zugriff auf informationstechnische Systeme ist die Beschränkung der Datenerhebung meist undurchführbar, so dass die Aufzeichnungen von einer unabhängigen Institution gesichtet werden müssen, die kernbereichsrelevante Daten herausfiltert, bevor diese von den Ermittlungsbehörden zur Kenntnis genommen werden.[487] Grundsätzlich mit der Menschenwürde unvereinbar ist eine sich über einen längeren Zeitraum erstreckende Überwachung, die so umfassend

---

483 Vgl. etwa BVerfGE 109, 279, 313.
484 Siehe zuletzt BVerfG NJW 2016, 1781, 1786.
485 Vgl. BVerfGE 120, 274, 337 ff.; 129, 208, 245 f.
486 BVerfG NJW 2016, 1781, 1787.
487 BVerfGE 120, 274, 338 f.; zuletzt BVerfG NJW 2016, 1781, 1795 f., wo eine Kontrolle durch „externe, nicht mit Sicherheitsaufgaben betraute Personen wahrgenommen wird".

ist, dass dadurch die Erstellung eines Persönlichkeitsprofils ermöglicht wird.[488]

Der Kernbereichsschutz nach § 100a Abs. 4 StPO a. F. gewährleistet die Einhaltung der soeben umrissenen Voraussetzungen in keiner Weise. Erfolgt beim Beschuldigten, wie in der Praxis üblich, eine Überwachung sowohl des DSL-Anschlusses als auch des Mobiltelefons, kommt es zu einer Aufzeichnung praktisch der gesamten Internetnutzung. Das umfasst neben privater Kommunikation u. U. Daten, aus denen sich auf intime Vorlieben und vielfältige private Aktivitäten rückschließen lässt. Dass die gesamte Internetkommunikation einer Person dafür geeignet ist, ein Persönlichkeitsprofil von beträchtlicher Aussagekraft zu ergeben, kann eigentlich nicht ernstlich in Zweifel gezogen werden.

Jedenfalls ist naheliegend, dass die Aufzeichnung sämtlicher Internetdaten auch kernbereichsrelevante Daten umfassen kann. Den §§ 100a ff. StPO fehlen insofern insbesondere Sicherungsmechanismen, durch die eine Sichtung durch unabhängige Institutionen gewährleistet ist. Vielmehr entspricht es der gängigen Praxis, dass die ungefilterten vollständigen Datensätze direkt durch die ermittelnden Beamten ausgewertet werden. Zudem ist es in der Praxis üblich, dass Maßnahmen der Telekommunikationsüberwachung für drei Monate angeordnet und in der Folgezeit meist weiter verlängert werden. Diese Vorgehensweise trägt der Intensität des Eingriffs bei der Aufzeichnung der Internetdaten nicht ausreichend Rechnung.[489]

dd) Abschließende kritische Würdigung

Zusammenfassend ist daher festzuhalten, dass § 100a StPO keine bereichsspezifische Regelung zum Eingriff in das Grundrecht auf die Gewährleistung der Vertraulichkeit und Integrität informationstechnischer Systeme durch die Aufzeichnung der Internetnutzung des Anspruchsinhabers enthält. Die Eingriffsvoraussetzungen sind zu niedrig, da der Eingriff seiner Schwere nach mit der Wohnraumüberwachung vergleichbar ist und die Maßnahme nach § 100a StPO insofern geringere Anforderungen hat. Zudem droht bei der Überwachung der gesamten Internetnut-

---

488 BVerfG NJW 2016, 1781, 1787 a. E.
489 Vgl. zum Zeitraum von drei Monaten als Höchstdauer bei Eingriffen in das Grundrecht auf die Gewährleistung der Vertraulichkeit und Integrität informationstechnischer Systeme BVerfG NJW 2016, 1781, 1795.

zung die Gefahr der Erhebung von Daten, die in ihrer Aussagekraft mit dem Resultat einer Online-Durchsuchung vergleichbar sind und die eine Erstellung von Persönlichkeitsprofilen ermöglichen. Die strafprozessualen TKÜ-Vorschriften enthalten keinerlei Vorkehrungen zur Vermeidung derart umfassender Datenerhebungen. Jedenfalls fehlt es an einem ausreichenden Kernbereichsschutz, weil mit Blick auf die große Streubreite auf der Ebene der Datenerhebung nicht gewährleistet ist, dass vor der Auswertung der Daten durch die Ermittlungsbehörden eine Sichtung durch eine unabhängige Stelle erfolgt. Unabhängig von der möglichen Subsumtion der Internetdaten unter den Begriff der Telekommunikation i. S. d. § 100a StPO ist es aus den dargestellten verfassungsrechtlichen Gründen unzulässig, § 100a StPO als Ermächtigungsgrundlage für die Aufzeichnung der Internetdaten zu behandeln.

Dieses hier gefundene Ergebnis steht auch nicht im Widerspruch zu der Rechtsprechung des Bundesgerichtshofs zur Zulässigkeit der Überwachung von sog. Raumgesprächen bzw. zur Aufzeichnung von Standortdaten eines Mobiltelefons. Denn in beiden Fällen hat der BGH den Bezug zu einem zwischenmenschlichen Kommunikationsvorgang zwar gelockert, aber nie vollständig aufgegeben. Letzteres ist bei der hier in Rede stehenden Überwachung des Surfverhaltens durch die Aufzeichnung des gesamten über die Telekommunikationsleitung versendeten Datenstroms aber der Fall. Hier werden unzählige Daten erfasst, die in keinerlei Bezug zu einer zwischenmenschlichen Kommunikation stehen. Damit unterscheidet sich die vorliegende Fallgruppe signifikant von den besagten Erweiterungen des Telekommunikationsbegriffs durch den BGH, so dass zu diesen Erweiterungen hier nicht umfassend Stellung genommen werden muss.

Schließlich lässt sich für das hier gefundene Ergebnis auch noch ein erst-recht-Schluss fruchtbar machen. Wenn Daten, die „nicht mehr" oder „noch nicht" Gegenstand eines zwischenmenschlichen Kommunikationsvorgangs sind, nicht unter § 100a StPO fallen, dann muss dies erst recht für solche Daten gelten, die zu keinem Zeitpunkt jemals in einem Zusammenhang mit einem solchen Kommunikationsvorgang standen oder stehen sollten.

3. Zwischenergebnis

Die Aufzeichnung sämtlicher von einem Smartphone oder einem DSL-Anschluss ausgehender Daten umfasst in technischer Hinsicht auch sämtliche Internetdaten. Sie ermöglicht somit eine Aufzeichnung des gesamten Surfverhaltens des Anschlussinhabers. Damit werden auch diejenigen Daten aufgezeichnet, die auf Server eines Cloud-Anbieters hochgeladen werden. Hierbei handelt es sich jedoch nicht um Telekommunikation i. S. d. § 100a Abs. 1 StPO. Dieser Begriff umfasst nicht die rein technische Kommunikation zwischen informationstechnischen Systemen, sondern ist auf die – durch technische Hilfsmittel ermöglichte und vermittelte – Kommunikation zwischen Individuen beschränkt. Eine entsprechende Maßnahme kann daher nicht auf § 100a Abs. 1 S. 1 StPO gestützt und als „normale" Telekommunikationsüberwachung behandelt werden.

IV. Online-Durchsuchung und Quellen-TKÜ (§§ 100a Abs. 1 S. 2, S. 2, 100b StPO n. F.)

Mit dem am 24.08.2017 in Kraft getretenen Gesetz zur effektiveren und praxistauglicheren Ausgestaltung des Strafverfahrens sind zwei der am kontroversesten diskutierten Ermittlungsmaßnahmen aus dem Bereich des Zugriffs auf informationstechnische Systeme gesetzlich explizit normiert worden. Das betrifft zum einen die sog. „Quellen-TKÜ", die nunmehr in § 100a Abs. 1 S. 2 (für Voice over IP) bzw. S. 3 (für Messenger-Dienste) StPO geregelt ist, sowie die „Online-Durchsuchung" (jetzt § 100b StPO). Das Zustandekommen der entsprechenden Vorschriften ist dabei schon in formaler Hinsicht Gegenstand berechtigter Kritik geworden, da die Regelungen zu Quellen-TKÜ und Online-Durchsuchung erst durch einen kurz vor Ende des Gesetzgebungsverfahrens eingebrachten Änderungsantrag in den Regierungsentwurf zur StPO-Reform eingefügt wurden, so dass es vermutlich an dem nach § 82 Abs. 1 GO BT notwendigen unmittelbaren Sachzusammenhang fehlt.[490]

Im folgenden Abschnitt wird für beide Maßnahmen zunächst die Diskussion vor dem Inkrafttreten der Neuregelung skizziert. Dabei werden Schlaglichter auf die Defizite der bisherigen Debatte zum strafprozessua-

---

490 *Roggan*, StV 2017, 821; ferner *Freiling/Safferling/Rückert*, JR 2018, 9 f.

len Zugriff auf informationstechnische Systeme geworfen. Im Anschluss wird die nunmehr geltende gesetzliche Regelung untersucht. Dabei wird sich zeigen, dass bestehende Fehlverständnisse über die grundrechtliche Dimension bestimmter Maßnahmen – insbesondere der Überwachung des Surfverhaltens im Rahmen einer „gewöhnlichen" TKÜ – in der Gesetzesbegründung perpetuiert werden. Soweit insbesondere § 100b StPO seinem Wortlaut nach vermeintlich als Ermächtigungsgrundlage für den Zugriff auf Cloud-Systeme herangezogen werden könnte, wird sich diese Auffassung als nicht haltbar erweisen.

1. Die Rechtslage bis zum 24.08.2017

In der Diskussion zum strafprozessualen Zugriff in den ersten Jahren des Jahrtausends war eine bemerkenswerte Diskrepanz zwischen dem Umfang der rechtswissenschaftlichen Diskussion bestimmter Ermittlungsmaßnahmen und ihrer praktischen Relevanz zu verzeichnen. Während das Feld der Online-Durchsuchung sich zunächst durchaus als „viel Lärm um nichts" charakterisieren ließ,[491] entwickelte sich im Schatten dieser Debatte die sog. Quellen-TKÜ zu einem festen Bestandteil des Arsenals tatsächlich praktizierter Ermittlungsmaßnahmen.[492]

Im Folgenden werden – zunächst für die Quellen-TKÜ und anschließend für die Online-Durchsuchung – die einschlägigen Begrifflichkeiten sowie der technische Hintergrund erläutert,[493] bevor der Diskussionsstand in Rechtsprechung und Schrifttum vor Inkrafttreten der Gesetzesreform dargestellt wird.

---

491 Vgl. *Buermeyer/Bäcker*, HRRS 2009, 433, 434 m. Fn. 4, die darauf hinweisen, dass jedenfalls bis Oktober 2009 noch keine einzige Online-Durchsuchung auf der Basis des seit dem 1. Januar 2009 geltenden § 20k BKAG durchgeführt wurde; bis heute steht offenbar kein praxistauglicher Trojaner zur Verfügung, siehe *Buermeyer*, Stellungnahme, S. 3.

492 Bezeichnend für die praktische Relevanz der Quellen-TKÜ ist ein Verfahren vor dem OLG Hamburg (StV 2009, 630 m. Anm. *Vogel/Brodowski*), in dem die Staatsanwaltschaft offenbar äußerte, die Maßnahme sei „die einzige Chance …, die Ermittlungen mit Aussicht auf Erfolg fortführen zu können". Es ging dabei übrigens nicht um ein Verfahren gegen international agierende Terrorverdächtige, sondern um die Ermittlung wegen des Verdachts der Betäubungsmittelkriminalität. Zudem veröffentlichte der *Chaos Computer Club* im Jahr 2008 ein Papier aus dem Bayerischen Justizministerium, in dem über Kostenfragen bzgl. des Einsatzes von Trojanern gegen die am weitesten verbreitete Software für Internet-Telefonie (*Skype*) diskutiert wird, vgl. dazu *Buermeyer/Bäcker*, HRRS 2009, 433, 434.

493 Dabei wird teilweise angeknüpft an die Ausführungen bei *Meinicke*, in: Taeger (Hrsg.), IT und Internet, S. 773 ff.

a) Quellen-TKÜ

aa) Begriff und technischer Hintergrund

Ganz im Sinne einer herkömmlichen Telekommunikationsüberwachung (= TKÜ) ist es technisch – wie bereits ausgeführt (oben III 1) – ohne größere Schwierigkeiten möglich, den Internetverkehr des Betroffenen unter Mitwirkung des Anbieters zu überwachen.[494] Dabei können alle über die IP-Adresse des Betroffenen ein- bzw. die von dieser ausgehenden Daten aufgezeichnet werden, so dass letztlich die – an anderer Stelle in dieser Arbeit eingehend thematisierte (oben III 2 c) – Überwachung des gesamten Surfverhaltens möglich ist.

Problematisch ist insoweit aus Sicht der Strafverfolgungsorgane jedoch, dass die auf diesem Wege erlangten Daten unter Umständen verschlüsselt und damit für Ermittlungszwecke unbrauchbar sein können. Dies gilt namentlich für den heute sehr weit verbreiteten Bereich der Internet-Telefonie nach dem Voice over IP, kurz VoIP-Verfahren.[495] Für die Kommunikationsteilnehmer handelt es sich hierbei um „gewöhnliche" Telefongespräche, häufig sogar zusätzlich verbunden mit visuellem Kontakt über Webcam. Technisch werden die Kommunikationsinhalte beim VoIP-Verfahren aber über die Infrastruktur des Internets übertragen und zwar, hierin liegt das Kernproblem aus der Perspektive der Strafverfolgungsorgane, verschlüsselt. Der von den Behörden im Wege der herkömmlichen TKÜ aufgezeichnete Datenstrom ist somit dergestalt verändert, dass eine Entschlüsselung nur bei Kenntnis des Verschlüsselungsverfahrens (sog. Algorithmus) bzw. der zugehörigen Rechenparameter (sog. Sitzungsschlüssel) möglich ist. Die aufgezeichneten Daten sind somit für die Ermittler zunächst „wertlos".

Allerdings ist bereits seit mehreren Jahren bekannt, dass die gängigste Software, das kostenlose Produkt *Skype*, offensichtlich eine „Backdoor" enthält, die es zumindest dem Hersteller ermöglicht, den Datenstrom wieder zu entschlüsseln.[496] Inwieweit dies zukünftig eine Überwachung von VoIP-Gesprächen nach der Methode einer herkömmlichen TKÜ ermöglicht, bleibt jedoch abzuwarten, da es weitergehende Möglichkeiten der Verschlüsselung durch den Gebrauch alternativer VoIP-Verfahren

---

494 Zum Ganzen *Buermeyer*, HRRS 2007, 154, 159 f.

495 Knappe Zusf. aus jüngerer Zeit bei *Heinson*, IT-Forensik, S. 263 f.

496 Dazu *Hoffmann-Riem*, JZ 2008, 1009, 1021 m. Fn. 115; *Buermeyer/Bäcker*, HRRS 2009, 433, 434 m. Fn. 7.

gibt.[497] Nach aktueller Einschätzung des Gesetzgebers ist die Entschlüsselung „entweder derzeit gar nicht möglich, oder aber langwierig und kostenintensiv"; überdies gehöre es zu den „Grundsätzen der von der Bundesregierung verfolgten Kryptopolitik", dass „aus Gründen des Schutzes vertraulicher Daten vor den Zugriffen Dritter [...] eine Stärkung der Verschlüsselungstechnologien und deren häufige Anwendung befürwortet" werde.[498] Wie sich die erhebliche Ausweitung heimlicher strafprozessualer Ermittlungsbefugnisse mit diesen kryptopolitischen Grundsätzen verträgt, muss hier nicht weiter verfolgt werden.[499]

Die Überwachung von nicht zu entschlüsselnder VoIP-Telekommunikation ist daher nur möglich, wenn diese gleichsam „an der Quelle" abgefangen wird, also unmittelbar auf der Hardware der Kommunikationsteilnehmer entweder vor der Verschlüsselung oder nach der Entschlüsselung. Dasselbe Ergebnis kann erzielt werden, indem der Verschlüsselungsmechanismus manipuliert oder der jeweilige Sitzungsschlüssel[500] aufgezeichnet wird.[501] In allen genannten Fällen ist es notwendig, das System des verdächtigen Kommunikationsteilnehmers – grundsätzlich ebenso wie bei einer Online-Durchsuchung – mittels eines sog. „Trojaners", also einer Überwachungssoftware zu infizieren. Schon die Vornahme einer Quellen-TKÜ ist damit nur möglich, wenn in technischer Hinsicht „der Schritt zur Ausspähung des Systems insgesamt" vollzogen wird.[502].

Die Rechtmäßigkeit der Quellen-TKÜ auf der Basis des bis zum 24.08.2017 geltenden Strafprozessrechts wurde kontrovers diskutiert, wobei anders als bei der Online-Durchsuchung (siehe sogleich b bb) die Ablehnung gegenüber dieser Maßnahme weit weniger einhellig ausfiel.

bb) Rechtliche Bewertung in Rechtsprechung und Schrifttum

Einen wichtigen Ausgangspunkt der rechtlichen Bewertung – mit Auswirkungen bis in die aktuelle Gesetzesreform – bilden die an sich relativ

---

497 *Buermeyer/Bäcker*, HRRS 2009, 433, 434; *Becker/Meinicke*, StV 2011, 50, 52.
498 BT-Drucks. 18/12785, S. 48.
499 Zu rechtspolitischen Unstimmigkeiten siehe auch *Roggan*, StV 2017, 821, 828 f.
500 Die gängigen VoIP-Programme arbeiten mit sog. „flüchtigen Schlüsseln", die lediglich für eine Sitzung verwendet werden.
501 Näher zu den verschiedenen Möglichkeiten *Freiling/Safferling/Rückert*, JR 2018, 9, 17 f.
502 *Roggan*, StV 2017, 821.

kurzen Ausführungen des Ersten Senats am BVerfG zur Quellen-TKÜ.[503] Der Senat hatte in seiner großen Entscheidung zur Rechtmäßigkeit der präventiven Online-Durchsuchung die Quellen-TKÜ im Zusammenhang mit der Frage erörtert, ob entsprechende Maßnahmen allein am Maßstab des Art. 10 GG zu messen sind oder ob auch das aus Art. 2 Abs. 1 GG abgeleitete – in der Entscheidung entwickelte – Grundrecht auf die Gewährleistung der Vertraulichkeit und Integrität informationstechnischer Systeme betroffen ist. Insofern soll Art. 10 GG nach der Vorstellung des Ersten Senats immer dann als alleiniger Prüfungsmaßstab nicht hinreichend sein, wenn die Infiltration des Systems zum Zwecke der Quellen-TKÜ eine Überwachung des gesamten Systems ermögliche. Die in der mündlichen Verhandlung angehörten sachverständigen Auskunftspersonen hatten bekundet, dass es im Anschluss an die Installation der entsprechenden Software zum Abruf telekommunikationsunabhängiger Daten sogar dann kommen könne, wenn dies nicht beabsichtigt ist. Vor diesem Hintergrund sei Art. 10 GG ausschließlich dann der alleinige Maßstab, wenn durch technische und rechtliche Vorkehrungen sichergestellt sei, dass der Zugriff auf Telekommunikationsdaten beschränkt wird.[504]

Ausgehend von diesen Vorgaben äußerte *Wolfgang Hoffmann-Riem*, der Berichterstatter im „Online-Durchsuchungs-Verfahren", er halte § 100a StPO a. F. nicht für eine geeignete Ermächtigungsgrundlage bzgl. einer strafprozessualen Quellen-TKÜ, da diese Norm insbesondere keine rechtlichen Vorgaben hinsichtlich Beschränkung auf eine „reine" Quellen-TKÜ enthalte.[505] Diese Einschätzung wurde in anderen Besprechungen der Entscheidung geteilt.[506] Demgegenüber hatte sich insbesondere in der Kommentarliteratur nach der Entscheidung zur Online-Durchsuchung schnell die Auffassung durchgesetzt, dass die Quellen-TKÜ über

---

503 BVerfG NJW 2008, 822, 825 (Rn. 188 ff.).

504 BVerfG Ebenda.

505 JZ 2008, 1009, 1022. Bei dem Aufsatz handelt es sich selbstverständlich um eine Wiedergabe der persönlichen Meinung des inzwischen ehemaligen Senatsmitglieds. Dennoch wird man sagen dürfen, dass diese durchaus von beträchtlichem Gewicht ist.

506 *Hornung*, CR 2008, 299, 300 f.; *Buermeyer/Bäcker*, HRRS 2009, 334 ff.; i. Erg. ebenso, aber in der Begründung stärker auf das unzulässige Eindringen in die Wohnung des Beschuldigten zwecks Infiltration des Systems abstellend *T. Böckenförde*, JZ 2008, 925, 934 m. Fn. 96; eingehend gegen § 100a als Ermächtigungsgrundlage für die Quellen-TKÜ *Wolter*, in: SK-StPO, § 100a Rn. 27 ff.; ferner *Vogel/Brodowski*, StV 2009, 632 ff.; *Becker/Meinicke*, StV 2011, 50, 51 f. Zum selben Ergebnis kam bereits vor der Entscheidung des BVerfG zur Online-Durchsuchung das LG Hamburg, MMR 2008, 423 ff. m. abl. Anm. *Bär*.

§ 100a StPO a. F. zulässigerweise angeordnet werden kann.[507] Gestützt auf diese Literaturansicht hat auch das AG Bayreuth die Anordnung einer Quellen-TKÜ für zulässig erklärt.[508]

Nach dieser Ansicht sollte der auf § 100a StPO a. F. gestützten Anordnung einer Quellen-TKÜ kein Hindernis entgegenstehen, weil bzw. sofern – was bis zur aktuellen Gesetzesreform als technisch möglich unterstellt wird – die Beschränkung der Maßnahme auf die „reinen" Telekommunikationsdaten gewährleistet sei. Dies könne durch entsprechend konkretisierte Anordnungen nach § 100b Abs. 2 S. 2 Nr. 3 StPO a. F. sichergestellt werden.[509] Zudem wurde auch davon ausgegangen, dass es entgegen einer zuvor häufig vertretenen Ansicht nicht darauf ankomme, dass der Zugriff der Strafverfolgungsbehörden bei der Quellen-TKÜ unabhängig von der Mitwirkung des Netzanbieters stattfinde.[510] In einem vom AG Bayreuth zu entscheidenden Fall berief sich das Gericht insofern darauf, dass – wie dort geschehen – zuvor bereits eine „reguläre" TKÜ angeordnet worden sei, die unter Mitwirkung des Betreibers stattfinde. Im Rahmen der zusätzlich angeordneten „Quellen-TKÜ" würden somit unverschlüsselt nur diejenigen Daten aufgezeichnet, die bereits im Rahmen der eigentlichen TKÜ unter Mitwirkung des Betreibers anfallen. Schließlich wird die Zulässigkeit der Installation der Spionagesoftware aufgrund einer Annexkompetenz der Strafverfolgungsbehörden angenommen.[511]

Soweit das strafprozessrechtliche Schrifttum entgegen der soeben geschilderten Ansicht die Rechtmäßigkeit einer Quellen-TKÜ ohne die Schaffung einer eigenständigen Ermächtigungsgrundlage verneinte, wurde dagegen insbesondere darauf hingewiesen, dass ein solch schwerer Grundrechtseingriff in jedem Fall nur aufgrund einer spezifischen Befugnisnorm zugelassen werden dürfe.[512] Dabei wurde insbesondere auf § 20l Abs. 2 BKAG a. F. hingewiesen, dessen Existenz die Notwen-

---

507 *Graf*, in: Beck-OK-StPO, § 100a Rn. Rn. 112 ff.; *Meyer-Goßner*, StPO, § 100a Rn. 7a; KMR-*Bär* § 100a Rn. 30; mit der Beschränkung auf eine Übergangszeit bis zur Schaffung einer gesetzlichen Regelung ebenso *Nack*, in: KK-StPO, § 100a Rn. 27.

508 MMR 2010, 266 m. zust. Anm. *Bär.*

509 *Meyer-Goßner*, StPO, § 100a Rn. 7a a. E.

510 Vgl. AG Bayreuth, MMR 2010, 166, 167 unter 4. m. w. N. zur insofern bis dahin anderen h. A. in der Lit.; zust. *Bär*, MMR 2010, 267, 268 mit dem Hinweis auf BT-Drucks. 16/5864, S. 47; ferner *Meyer-Goßner*, StPO, § 100a Rn. 7a a. E.

511 AG Bayreuth MMR 2010, 266, 267 m. auch insofern zust. Anm. *Bär.*

512 Vgl. insbesondere *Wolter*, in: SK-StPO⁴, § 100a Rn. 29; *Vogel/Brodowski*, StV 2009, 632 ff.; *Buermeyer/Bäcker*, HRRS 2009, 434, 437 ff.

digkeit einer eigenständigen Ermächtigungsgrundlage für eine Quellen-TKÜ belegen soll.[513] Der Hinweis auf § 100b Abs. 2 S. 2 Nr. 3 StPO a. F. habe lediglich zur Folge, dass die vom Ersten Senat des BVerfG zwingend geforderte Beschränkung der Quellen-TKÜ von der Ausgestaltung der Anordnung durch den Ermittlungsrichter abhänge.[514] Zudem könne der vom BVerfG im Zusammenhang mit informationstechnischen Systemen besonders geforderte Schutz des Kernbereichs privater Lebensgestaltung durch § 100a Abs. 4 StPO a. F. nicht gewährleistet werden, denn diese Vorschrift greife nur dann, wenn eine Maßnahme „allein" kernbereichsrelevante Informationen betrifft, was praktisch nie der Fall sei.[515] Der Argumentation des AG Bayreuth wurde überdies entgegengehalten, hier werde in unzulässiger Weise aus dem Vorliegen eines Eingriffstatbestandes – Voraussetzungen einer „gewöhnlichen" TKÜ nach § 100a STPO a. F. – auf die Rechtmäßigkeit eines zweiten Eingriffs geschlossen.[516]

cc) Bewertung des Diskussionsstandes

Es ist verwunderlich, dass die Quellen-TKÜ auch vor ihrer gesetzlichen Regelung in signifikanten Teilen der Kommentar-Literatur für zulässig gehalten, während die technisch durchaus vergleichbare Online-Durchsuchung allenthalben abgelehnt wurde. Man stützte sich hier dankbar auf die Ausführungen des Ersten Senats, der eine „reine" Quellen-TKÜ, bei der eine Beschränkung auf Telekommunikationsdaten technisch und rechtlich gewährleistet wird, als ausschließlich an Art. 10 GG zu messenden Eingriff bezeichnet hat. Wenn nun aber aus diesen Hinweisen des Senats darauf geschlossen wurde, die Quellen-TKÜ könne gestützt auf § 100a StPO a. F. angeordnet werden, so überzeugt dies aus verschiedenen Gründen nicht.

Zunächst einmal ist es mehr als zweifelhaft, ob die vom BVerfG geforderte Beschränkung auf Telekommunikationsdaten technisch überhaupt möglich ist.[517] Weil jede Installation auf dem Zielsystem einen Datenverarbeitungsprozess in Gang setzt, können weitergehende Veränderungen innerhalb des Systems letztlich nie vollkommen sicher

---

513 Vgl. *Wolter*, in: SK-StPO⁴, § 100a Rn. 29; *Vogel/Brodowski*, StV 2009, 632, 634.
514 *Buermeyer/Bäcker*, HRRS 2009, 434, 438.
515 Buermeyer/*Bäcker*, HRRS 2009, 434, 439 f.
516 *Buermeyer/Bäcker*, HRRS 2009, 433, 440.
517 Optimistisch nun aber *Freiling/Safferling/Rückert*, JR 2018, 9, 17 a. E.

ausgeschlossen werden.[518] Selbst wenn eine Unterscheidung von Tele-kommunikationsdaten und sonstigen auf dem infiltrierten System vor-handenen Daten prinzipiell möglich sein sollte,[519] bleibt das Problem, dass eine Aufzeichnung auch dann stattfindet, wenn das Mikrofon des Systems auf „stumm" geschaltet ist. In diesem Fall werden dann ge-wöhnliche Raumgespräche aufgezeichnet. Außerdem könne während eines über das Internet geführten VoIP-Telefonats auch bei angeschalte-tem Mikrofon parallel Gespräche innerhalb des Raumes geführt werden, die dann ebenfalls keine Telekommunikation wären und allenfalls unter den Voraussetzungen des § 100c StPO überwacht werden dürften. Stellt man sich weiter vor, dass es sich bei dem infiltrierten System um einen portablen Tablet-PC oder ein Smartphone handelt, wird dieses schnell zu einer hoch funktionsfähigen Wanze, die der Verdächtige unbemerkt bei sich trägt. In Anbetracht dessen ist alles andere als gewährleistet, dass die vom Ersten Senat geforderte Beschränkung auf Telekommuni-kationsdaten technisch überhaupt durchführbar ist, zumal sich die Frage stellt, wer in welcher Weise überprüfen soll, ob die rechtlich gebotene Beschränkung tatsächlich auch erfolgt ist.

Aber unabhängig davon konnte die Quellen-TKÜ nach vorzugswürdi-ger Auffassung nicht auf § 100a StPO StPO a.F. gestützt werden und war folglich im bis zum 24.08.2017 geltenden Recht unzulässig. Da-bei mag man noch der Auffassung sein, dass diese Vorschrift auch die Überwachung von Telekommunikation ohne Wissen des Providers er-möglicht. Aber jedenfalls fehlt es unbeschadet der Frage der technischen Realisierbarkeit einer entsprechenden Beschränkung auf TK-Daten an rechtlichen Vorgaben, wie sie der Erste Senat ebenfalls gefordert hat. Der Verweis auf § 100b StPO a.F. trägt nicht, denn dann stünde die Be-schränkung zur Disposition des Ermittlungsrichters. Sie muss aber in der Ermächtigungsgrundlage vom Gesetzgeber selbst geregelt sein.

Letztlich handelt es sich um einen argumentativen Fehlschluss, wenn die Aussage des Ersten Senats über Art. 10 GG als alleinigen Prüfungs-maßstab – bei entsprechender Beschränkung – dahingehend interpretiert

---

518 Zutr. *Warken*, NZWiSt 2017, 329, 334 f.

519 Voraussetzung hierfür wäre, dass die Ermittler zuvor das System des Beschuldigten analy-sieren, um eine speziell darauf zugeschnittene Spionagesoftware zu entwickeln. Dies kann praktisch nur dadurch geschehen, dass Beamte in die Wohnung des Verdächtigen eindrin-gen. Zu den hierbei im Hinblick auf Art. 13 GG entstehenden Schwierigkeiten LG Hamburg MMR 2008, 423, 425, wo ein solcher Eingriff als Annex-Maßnahme für unzulässig gehalten wird; a.A. *Bär*, MMR 2010, 267, 268.

wird, dass dann gleichsam automatisch § 100a StPO a. F. die einschlägige Ermächtigungsnorm sei.[520] Diese Vorschrift regelt lediglich *einen* Eingriff in die Telekommunikationsfreiheit. Der Rückschluss von der Eröffnung des Schutzbereichs von Art. 10 GG auf die Anwendbarkeit des § 100a StPO a. F. ohne eine Berücksichtigung von dessen Regelungsbereich überzeugt nicht. Vielmehr bedarf es auch – bzw. angesichts der Eingriffsschwere erst recht – einer bereichsspezifischen Ermächtigungsnorm für eine Quellen-TKÜ, wie sie für den präventiven Bereich im BKAG – und nunmehr auch in der StPO – vorgesehen ist. An späterer Stelle ist darauf einzugehen, wie die inzwischen geschaffene Regelung in § 100a Abs. 1 S. 2 bzw. S. 3 StPO n. F. zu bewerten ist. Zuvor ist jedoch noch auf die zweite durch das Gesetz zur effektiveren und praxistauglicheren Ausgestaltung des Strafverfahrens nunmehr gesetzlich geregelte Maßnahme einzugehen, die sog. Online-Durchsuchung.

b) Die Online-Durchsuchung: Technische Grundlagen und rechtliche Bewertung vor der Neuregelung in § 100b StPO

Der Gesetzgeber stellt in den Materialien zu § 100b StPO n. F. im Ergebnis zutreffend für den Zeitpunkt vor dem Inkrafttreten der Neuregelung fest, dass „[d]ie Möglichkeit eines verdeckten Eingriffs in informationstechnische Systeme zum Zweck ihrer Durchsuchung [...] bislang für die Strafverfolgungsbehörden nicht [besteht]".[521] Im nachfolgenden Abschnitt wird zunächst die Entwicklung referiert, die zu diesem vor der Reform allgemein konsentierten Diskussionsstand geführt hat. Die im Zuge dessen weiter verdeutlichte Schwere des durch eine Online-Durchsuchung bewirkten Eingriffs – und damit die rechtlich für seine Legitimation zu überwindende Höhenmarke – sind für die Untersuchung deshalb von Belang, weil bei der herrschend nach wie vor auf § 100a StPO gestützten Überwachung und Aufzeichnung des gesamten Internetverkehrs durchaus von einer vergleichbaren Eingriffsintensität auszugehen ist (siehe dazu oben III 2 c).

---

520 *Kudlich*, GA 2011, 193, 201.
521 BT-Drucks. 18/12785 S. 46; siehe auch *Freiling/Safferling/Rückert*, JR 2018, 9, 12: „echtes strafprozessuales Novum"; *Roggan*, StV 2017, 821, 825: „Neuland".

aa) Technische Grundlagen 522

Im Ausgangspunkt geht es stets darum, dass die Ermittlungsbehörden unbemerkt auf den Rechner eines Verdächtigen zugreifen wollen. Dazu ist es immer notwendig, dass der zu „durchsuchende" PC des Verdächtigen mit einer speziellen Software „infiltriert" wird. Diese Software wurde in der Debatte schnell – in Anlehnung an die Terminologie aus dem Bereich der Computerviren – unter dem Schlagwort „Bundestrojaner" bekannt.[523] Etwas nüchterner ist demgegenüber die Bezeichnung als „Remote Forensic Software" (RFS).[524] Die Gesetzesbegründung zu § 100b StPO n. F. spricht von einer Überwachungssoftware.[525] Dabei geht es um Programme, die den Ermittlungsbehörden den unbemerkten Zugriff auf das System des Verdächtigen ermöglichen, sobald sie einmal auf dessen Rechner installiert sind. Das erste Problem besteht somit darin, die Software unbemerkt zu installieren. Hierfür ist es zum einen möglich, dass Ermittlungsbeamte in die Wohnung des Betroffenen eindringen, um vor Ort das System zu analysieren und eine entsprechend angepasste Software zu entwickeln. Diese wird dann wiederum zu einem späteren Zeitpunkt vor Ort installiert.[526] Auch ohne einen solchen Vor-Ort-Zugriff ist eine Installation möglich, und zwar unter Ausnutzung derjenigen Verfahren, die auch bei der Verbreitung von Computerviren Anwendung finden. Dabei kann eine unbemerkte Infiltration etwa dann gelingen, wenn die Software als Dateianhang mit einer E-Mail versendet wird und der Empfänger (= Verdächtige) den Anhang öffnet.[527] Damit ist aber auch bereits erkennbar, dass es für einen einigermaßen aufmerksamen Kriminellen nicht besonders schwierig ist, entsprechende Angriffe der Ermittlungsbehörden abzuwehren. Er darf lediglich keine

---

522 Das Folgende beruht auf der Ausarbeitung bei *Meinicke*, in: Taeger (Hrsg.), IT und Internet, S. 773, 775 ff.

523 Ursprünglich wurde als „Trojaner" ein Programm bezeichnet, das neben seiner offenen Funktion noch eine weitere, vom Anwender nicht gewünschte Funktion ausführt. Mittlerweile werden die Begriffe „Virus" und „Trojaner" jedoch meist Synonym verwendet, um jegliche Form von „unerwünschten Eindringlingen zu kennzeichnen, vgl. *Buermeyer*, HRRS 2007, 154, 555.

524 Vgl. etwa *Vogel/Brodowski*, StV 2009, 632, 633; *Beukelmann*, StraFo 2008, 1.

525 BT-Drucks. 18/12785 S. 46.

526 Vgl. dazu *Beukelmann*, StraFo 2008, 1, 2 unter Hinweis auf einen Bericht aus der Zeitschrift CHIP.

527 *Beukelmann*, StraFo 2008, 1; ferner aber *Buermeyer*, HRRS 2007, 154, 156, der in Fn. 14 darauf hinweist, dass bestimmte Viren bereits unabhängig von der Öffnung des Dateianhangs installiert werden, wenn die entsprechende E-Mail nur von dem Programm Microsoft Outlook angezeigt wird.

E-Mail-Anhänge öffnen, selbst wenn diese scheinbar von einem bekannten Absender stammen.[528]

Eine weitere Möglichkeit besteht in der Ausnutzung existierender Sicherheitslücken, die i. d. R. aus unzureichenden Programmierungen von Betriebssystemen resultieren. Dieses Verfahren hat aus ermittlungstaktischer Sicht den Vorteil, dass der Verdächtige nicht „überlistet" werden muss, da seine Mitwirkung anders als beim Versand „verseuchter" Dateianhänge nicht notwendig ist. Wie effektiv diese Methode sein kann, zeigt das unter dem Namen „Sasser" bekannt gewordene Virus, das im Jahr 2004 einige Millionen Rechner unter Ausnutzung einer Sicherheitslücke im Betriebssystem „Windows" infizierte.[529]

Dennoch ist die Eignung dieser Methode für die Zwecke des heimlichen hoheitlichen Online-Zugriffs skeptisch zu beurteilen. Es ist zu berücksichtigen, dass Software-Anbieter weltweit bemüht sind, bekannt gewordene Sicherheitslücken möglichst umgehend zu schließen. Zudem ist die Zahl der existierenden Sicherheitslücken ohnehin begrenzt. Eine sichere Gewähr für einen jederzeit möglichen Zugriff bietet diese Methode somit nicht. Ebenso wenig dürfte es realistisch sein, eine Verpflichtung der Software-Anbieter zur Bereitstellung einer speziellen Sicherheitslücke für den hoheitlichen Zugriff, einer „Bundes-Backdoor" durchzusetzen.[530] Denn neben den großen Anbietern von Betriebssystemen (insbesondere Microsoft und Apple) gibt es auch eine Reihe frei verfügbarer Programme, deren Schöpfer kaum geneigt sein dürften, auf Anweisung der Bundesregierung eine geplante Sicherheitslücke zu implementieren. Zudem könnte kaum gewährleistet werden, dass diese bewusste Sicherheitslücke nicht auch von Dritten entdeckt und in Schädigungsabsicht genutzt wird.

Schließlich besteht die Möglichkeit, dem Verdächtigen unbemerkt eine Infiltrationssoftware zuzuspielen, wenn er ausführbare Dateien aus dem Internet herunterlädt, also z. B. Softwareupdates o. ä..[531] In solchen Fällen ist es möglich, dem Nutzer unbemerkt eine weitere Datei „unterzuschieben", die zusätzlich zu dem gewünschten Programm heruntergeladen und installiert wird. Technisch handelt es sich dabei um ein nicht

---

328 Vgl. zum technischen Hintergrund näher *Buermeyer*, HRRS 2007, 154, 156.
529 Vgl. dazu den entsprechenden Wikipedia-Eintrag unter http://de.wikipedia.org/wiki/Sasser; ferner *Buermeyer*, HRRS 2007, 154, 156.
530 Dazu *Buermeyer*, HRRS 2007, 154, 163.
531 *Buermeyer*, HRRS 2007, 154, 163 f.

besonders aufwändiges Verfahren, denn der Austausch von Dateien bzw. die Umleitung von Internetverkehr sind durchaus gebräuchlich.[532] Aber auch hier gilt es zu bedenken, dass der Zugriff durch die Verwendung verschlüsselter Übertragungen oder – in letzter Konsequenz – durch den Verzicht auf das Herunterladen ausführbarer Dateien weitgehend vereitelt werden kann. Die „sicherste" Zugriffsmöglichkeit bliebe somit ohne Zweifel die Installation der Software vor Ort.

Ist der Zugriff auf die ein oder die andere Weise erfolgt, so bieten sich unterschiedliche Maßnahmen an, die mittels entsprechender Software durchgeführt werden können.[533] Ein denkbarer Zugriff ist die sog. *Spiegelung*, bei der entweder bestimmte Daten innerhalb des Systems gesucht werden („Online-Durchsicht") oder aber der komplette Inhalt des Systems kopiert und auf einen Server der Sicherheitsbehörden übertragen wird („Online-Sicherstellung"). Noch weiter geht das sog. *Monitoring*, das sich treffend als „Online-Überwachung" kennzeichnen lässt.[534] Dabei handelt es sich um eine kontinuierliche Überwachung des Systems, bei der Veränderungen ständig aufgezeichnet werden. Wird dieses lange genug durchgeführt, so ermöglicht das nicht nur einen Zugriff auf sämtliche Daten, seien diese auch besonders verschlüsselt oder anderweitig gesichert;[535] es lässt sich vielmehr darüber hinaus i. d. R. das Internet-Nutzungsverhalten rekonstruieren und der E-Mail-Verkehr nachvollziehen (zum Sonderfall der sog. „Quellen-TKÜ" sogleich unter IV). Schließlich ist eine weitere Zugriffsart zu erwähnen, die für die Ermittlungsbehörden gerade in Verbindung mit dem Phänomen Cloud Computing von besonderem Interesse sein kann. Durch den Einsatz sog. „Sniffer" (=Schnüffler) oder „Keylogger" ist es möglich, sämtliche Tastatureingaben auf dem mit einem solchen Programm „infizierten" Rechner nachzuvollziehen. Da bei der Nutzung von Cloud-Infrastruk-

---

532 *Buermeyer*, HRRS 2007, 154, 164.

533 Näher *Buermeyer*, HRRS 2007, 154, 160 ff.; vgl. auch *Hauser*, IT-Grundrecht, S. 29 ff.

534 Vgl. auch den Hinweis in den Gesetzesmaterialien, wonach bei der Online-Durchsuchung „die Nutzung des Systems umfassend überwacht und seine Speichermedien ausgelesen werden" können, siehe BT-Drucks. 18/12785 S. 47.

535 Simple Verschlüsselungsmechanismen lassen sich bereits bei der Spiegelung umgehen, da der Zugriff dort demjenigen des am Rechner arbeitenden Nutzers entspricht, vgl. *Buermeyer*, HRRS 2007, 154, 160. Während es bei der Spiegelung somit aber davon abhängt, welche verschlüsselten Dateien der Nutzer zum Zeitpunkt des Zugriffs nutzt – nur diese werden dann unverschlüsselt übertragen –, bietet ein Monitoring über einen hinreichend langen Zeitraum eine relativ große Sicherheit dafür, dass sämtliche vorhandenen Daten irgendwann während der Überwachungsphase einmal genutzt werden und somit unverschlüsselt übertragen werden können.

tur praktisch sämtliche Aktivitäten auf externe Server ausgelagert werden können, würden die Ermittlungsbehörden bei einer „klassischen" Hausdurchsuchung nebst Beschlagnahme der dort vorgefundenen EDV häufig nicht fündig. Deshalb ist es unter ermittlungstaktischen Gesichtspunkten von großer Bedeutung, dass den Behörden die Zugangsdaten zu den vom Verdächtigen genutzten Cloud-Portalen zur Verfügung stehen. Diese können unter Verwendung eines Keyloggers theoretisch ermittelt werden, womit allerdings noch keine Antwort auf die Frage verbunden ist, auf welche Rechtsgrundlage sich ein solcher Zugriff ggf. stützen ließe bzw. ob eine solche im geltenden Strafprozessrecht überhaupt existiert.[536]

Zusammenfassend lässt sich festhalten, dass im Zusammenhang der unter dem Schlagwort „Online-Durchsuchung" diskutierten Phänomene eine Reihe von Ermittlungsmethoden mindestens theoretisch realisierbar sind. Neben der Frage der rechtlichen Zulässigkeit ist aber auch auf verschiedene Unwägbarkeiten hinzuweisen, die durchaus berechtigte Zweifel an der erfolgreichen Durchführung entsprechender Maßnahmen aufkommen lassen. Dies gilt zunächst hinsichtlich der Schwierigkeiten bei der erfolgreichen Installation einer Spionage-Software. Es wurde bereits angedeutet, dass ein vorsichtiger Nutzer ohne allzu großen technischen Sachverstand in der Lage ist, die Zugriffsmöglichkeiten zu minimieren.[537] Es ist eine durchaus naheliegende Annahme, dass international vernetzt arbeitende Terroristen – zu deren Verfolgung die Online-Durchsuchung ja in erster Linie gedacht sein soll – solche Sicherheitsmaßnahmen ergreifen werden, wenngleich im Verfahren um die sog. „Sauerland-Gruppe" durchaus ein beträchtliches Maß an Dilettantismus in den entsprechenden Kreisen offenbar wurde. Unabhängig davon ist es in technischer Hinsicht unklar, wie eine unbemerkte Spiegelung einer gesamten Festplatte praktisch ablaufen soll. Denn angesichts der erheblichen Datenvolumina – herkömmliche Festplatten haben heute meist einen Speicherumfang von 25 GByte oder auch deutlich mehr – würde eine Komplettübertragung mehrere Tage dauern und zudem die

---

536 BKA-Präsident *Ziercke* wies ebenfalls darauf hin, dass der „Schlüssel" zu dem von den Verdächtigen genutzten Versteck im World Wide Web nur im Wege der Online-Durchsuchung gefunden werden könne, Interview mit der *tageszeitung* vom 26.03.2007.
537 Vgl. die schlagwortartige Formulierung bei *Buermeyer*, HRRS 2007, 154, 166 m. Fn. 83 und dem dortigen Hinweis, dass jegliche dauerhafte Infiltration ausgeschlossen ist, sofern ein Betriebssystem verwendet wird, das von einem schreibgeschützten Datenträger aus gestartet wird.

Geschwindigkeit des überwachten Rechners extrem verlangsamen, was wiederum auffällig wäre.[538] Zudem wäre es angesichts der ständigen Weiterentwicklung der Anti-Viren-Software schwierig, den „Bundestrojaner" dauerhaft verborgen zu halten.

bb) Rechtliche Bewertung nach alter Rechtslage

Jenseits aller – bis heute kaum zufriedenstellend gelösten – technischen bzw. praktischen Probleme war für die Rechtslage vor dem Inkrafttreten des Gesetzes zur effektiveren und praxistauglicheren Ausgestaltung des Strafverfahrens weitgehend unbestritten, dass eine Online-Durchsuchung zum Zwecke der Strafverfolgung unzulässig ist. Bei Wahrung welcher Grenzen sie zumindest *de lege ferenda* in verfassungskonformer Weise geregelt werden könnte, war hingegen Gegenstand lebhafter Diskussionen. Da dies auch die Bewertung der sogleich vorzustellenden und kritisch zu würdigenden Neuregelung in § 100b StPO betrifft, soll der Diskussionsstand zur alten Rechtslage nachfolgend zunächst rekapituliert werden.

(a) Strafrechtliche Rechtsprechung zur „Online-Durchsuchung"

Die Rechtsprechung zur Zulässigkeit (bzw. letztlich Unzulässigkeit) einer repressiven „Online-Durchsuchung" nach alter Rechtslage lässt sich durch drei wesentliche Entwicklungsschritte charakterisieren. Zunächst gab es im Jahr 2006 zwei im Ergebnis gegenläufige Entscheidungen unterschiedlicher Ermittlungsrichter am BGH und sodann Anfang 2007 eine Entscheidung des 3. BGH-Strafsenates.

(aa) Beschl. des Ermittlungsrichters v. 21.2.2006, StV 2007, 60

In dem ersten einschlägigen Verfahren ging der entscheidende Ermittlungsrichter am BGH davon aus, dass der heimliche Zugriff durch die Befugnisse des § 102 StPO gedeckt sei.[539] Der Begriff der Durchsuchung schließe es nicht aus, als deren Objekt eine Sache, also vorliegend den Rechner des Beschuldigten aufzufassen. Ferner sei es nicht zwingend,

---

538 Vgl. *Buermeyer* HRRS 2007, 154, 164 f.; ferner *M. Gercke*, CR 2007, 245, 247 m. Fn. 17, der angesichts dieser Schwierigkeiten darauf hinweist, dass realistischerweise zunächst lediglich ein Bericht übersendet werden kann.

539 Vgl. zum Folgenden StV 2007, 60 ff. m. krit. Anm. *Beulke/Meininghaus*.

dass die Durchsuchung stets als „offener" Zugriff gegenüber dem Beschuldigten erfolge.[540] § 102 StPO sei als Ermächtigungsgrundlage für den Eingriff ausreichend, da es sich nicht um ein *aliud* zur herkömmlichen Durchsuchung handele. Auch die Heimlichkeit der Maßnahme erfordere keine eigenständige Eingriffsgrundlage. Das Strafprozessrecht kenne keinen Grundsatz der Offenheit staatlichen Handelns. Vielmehr zeigen die Vorschriften über die Telekommunikationsüberwachung (§ 100a a. F. StPO), die Regelung des § 100c StPO sowie die Normen betreffend den Einsatz verdeckter Ermittler, dass heimliche Ermittlungsmaßnahmen nicht *per se* unzulässig seien. Die §§ 105 Abs. 2, 106, 107 StPO, die eine Einbeziehung des Betroffenen bzw. Dritter Personen voraussetzen, seien bloße Ordnungsvorschriften, die ausschließlich das „Wie" der Durchsuchung beträfen. Aus ihrer Verletzung ließen sich keine Rechtsfolgen herleiten. Es müsse schon aus ermittlungstaktischen Gründen zulässig sein, den Durchsuchungszeitpunkt unabhängig von der Anwesenheit des Betroffenen zu bestimmen. Die Heimlichkeit des Zugriffs führe zudem nicht zu einer zusätzlichen Grundrechtsbeeinträchtigung beim Betroffenen. Zwar seien Rechtsschutzmöglichkeiten eingeschränkt, doch werde dem Gebot des Art. 19 Abs. 4 GG durch den in § 105 StPO geregelten Richtervorbehalt und das Verhältnismäßigkeitsprinzip Rechnung getragen.

(bb) Beschl. des Ermittlungsrichters vom 25.11.2006

Ein gut 9 Monate später ergangener Beschluss eines anderen BGH-Ermittlungsrichters kam zum exakt gegenteiligen Ergebnis. Die Zulässigkeit einer heimlichen „Online-Durchsuchung" wurde mangels gesetzlicher Ermächtigungsgrundlage abgelehnt.[541] Es handele sich beim heimlichen Zugriff auf den Computer des Beschuldigten um einen „schwerwiegenden Eingriff in das den persönlichen Freiheitsrechten zuzuordnende Recht auf informationelle Selbstbestimmung".[542] Dieser könne nicht durch den allgemeinen Ermittlungsauftrag an Polizei und Staatsanwaltschaft gedeckt sein, wie er in den §§ 152 Abs. 2, 163 Abs. 1 StPO vorgesehen sei. Zudem sei – insofern übereinstimmend mit dem

---

540 Der Ermittlungsrichter ließ ausdrücklich dahinstehen, ob eine heimliche Durchsuchung auch bei Wohnungen zulässig sei.
541 BGH MMR 2007, 174 m. im Wesentlichen zust. Anm. *Bär*; vgl. zu dieser Entscheidung ferner die Besprechung von *Jahn/Kudlich*, JR 2007, 57 ff.
542 BGH Ebenda. S. 174.

ersten Beschluss aus dem Februar[543] – § 100a StPO a. F. nicht einschlägig, weil es sich angesichts des Zugriffs auf abgespeicherte Daten nicht um einen Kommunikationsvorgang handele. Schließlich wird auch der im vorhergehenden Beschluss befürwortete Zugriff im Wege der Durchsuchung gemäß § 102 StPO abgelehnt. Die Durchsuchung sei ein körperlicher, kein elektronischer Vorgang und zudem eine im Grundsatz auf Offenheit angelegte Maßnahme. Ob es sich bei den Vorschriften, die eine Hinzuziehung des Betroffenen regeln, um „reine Ordnungsvorschriften" handele, sei unbeachtlich. Denn auch Ordnungsvorschriften stünden nicht zur Disposition der Ermittlungsorgane. Zwar sei es zutreffend, dass eventuellen technischen Neuentwicklungen bei der Auslegung strafprozessualer Eingriffsnormen Rechnung zu tragen sei. Aber dies dürfe nicht zur Folge haben, dass schwerwiegende, bislang nicht geregelte Grundrechtseingriffe unter Umgehung des Gesetzesvorbehalts durch entsprechende Anwendung strafprozessualer Normen legitimiert werden. In ergänzenden Ausführungen anlässlich eines Nichtabhilfebeschlusses führte der Ermittlungsrichter aus, die Maßnahme komme am ehesten einem „großen Lauschangriff" i. S. d. § 100c StPO nahe, da die auf einem Computer gespeicherten Daten häufig ähnlich sensibel seien, wie das nichtöffentlich gesprochene Wort.

(cc) BGH Beschl. v. 31.1.2007

Auf die Beschwerde des Generalbundesanwalts gegen den soeben dargestellten ablehnenden Beschluss hin entschied Anfang 2007 der 3. BGH-Strafsenat über die Rechtmäßigkeit einer Online-Durchsuchung.[544] Dabei bestätigte das Gericht die zuletzt ergangene Entscheidung des Ermittlungsrichters und verneinte die Rechtmäßigkeit mangels formellgesetzlicher Befugnisnorm. In seiner Begründung befasste sich das Gericht, das in der Maßnahme einen erheblichen Eingriff in die Rechte des Betroffenen sah, insbesondere mit der (Nicht-) Anwendbarkeit der Vorschriften über die Durchsuchung und mit der Bedeutung der Heimlichkeit des Zugriffs. Aus den Vorschriften über die Durchführung der Durchsuchung entnahm der 3. Strafsenat, dass es sich um eine offene Maßnahme handele. Diese Vorschriften seien als zwingendes Recht anzusehen, das nicht zur Disposition der Ermittlungsbehörden stehe. Et-

---

543 StV 2007, 60, 62.
544 Vgl. zum Folgenden BGHSt 51, 211 ff. = NJW 2007, 930 ff. m. zust. Anm. *Hamm*.

was anderes könne auch nicht daraus geschlossen werden, dass Verstöße gegen diese Vorschriften nach überwiegender Auffassung kein Verwertungsverbot nach sich zögen. Aus den Rechtsfolgen einer rechtswidrigen Durchsuchung können keine Konsequenzen für die Voraussetzungen einer rechtmäßigen Durchsuchung abgeleitet werden.

Weiterhin führt der 3. Strafsenat ausdrücklich aus, dass die Heimlichkeit einer Ermittlungsmaßnahme stets einen neuen Eingriffscharakter zur Folge habe, da es dem Betroffenen hierdurch verwehrt werde, eine etwaige Rechtswidrigkeit der Durchsuchung bereits während ihrer Durchführung zu rügen bzw. die ordnungsgemäße Durchführung zu überwachen. Zudem zeige ein systematischer Vergleich der Durchsuchung mit den in den §§ 100a-100i StPO geregelten Ermittlungsbefugnissen, dass für heimliche Maßnahmen regelmäßig deutlich höhere Eingriffsschwellen bestünden.

Dagegen soll es nach Ansicht des Gerichts keine Rolle spielen, dass bei einer Online-Durchsuchung womöglich sensible Daten in großem Umfang erhoben werden. Dies unterscheide die Maßnahme nicht von sonstigen Beschlagnahmen von Datenträgern im Rahmen gewöhnlicher Durchsuchungen, die prinzipiell zulässig seien. Ferner äußerte der 3. Strafsenat Zweifel an der Auffassung des Ermittlungsrichters, der andeutete, die Online-Durchsuchung sei der Sache nach mit einer Wohnraumüberwachung vergleichbar. Dies sei allenfalls bzgl. der Heimlichkeit der Maßnahme zu bejahen, nicht aber hinsichtlich ihrer (fehlenden) Dauerhaftigkeit.[545]

Nach diesen eingehenden Erörterungen zur Nichtanwendbarkeit der Durchsuchungsvorschriften lehnte der Senat noch weitere denkbare Ermächtigungsgrundlagen ab, wobei er sich jedoch deutlich kürzer fasste. § 100a StPO a. F. sei nicht einschlägig, da es bei der Maßnahme nicht um die Überwachung der Kommunikation zwischen dem Beschuldigten und einem Dritten gehe. Dabei spiele es keine Rolle, dass der Beschuldigten zum Zeitpunkt des Zugriffs „online" sein müsse, denn es gehe lediglich um das Kopieren von Daten, die bereits vor Beginn des Kommunikationsvorgangs auf dem Rechner vorhanden waren. Auch die §§ 100c

---

545 Hierzu lässt sich anmerken, dass der 3. Strafsenat offenbar von einer bloßen „Online-Sicherstellung" i. S. d. oben sog. Spiegelung ausging, denn im Falle der Online-Überwachung (Monitoring) ist die Dauerhaftigkeit gegeben. Dies zeigt deutlich die Notwendigkeit, die unterschiedlichen mit dem Begriff „Online-Durchsuchung" beschriebenen Phänomene klar voneinander zu trennen.

sowie 100f Abs. 1 Nr. 2 StPO hielt das Gericht nicht für einschlägig. Ein Rückgriff auf die Generalklausel in § 161 StPO komme schon deshalb nicht in Frage, weil diese nur Maßnahmen mit geringer Eingriffsintensität gestatte. Schließlich sei auch eine Kombination verschiedener Eingriffsgrundlagen unzulässig, da auf diese unter Umgehung des verfassungsrechtlichen Gesetzesvorbehalts eine neue Eingriffsgrundlage geschaffen würde.

Mit dieser gründlichen Analyse des 3. Strafsenats hätte in Sachen Online-Durchsuchung eigentlich „das letzte Wort" gesprochen sein können. Aber zum einen war eine rechtspolitische Diskussion über die vermeintliche Notwendigkeit einer Vorschrift zur Regelung heimlicher Ermittlungsbefugnisse im IT-Bereich bereits in vollem Gange[546] und zum anderen erging circa ein Jahr nach dem Beschluss des 3. Strafsenats am BGH die wegweisende Entscheidung des Ersten Senats am Bundesverfassungsgericht, die hier bereits eingehend dargestellt und gewürdigt wurde (siehe oben D I 3 a).

(b) Die Behandlung der strafprozessualen Online-Durchsuchung im Schrifttum

Die praktisch einhellige Auffassung im Schrifttum ging – im Ergebnis übereinstimmend mit dem 3. BGH-Strafsenat – davon aus, dass das bis zum 24.08.2017 geltende Strafprozessrecht keine Ermächtigungsgrundlage für den heimlichen Zugriff auf Informationssysteme vorsieht.[547] Schon vor der höchstrichterlichen Klärung im Jahr 2007 gab es im Schrifttum nur vereinzelte Stimmen, die eine Zulässigkeit der Online-Durchsuchung *de lege lata* befürworteten.[548] Die Argumente der h. L. entsprachen im Wesentlichen denjenigen, die der 3. BGH-Strafsenat zur Stützung seiner Entscheidung herangezogen hatte. So wurde auch

---

546 Vgl. nur *Bär*, MMR 2007, 239, 240 f., der in seiner grundsätzlich zustimmenden Anmerkung bereits darauf hinweist, dass seiner Meinung nach ein praktisches Bedürfnis für die Online-Durchsuchung bestehe, dem der Gesetzgeber durch eine entsprechende Vorschrift nachgeben solle.

547 So i. Erg. übereinstimmend *T. Böckenförde*, Ermittlung, S. 209 ff.; *Beulke/Meininghaus*, StV 2007, 63 ff.; *dies.*, in: FS f. Widmaier, 2008, S. 63, 69 ff.; *Meininghaus*, Zugriff, S. 182 ff.; *Jahn/Kudlich*, JR 2007, 57 ff.; *Hamm*, NJW 2007, 932 f.; *Bär*, Handbuch, Rn. 456 ff.; *ders.*, MMR 2007, 239 ff.; *Rux*, JZ 2007, 185, 290 f.; *Beukelmann*, StraFo 2008, 1, 2 f.; SK-*Wolter* § 100a Rn. 31.

548 Insb. *Hofmann*, NStZ 2005, 121 ff.; *Graf*, DRiZ 1999, 281, 285; MüKo-StGB-*ders.* § 202a Rn. 58.

im Schrifttum insbesondere der „offene" Charakter der Durchsuchung i. S. d. § 102 ff. StPO betont.[549] Die demgegenüber erhöhte Eingriffsintensität heimlicher Ermittlungsmaßnahmen lasse sich auch aus der Systematik der geltenden Eingriffsermächtigungen ableiten, da für verdeckte Ermittlungsmaßnahmen stets erhöhte Eingriffsvoraussetzungen normiert seien.[550]

Waren somit die Meinungen hinsichtlich der Unzulässigkeit der Online-Durchsuchung nach der bis zum 24.8.2017 geltenden Rechtslage weitgehend einheitlich, so galt dies nicht für die Frage der rechtspolitischen Notwendigkeit bzw. hinsichtlich der Beurteilung der strafprozess- und verfassungsrechtlichen Voraussetzungen einer eventuellen Ermächtigungsgrundlage. Während die Online-Durchsuchung in der öffentlichen Diskussion vielfach als „Wunderwaffe" gepriesen und als unverzichtbar für den Kampf gegen terroristische Bedrohungen dargestellt wurde,[551] fanden sich im strafprozessrechtlichen Schrifttum durchaus kritische Stimmen. So wurde bereits ihre Eignung zur Erfüllung der intendierten Ermittlungszwecke bezweifelt, da insbesondere die vielfältigen technischen Schutzmöglichkeiten einem effektiven Einsatz des Ermittlungsinstrumentariums entgegenstünden.[552]

Entgegen der insofern beinahe einhelligen Ansicht im Schrifttum hinsichtlich der besonderen Grundrechtsrelevanz heimlicher Maßnahmen, die wie dargestellt im Ausgangspunkt auch von der Rechtsprechung geteilt wird, hat sich *Heghmanns* im Zusammenhang mit dem sog. „großen Lauschangriff" nach § 100c StPO für eine differenzierende Betrachtung stark gemacht.[553] So ist seiner Ansicht nach zu berücksichtigen, dass eine offene Überwachung, die er mit der Situation in Orwell's Roman „1984" vergleicht, in bestimmter Hinsicht sogar eingriffsintensiver sei, da sie eine „brutale und vollständige Aufhebung der Freiheit" zur Folge habe.[554] Wo es um die Ermittlung bereits abgeschlossener Vorgän-

---

549 Statt Vieler *Beulke/Meininghaus*, in: FS f. Widmaier, S. 63, 70; *Jahn/Kudlich*, JR 2007, 57, 59.

550 *Beulke/Meininghaus*, in: FS f. Widmaier, S. 63, 70.

551 Vgl. zur Diskussion etwa *Bär*, MMR 2007, 239, 241 f., der die Online-Durchsuchung ebenfalls für notwendig hält.

552 *Beulke/Meininghaus*, in: FS f. Widmaier, S. 63, 72; eingehend zu technischen und praktischen Schwierigkeiten *M. Gercke*, CR 2007, 245, 246 ff.; *Buermeyer*, HRRS 2007, 154, 165 f.; ferner siehe oben unter 1.

553 *Heghmanns*, in: FS f. Eisenberg, S. 511 ff.

554 *Heghmanns*, in: FS Eisenberg, S. 511, 516 ff. (zitierte Formulierung auf S. 517).

ge gehe, sei die Heimlichkeit für die Eingriffsintensität praktisch ohne Bedeutung.[555] Lediglich wo künftiges Verhalten das Erkenntnisziel der Ermittlungsbehörden sei, also bei „Überwachungsmaßnahmen", komme der verdeckten Durchführung eine eigenständige Qualität zu. Hier werde dem Beschuldigten die Möglichkeit genommen, sein Verhalten entsprechend einzustellen.

Heghmanns selbst kennzeichnete seine These selbst als „provozierende Feststellung",[556] was in Anbetracht der ansonsten allerorten geübten heftigen Kritik an der zunehmenden „Vergeheimdienstlichung" des Ermittlungsverfahrens eine zurückhaltende Formulierung ist. Selbst wenn es zutreffen mag, dass ein „Orwell'sche" allgegenwärtige (und damit nicht heimliche) Totalüberwachung aller gesellschaftlichen Vorgänge eine besondere Dimension begründen würde, wäre dennoch verfehlt, aus der Gegenüberstellung mit dieser dystopischen Vorstellung zu schließen, dass heimliche Überwachungsmaßnahmen weniger eingriffsintensiv wären. Auch bei bereits abgeschlossenen Vorgängen muss der Bürger grundsätzlich darauf vertrauen dürfen, nicht heimlich von staatlichen Behörden ausgeforscht zu werden. Die gegenteilige These von *Heghmanns* verkennt die vom BVerfG mit Recht betonte Dimension des Vertrauens. Der Bürger kann moderne Informationstechnologie nicht unbefangen nutzen, wenn er damit rechnen muss, jederzeit hierbei überwacht oder ausgeforscht zu werden. Das betrifft auch und gerade gespeicherte Daten und nicht nur laufende Kommunikationsvorgänge. Hier zeigt sich eine der besonderen Dimensionen heimlicher Eingriffe. Es ist das Bewusstsein des Bürgers, der sich gerade wegen der Heimlichkeit der Eingriffe nie sicher sein kann, frei von Überwachung zu sein.

Losgelöst von solchen eher rechtspolitisch geprägten Grundsatzdebatten bezogen sich die Diskussionen vor allem auf die Frage, welche Grundrechte des Betroffenen bei einer heimlichen Online-Durchsuchung beeinträchtigt werden. Dabei stand bis zu der Entscheidung des Ersten Senats am BVerfG vor allem Art. 13 GG im Blickpunkt. Wenngleich der Senat die Anwendbarkeit dieses Grundrechts – wie bereits dargestellt – zurückgewiesen hat (siehe oben D I 3 a aa (a) (bb) (1)), wird der Diskussionsstand im Folgenden kurz rekonstruiert, um so die kritische Würdigung der nunmehr Gesetz gewordenen Regelung vorzubereiten.

---

555 Ebenda (vorige Fußnote), S. 521.
556 *Ders.*, in: FS f. Eisenberg, S. 511, 522.

Eine sehr weitgehende Position zur Geltung von Art. 13 GG im Zusammenhang mit Online-Durchsuchungen wurde von *Rux* vertreten.[557] Er ging nicht nur davon aus, dass der heimliche Online-Zugriff auf einen privaten Rechner dann unter Art. 13 GG fällt, wenn sich dieser innerhalb einer Wohnung i. S. d. Grundrechtes befindet. Er wollte vielmehr darüber hinaus den gesamten Rechner als solchen analog Art. 13 GG schützen.[558] Ein entsprechendes Schutzbedürfnis leitet *Rux* aus der Tatsache ab, dass der PC dem Nutzer heutzutage neben der Möglichkeit zur Beschaffung und Archivierung von Informationen auch als Medium zum Aufbau persönlicher Beziehungen diene. Wenn somit Art. 13 GG den Zweck verfolge, dem Menschen ein Refugium für die Persönlichkeitsentfaltung zu gewährleisten, so müsse man im Wege der analogen Anwendung des Wohnungsgrundrechts der Tatsache Rechnung tragen, dass diese Persönlichkeitsentfaltung heute vielfach in „virtuellen" statt in „echten" Räumen stattfinde.[559] Der verdeckte Zugriff auf einen privaten PC führe daher unabhängig vom Standort des Rechners immer zu einem Eingriff in Art. 13 GG.

Diese weitergehende Auffassung hat sich nicht durchsetzen können,[560] wobei sie erkennbar von dem Bemühen getragen war, einen dem Art. 13 GG vergleichbaren Schutz herzustellen, was das BVerfG durch die Schaffung des IT-Grundrechts nunmehr in der Sache durchaus getan hat.[561] Zahlreiche Autoren nahmen aber zumindest dann einen Eingriff in Art. 13 GG an, wenn sich der Rechner, auf den heimlich zugegriffen wird, in einer Wohnung i. S. d. Grundrechts befindet.[562] Es sei unschädlich, dass die Wohnung bei einer Online-Durchsuchung nicht körperlich betreten wird.[563] Vielmehr habe das BVerfG in seiner Entscheidung zum sog. „großen Lauschangriff" bereits dargelegt, dass Eingriffe in Art. 13 GG nicht automatisch ausgeschlossen seien, weil die Wohnung unter

---

557 JZ 2007, 285, 292 ff.
558 A. a. O. (vorige Fn.) S. 293 f.
559 A. a. O. S. 293.
560 Vgl. die Replik von *Hornung*, JZ 2007, 828 ff. m. Duplik *Rux*, JZ 2007, 831 ff.; krit. auch *Beulke/Meininghaus*, in: FS f. Widmaier, S. 63, 69; *Beulkelmann*, StraFo 2008, 1, 4.
561 So auch die Bewertung von *Hauser*, IT-Grundrecht, S. 155 ff.
562 So i. Erg. übereinstimmend *Hornung*, JZ 2007, 828, 829; *Jahn/Kudlich*, JR 2007, 57, 60; *Beulkelmann*, StraFo 2008, 1, 3 ff.; *Sokol*, in: FS f. Hamm, S. 719, 729 ff.; *Buermeyer*, HRRS 2007, 329, 332 ff.
563 Dass es einen Eingriff in Art. 13 GG darstellen würde, wenn Ermittler zwecks Installation von Spionagesoftware in die Wohnung des Beschuldigten eindringen, dürfte unstreitig sein, den Anwendungsbereich des Grundrechts im Kontext der Online-Durchsuchung hierauf beschränkend *Schlegel*, GA 2007, 648 ff.

Verwendung moderner Überwachungsmethoden nicht mehr betreten werden muss.[564] Dabei soll es unschädlich sein, dass nicht die Wohnung insgesamt überwacht wird, da jedenfalls irgendwelche Vorgänge aus der Wohnung betroffen seien.[565] Es sei zudem widersprüchlich, wenn der PC nicht wie alle anderen in einer Wohnung befindlichen Gegenstände vom Schutz des Art. 13 GG umfasst sei.[566] Die Tatsache, dass der PC dem Zugriff der Ermittlungsbehörden unabhängig von einem Betreten der Wohnung – bei Einsatz entsprechender technischer Mittel – offen stehe, müsse erst recht zur Anwendbarkeit von Art. 13 GG führen. Andernfalls wäre der Grundrechtsträger gerade dort schutzlos, wo ihm die räumliche Umgrenzung angesichts neuer Ermittlungsmethoden keinen Schutz mehr bieten kann.[567] Zudem müsse berücksichtigt werden, dass die im Wege der Online-Durchsuchung erlangten Erkenntnisse andernfalls nur durch das Betreten der Wohnung erreichbar gewesen wären, also über eine Maßnahme, die zweifellos einen Eingriff in Art. 13 GG darstellt. Vor diesem Hintergrund sei es sachgerecht, den Online-Zugriff denselben Anforderungen zu unterwerfen.[568]

Allerdings fanden sich im Schrifttum auch nicht wenige Stimmen, die – wie letztlich dann auch der Erste Senat des Bundesverfassungsgerichts – Art. 13 GG bei der Online-Durchsuchung für nicht betroffen hielten.[569] Dabei wurde in erster Linie darauf abgestellt, dass das Kriterium der Räumlichkeit, das beim Begriff der Wohnung die entscheidende Abgrenzung markiert, bei dem Online-Zugriff gerade bedeutungslos sei.[570] Auch der Schutz vor fremdem Zugriff erfolge beim Personal Computer gerade nicht durch räumliche Begrenzungen, sondern mittels spezieller Software.[571] Schließlich wurde darauf abgestellt, dass der Computer keineswegs konstitutiv für die Gestaltung der Privatsphäre in Wohnräumen

---

564 BVerfGE 109, 279, 309; dazu *Buermeyer*, HRRS 2007, 329, 332; *Beukelmann*, StraFo 2008, 1, 4.
565 *Buermeyer*, HRRS 2007, 329, 333.
566 *Sokol*, in: FS f. Hamm, S. 719, 730.
567 *Hornung*, JZ 2007, 828, 829.
568 *Buermeyer*, HRRS 2007, 329, 333; vgl. auch *Schantz*, KritV 2007, 343, 348.
569 Ausf. *T. Böckenförde*, Ermittlung, S. 222 ff.; ferner *ders.*, JZ 2008, 925, 926; *Beulke/Meininghaus*, in: FS f. Hamm, S. 63, 67 ff.; *dies.* StV 2007, 63, 64; *Meininghaus*, Zugriff, S. 145 ff.; *Schlegel*, GA 2007, 648 ff.
570 *Meininghaus*, Zugriff, S. 148; weitgehend *T. Böckenförde*, Ermittlung, S. 223 ff., der das Räumlichkeitskriterium im Kontext von Ermittlungen im IT-Bereich generell für ungeeignet hält.
571 *Meininghaus*, Zugriff, S. 148.

sei und dass es beim Online-Zugriff gerade nicht zu einer Überwachung der gesamten Wohnung komme.[572]

Weniger problematisch als die Frage nach der Geltung des Art. 13 GG beim heimlichen Fernzugriff auf informationstechnische Systeme dürfte – mit Ausnahme des bereits dargestellten Sonderfalles der sog. „Quellen-TKÜ" – die (Nicht-) Anwendbarkeit der Telekommunikationsfreiheit i. S. d. Art. 10 GG sein.[573] Sie ist letztlich eine konsequente Fortführung der bereits dargestellten Schutzbereichsbestimmung, wie sie im Anschluss an die „Bargatzky-Entscheidung" des Zweiten Senats heute als weitgehend anerkannt gelten darf. Obwohl der Rechner des Verdächtigen für einen Zugriff notwendig „online", also eine Telekommunikationsverbindung aufgebaut sein muss, geht es bei dem Fernzugriff auf IT-Systeme nicht um einen Zugriff auf Telekommunikationsdaten. Denn wenn der Inhalt einer Festplatte „gespiegelt" wird, dann handelt es sich nicht um eine Maßnahme, die an die typische Gefährlichkeit eines Telekommunikationsvorganges anknüpft. Art. 10 GG soll den Grundrechtsträger dort schützen, wo das Kommunikationsmedium durch einen Dritten bereitgestellt wird. Die fehlende Beherrschbarkeit dieses Kommunikationsmediums begründet die spezifische Gefährdungslage i. S. d. Telekommunikationsfreiheit. Bei der sog. Online-Durchsuchung geht es demgegenüber um einen Zugriff auf ein dem persönlichen Bereich des Nutzers zuzuordnendes informationstechnisches System bzw. dessen Inhalt, in diesem Fall jedoch unabhängig von etwaigen aktuellen Kommunikationsvorgängen. Daran ändert sich auch dadurch nichts, dass die Ermittlungsorgane ihrerseits einen solchen Vorgang initiieren müssen, um die Daten zu übertragen. Dadurch wird der gesamte Zugriff keineswegs zu einem aus der Perspektive des Betroffenen durch Art. 10 GG geschützten Telekommunikationsvorgang.

2. Die Neuregelung durch das Gesetz zur effektiveren und praxistauglicheren Ausgestaltung des Strafverfahrens

Mit der ausdrücklichen gesetzlichen Regelung von Quellen-TKÜ und Online-Durchsuchung wollte der Gesetzgeber der Tatsache Rechnung tragen, dass die „weite Verbreitung informationstechnischer Systeme" –

---

572 *Schlegel*, GA 2007, 648 ff.
573 Eingehend und zutr. zum Folgenden *Buermeyer*, HRRS 2007, 329 ff.

ausdrücklich betont werden „die Nutzung mobiler Geräte in Form von Smartphones oder Tablet PCs" sowie „externe Speicher in sogenannten Clouds" – auch deren Bedeutung im Bereich der Aufklärung von Straftaten erhöht.[574] Die Gesetzesbegründung betont dabei zutreffend, dass für beide Maßnahmen die Infiltration eines fremden informationstechnischen Systems erforderlich ist.[575] Der Unterschied liege darin, dass bei der Online-Durchsuchung „die Nutzung des Systems umfassend überwacht und seine Speichermedien ausgelesen werden", während bei der Quellen-TKÜ „lediglich laufende Telekommunikationsvorgänge überwacht und aufgezeichnet würden.[576]

Zwar ist es gerade mit Blick auf die in dieser Arbeit vorgestellte Kritik nachdrücklich zu begrüßen, dass der Gesetzgeber angesichts der Bedeutung informationstechnischer Systeme bei strafrechtlichen Ermittlungen sowie mit Blick auf die dabei auftretenden spezifischen Grundrechtsgefährdungen nunmehr – freilich viel zu spät – spezielle Ermächtigungsgrundlagen geschaffen hat. Jedoch zeigt eine nähere Analyse der Gesetzesmaterialien, dass nach wie vor Fehlinterpretationen über die grundrechtsspezifische Dimension der einzelnen Maßnahmen vorherrschen und dass beide Vorschriften im Übrigen die Anforderungen an eine grundrechtssensible und verfassungsrechtlich akzeptable Ausgestaltung deutlich verfehlen.

a) Quellen-TKÜ nach §§ 100a Abs. 1 S. 2 und S. 3 StPO

aa) Inhalt der Neuregelung im Überblick

Die Gesetzesbegründung sieht die Schaffung einer Ermächtigungsgrundlage für die Quellen-TKÜ ausdrücklich im Zusammenhang mit der bis dahin insoweit umstrittenen Rechtslage.[577] Das spricht dafür, dass der Gesetzgeber die bisweilen allzu apodiktisch bejahte Zulässigkeit der Maßnahme unter Rückgriff auf § 100a StPO a.F. (siehe oben IV 1 a) zu Recht nicht als unproblematisch unterstellt hat. Stattdessen werde nunmehr „ausdrücklich *festgelegt*" (nicht *klargestellt*), dass Telekommunikationsinhalte auch auf den Endgeräten der Kommunikationsteilnehmer

---

574 BT-Drucks. 18/12785 S. 46.
575 BT-Drucks. 18/12785 S. 46 a. E.; mit Recht deutlich *Singelnstein/Derin*, NJW 2017, 2646, 2647: „Technisch gesehen ist auch die Quellen-TKÜ eine Online-Durchsuchung".
576 BT-Drucks. 18/12785 S. 47.
577 Vgl. die Nachw. Zum Diskussionsstand bei BT-Drucks. 18/12785, S. 49.

aufgezeichnet und überwacht werden dürfen, sofern sichergestellt sei, dass nur solche Inhalte dabei erfasst würden, die grundsätzlich auch im Rahmen einer herkömmlichen TKÜ hätten erlangt werden können.[578] Die Vorschrift solle „eine Telekommunikationsüberwachung auch dort [...] ermöglichen, wo dies mittels der alten Überwachungstechnik nicht möglich ist".[579]

Während § 100a Abs. 1 S. 2 StPO n. F. vor allem den Zugriff auf VoiceOverIP-Telefonie – und somit einen Eingriff in Art. 10 Abs. 1 GG – regelt, handelt es sich bei § 100a Abs. 1 S. 3 StPO n. F. um die Ermächtigungsgrundlage für die Überwachung und Aufzeichnung von Nachrichten, die mit sog. Messenger-Diensten versendet werden.[580] Da letztere auf dem Endgerät des Betroffenen gespeichert werden und sich folglich im Herrschaftsbereich des Nutzers befinden, ist Art. 2 Abs. 1 i. V. m. Art. 1 Abs. 1 GG betroffen, wobei die Gesetzesbegründung offenlässt, ob das Grundrecht auf informationelle Selbstbestimmung oder aber das Grundrecht auf Gewährleistung der Vertraulichkeit und Integrität informationstechnischer Systeme einschlägig ist.[581] Eine besondere Intensität der Grundrechtsbeeinträchtigung – mit der Folge erhöhter Eingriffsvoraussetzungen – sei trotz eines etwaigen Eingriffs in das IT-Grundrecht nicht zu besorgen, da es sich eben der Sache nach um eine der Telekommunikationsüberwachung vergleichbare und somit auf bestimmte Inhalte beschränkte Maßnahme handele.[582] Noch nicht abgeschickte Nachrichtenentwürfe dürften nicht nach dieser Vorschrift aufgezeichnet werden,[583] so dass die eingesetzte Software auch in der Lage sein müsste, abgespeicherte Entwürfe von bereits versandten oder empfangenen Nachrichten zu unterscheiden.

bb) Kritische Würdigung

Die Gesetzesbegründung selbst stellt im Kontext des § 100a Abs. 1 S. 2 StPO n. F. mit Recht klar,, dass ein „zusätzlicher Grundrechtseingriff für den Betroffenen" schon darin liegt, dass „dessen technische Geräte

---

578 BT-Drucks. 18/12785 S. 49, Hervorhebung im wörtlichen Zitat durch den Verf.
579 BT-Drucks. 18/12785 S. 50.
580 BT-Drucks. 18/12785 S. 48; *Singelnstein/Derin*, NJW 2017, 2646, 2647 f.
581 BT-Drucks. 18/12785 S. 50.
582 BT-Drucks. 18/12785 S. 50.
583 BT-Drucks. 18/12785 S. 51.

mittels einer Software infiltriert und damit verändert werden".[584] Damit erweist sich die der Neuregelung zu Grunde liegende Vorstellung des Gesetzgebers jedoch als inkonsequent, wenn einerseits die Beschränkung des Eingriffs nach § 100a Abs. 1 S. 2 StPO n. F. auf das Grundrecht in Art. 10 GG und andererseits explizit der zusätzliche Eingriffscharakter der Infiltration betont wird. Denn letztere kann ohne Frage nur als Beeinträchtigung des Grundrechts auf Gewährleistung der Vertraulichkeit und Integrität informationstechnischer Systeme qualifiziert werden. Offenbar ist der Gesetzgeber also selbst nicht völlig überzeugt von der Prämisse, dass es sich bei den neu geregelten Maßnahmen gewissermaßen lediglich um eine „verlängerte TKÜ" handelt. Hierauf ruht aber der Kerngedanke der Neuregelung, wonach eine Quellen-TKÜ grundsätzlich unter denselben Voraussetzungen zulässig sein soll wie eine „normale" TKÜ. Die gesetzlich vorgesehene Subsidiarität begründet dabei keine nennenswerte Einschränkung, weil die Notwendigkeit der Infiltration des Systems zur Aufzeichnung unverschlüsselter Kommunikationsinhalte bei den hier relevanten Kommunikationsverfahren praktisch immer gegeben ist.[585]

Von zentraler Bedeutung ist insoweit – das zieht sich durch die gesamte Gesetzesbegründung[586] –, dass durch die technische Ausgestaltung der Maßnahme gewährleistet wird, dass sich die Aufzeichnung ausschließlich auf den Inhalt laufender (Abs. 1 S. 2) bzw. abgeschlossener (Abs. 1 S. 3) *Telekommunikationsvorgänge* bezieht. Diese zentrale Voraussetzung der Rechtmäßigkeit der Maßnahme ist in § 100a Abs. 5 StPO n. F. explizit formuliert. Die Bedeutung dieses Aspekts war bereits in der Diskussion zur vorherigen Rechtslage deutlich, wo die Anwendbarkeit von § 100a StPO a. F. auf die Behauptung gestützt wurde, die Beschränkung auf Telekommunikationsinhalte könne durch eine entsprechende Software gewährleistet werden (siehe oben D IV 1 a bb). Dies erlangt nun insbesondere im Rahmen von § 100a Abs. 1 S. 3 StPO n. F. eine zusätzliche (problematische) Dimension. Denn hier muss die verwendete Software Daten aufzeichnen, die auf dem System gespeichert sind, womit die Parallele mit der allenfalls nach § 100b StPO zulässigen Online-Durchsuchung überdeutlich wird. So warnt denn auch die Gesetzesbegrün-

---

584 BT-Drucks. 18/12785 S. 51.
585 Zutr. *Roggan*, StV 2017, 821, 822 f., der prognostiziert, die Quellen-TKÜ werde die klassische TKÜ demnächst als Standardmaßnahme ablösen.
586 Vgl. BT-Drucks. 18/12785 S. 49, S. 50, S. 51, S. 52.

dung ausdrücklich davor, dass bei der Aufzeichnung auch Nachrichten erfasst werden können, die nicht aus dem Zeitraum stammen, für den die Überwachung angeordnet wurde. Dass solche Nachrichten nicht aufgezeichnet werden, müsse durch die Ausgestaltung der Software sichergestellt sein, da die Maßnahme sich anderenfalls hin zu einer „kleinen Online-Durchsuchung" entwickeln könne.[587] Sofern eine entsprechende Beschränkung softwaretechnisch nicht wirksam gewährleistet werden könne – sei es, weil eine entsprechende Software nicht existiert –, scheidet § 100a Abs. 1 S. 3 StPO n. F. als Ermächtigungsgrundlage aus.

Es sind indes Zweifel an der praktisch wirksamen Kontrolle dieser nach dem rechtlichen Standpunkt der Gesetzesbegründung so zentralen technischen Voraussetzungen begründet.[588] Mit Blick auf die Maßnahme nach § 100a Abs. 1 S. 2 StPO n. F. ist völlig ungeklärt, wie die Software Gespräche des Nutzers mit seinem (Tele-)Kommunikationspartner von sonstigen (Raum-)Gesprächen unterscheiden soll, die während einer laufenden Voice Over IP-Verbindung geführt werden. Auch müsste die Software in der Lage sein, die Stummschaltung des Mikrofons zu erkennen, da ansonsten wiederum die Gefahr der Aufzeichnung von nicht telekommunikationsbezogenen Raumgesprächen und letztlich die Verwandlung des Endgeräts in eine Abhöreinrichtung droht.

Potenziert wird diese Gefahr angesichts der zunehmenden Verbreitung von digitalen Sprachassistenten wie „Alexa", worauf an dieser Stelle zumindest kurz hingewiesen werden soll.[589] Diese werden regelmäßig mit verschiedenen weiteren technischen Geräten vernetzt, wodurch ein permanenter Datenfluss generiert wird. Die Geräte funktionieren mittels eines Sprachassistenten und zeichnen Daten immer dann auf, wenn zuvor ein bestimmtes Codewort – bei dem am meisten verbreiteten Gerät eben „Alexa" – fällt. Die Sprachaufzeichnungen werden dann in den entsprechenden Clouds der Unternehmen gespeichert. Somit könnte auch der Zugriff auf solche Sprachassistenten potentiell dazu führen, dass alle Gespräche in einem bestimmten Raum überwacht werden, etwa wenn die Aufzeichnungsfunktion durch Verwendung eines Trojaners eingeschaltet wird. Dann handelt es sich ersichtlich um eine Art des „Großen

---

587 BT-Drucks. 18/12785 S. 50 a. E.
588 Ebenso *Roggan*, StV 2017, 821, 824.
589 Näher dazu *Meinicke*, in: Taeger (Hrsg.), Rechtsfragen digitaler Transformationen, S. 835, 846 ff.

Lauschangriffs", die nicht auf § 100a Abs. 1 S. 2, S. 3 StPO, sondern allenfalls auf § 100b StPO gestützt werden kann.

Mit § 100a Abs. Abs. 6 StPO n. F. hat der Gesetzgeber eine Protokollierungsvorschrift geschaffen, durch die sichergestellt werden soll, dass die Einhaltung der in § 100a Abs. 5 StPO n. F. normierten Voraussetzungen nachträglich überprüft werden können. Doch erscheint fraglich, ob hier bei den Gerichten eine ausreichende technische Expertise vorhanden ist, um die rechtlich relevanten Fragestellungen anhand der gem. § 100a Abs. 6 StPO n. F. zu protokollierenden Informationen zu beurteilen. Die bloße Bezeichnung des zur Infiltration eingesetzten Software (vgl. § 100a Abs. 6 Nr. 1 StPO) etwa wird dem Gericht kaum bei der Beantwortung der Frage helfen, ob diese Software nur entsprechend beschränkte Inhalte aufzeichnet. Es liegt in der Logik der Strafverfolgungstätigkeit begründet, dass etwaige vorhandene Mittel eingesetzt werden, selbst wenn ein (vermutlich technisch komplizierter) endgültiger Nachweis hinsichtlich der Einhaltung der rechtlichen Voraussetzungen nicht erbracht ist.

Es ist äußerst bedenklich, dass der Gesetzgeber technische Überwachungsmaßnahmen zulässt, von denen er ausdrücklich nicht weiß, ob sie in rechtlich zulässiger Weise durchführbar sind. Das hätte unbedingt vorher geklärt werden müssen angesichts der zentralen Bedeutung, die der technischen Beschränkung auf die entsprechenden Inhalte nach der rechtlichen Konzeption des Gesetzgebers zukommt. So steht zu befürchten, dass die Regelung lediglich ein Feigenblatt darstellt, um die prekäre Legitimation der Maßnahme zu überdecken. Allerdings ist zu erwähnen, dass das BVerfG (Erster Senat) in der Entscheidung zum BKAG ausdrücklich erklärt hat, dass die Verfassungsmäßigkeit der entsprechenden Vorschriften nicht von der tatsächlichen Realisierbarkeit der technischen Vorgaben abhänge, da dies die Anwendung der Norm und nicht ihre Gültigkeit betreffe; sofern es keine entsprechende Software gebe, laufe die Norm bis auf Weiteres leer, wodurch ihre Gültigkeit nicht beeinträchtigt werde.[590]

Zusammenfassend lässt sich der grundlegende Fehler der Neuregelung darin sehen, dass die Quellen-TKÜ als eine bloß erweiterte Telekommunikationsüberwachung behandelt wird. Stattdessen wäre es ratsam gewesen, die von der Gesetzesbegründung selbst thematisierte Parallele zur Online-Durchsuchung ernster zu nehmen. Anstatt seiner von der

---

590 Vgl. BVerfG NJW 2016, 1781, 1796 a. E.

Wesentlichkeitstheorie diktierten Aufgabe gerecht zu werden und eine differenzierte und spezifische Nomenklatur von Ermächtigungsgrundlagen vorzulegen, die den neuartigen Herausforderungen beim Zugriff auf informationstechnische Systeme Rechnung trägt, behandelt der Gesetzgeber die Quellen-TKÜ lediglich als Annex der normalen Telekommunikationsüberwachung. Dieser Fehler unterläuft ihm bei der Online-Durchsuchung zwar nicht. Aber auch hier zeugen die Gesetzesmaterialien von fehlender Sensibilität für das Ausmaß der grundrechtsspezifischen Gefährdungen.

b) Online Durchsuchung nach § 100b StPO n. F.

aa) Inhalt der Neuregelung im Überblick

Mit § 100b StPO n. F. ist die Online-Durchsuchung, also der vom Nutzer unbemerkte staatliche Zugriff auf ein informationstechnisches System erstmals im strafprozessualen Kontext geregelt. Der Gesetzgeber betont in den einschlägigen Materialien – im Anschluss an das BVerfG – die Tragweite des damit verbundenen Eingriffs in das Grundrecht auf Vertraulichkeit und Integrität informationstechnischer Systeme und nimmt für sich in Anspruch, die daraus resultierende Höhenmarke für die Eingriffsvoraussetzungen mit der Neuregelung nicht zu unterlaufen.[591] Hierfür werden im Wesentlichen die für die akustische Wohnraumüberwachung geltenden Anforderungen auf die Online-Durchsuchung übertragen, was sich bei der folgenden näheren Betrachtung als unzulänglich erweisen wird.

Es ist bereits darauf hingewiesen worden, dass zwischen der nunmehr in § 100a Abs. 1 S. 2, S. 3 StPO geregelten Quellen-TKÜ und der Online-Durchsuchung nach § 100b StPO kein qualitativer Unterschied besteht, da in beiden Fällen eine Infiltration des Zielsystems zum Zwecke des Auslesens von Daten erfolgt, sondern dass die Unterscheidung grundsätzliche quantitativer Natur mit Blick auf den Umfang der ausgelesenen Daten ist.[592] § 100b Abs. 1 StPO äußert sich insofern ebenso allgemein wie umfassend und lässt grundsätzlich – unbeschadet des nunmehr für alle Vorschriften in § 100d StPO zusammengefassten Kernbereichsschutzes – die Erhebung von offenbar jeglichen „Daten" zu.

---

591 BT-Drucks. 18/12785 S. 54.
592 *Roggan*, StV 2017, 821, 825.

Die vom Gesetz insoweit genannten Anordnungsvoraussetzungen (§ 100b Abs. 1 Nr. 1 – 3 StPO) sind dabei weitgehend aus der Regelung zum sog. „großen Lauschangriff" übernommen, und zwar sowohl was den Grad des erforderlichen Tatverdachts (Nr. 1), das Gewicht der in Rede stehenden Tat im Einzelfall (Nr. 2) und das Subsidiaritätserfordernis betrifft. Auch der Katalog derjenigen Straftaten, bzgl. derer ein Verdacht die Anordnung rechtfertigen kann, ist aus § 100c Abs. 2 StPO übernommen. Es fehlt hingegen die nach § 100c Abs. 1 Nr. 3 StPO für die Anordnung einer akustischen Wohnraumüberwachung notwendige Prognose der Erfassung beweisrelevanter Erkenntnisse. Zur Anordnung einer repressiven Online-Durchsuchung ist gem. § 100e Abs. 2 S. 1 StPO eine mit drei Richtern besetzte Staatsschutzkammer am Landgericht zuständig, wobei im Eilfall nach § 100b Abs. 2 S. 2 StPO eine Entscheidung durch den Vorsitzenden möglich ist.

bb) Kritische Würdigung

Schon anlässlich der Anhörung von Sachverständigen ist – trotz einer geringen Vorlaufzeit für die Erstattung der Stellungnahmen – vor allem von *Buermeyer* in überzeugender Weise herausgearbeitet worden, dass und warum die gesetzliche Reglung der strafprozessualen Online-Durchsuchung in § 100b StPO verfassungsrechtlich unzureichend ist.[593] Bereits die weitgehend unreflektierte Gleichsetzung von Online-Durchsuchung und akustischer Wohnraumüberwachung geht fehl.[594] Das umfassende Auslesen und Überwachen informationstechnischer Systeme geht hinsichtlich der Eingriffsintensität deutlich über die lediglich akustische Wohnraumüberwachung hinaus. Das ergibt sich schon daraus, dass durch den Einsatz eines Trojaners nicht nur das Mikrofon, sondern auch die Kamera eines informationstechnischen Systems – namentlich eines Computers/Laptops, Tablets oder eines Mobiltelefons – eingeschaltet werden kann, weshalb die Online-Durchsuchung jedenfalls ihren technischen Möglichkeiten nach[595] potentiell nicht nur die akustische, sondern auch die visuelle Überwachung umfasst.

Aber die Online-Durchsuchung geht weit darüber hinaus, sie ermöglicht neben dem Zugriff auf potentiell riesige Datensätze aus unterschied-

---

593 *Ders.*, Stellungnahme, *passim*.
594 *Roggan*, StV 2017, 821, 826 f.
595 Für unzulässig hält dies auf der Basis des geltenden Gesetzes *Roggan*, StV 2017, 821, 826.

lichsten Bereichen (z. B. private Fotos, berufliche Unterlagen, persönliche schriftliche Aufzeichnungen) außerdem die Beobachtung der laufenden Benutzung des Systems, so dass die Ermittler den Betroffenen „virtuell heimlich über die Schulter blicken und ihnen so beim Denken zuschauen" können.[596] Nicht zu Unrecht hat B*uermeyer* Computer und Smartphones als „ausgelagerten Teil des Gehirns" bezeichnet, der nicht selten ein „digitales Abbild unseres Lebens" enthält.[597] Der umfassende heimliche staatliche Zugriff auf solche Systeme reicht in seiner Eingriffsintensität daher deutlich über diejenige der akustischen Wohnraumüberwachung hinaus. Er ist eher mit mehrfach wiederholten heimlichen Hausdurchsuchungen vergleichbar.[598] Speziell beim Zugriff auf Cloud Systeme muss bedacht werden, dass die dort abrufbaren – teilweise nicht vom Nutzer selbst erzeugten und ihm folglich in ihrem Umfang unbekannten – Daten unter Umständen weitreichende Informationen über das Verhalten des Beschuldigten und teilweise auch seine Aufenthaltsorte bieten können. Insofern ließe sich als Vergleichsmaßstab in der „analogen Welt" nur das Zusammentreffen verschiedener und über einen längeren Zeitraum praktizierter Überwachungsmaßnahmen denken. Die Parallele zu § 100c StPO trägt daher nicht.

Darüber hinaus misslingt dem Gesetzgeber der „Schrankentransfer"[599], dessen Notwendigkeit sich daraus ergibt, dass die Vorgaben des BVerfG zu Eingriffen in das Grundrecht auf die Gewährleistung der Vertraulichkeit und Integrität informationstechnischer Systeme aus Entscheidungen zu präventiven Vorschriften stammt, weshalb diese Vorgaben nicht unbesehen in den repressiven Zusammenhang einer strafprozessualen Eingriffsnorm übertragen werden können. Denn selbst wenn es gute Gründe dafür geben mag, die kategorische Trennung von präventiven und repressiven Ermittlungsmaßnahmen insgesamt zu überdenken,[600] ist ein Gedanke doch von nicht zu widerlegender Plausibilität: Im Bereich präventiver Maßnahmen soll ein noch nicht eingetretener Schaden für ein Rechtsgut verhindert werden; der Staat ist also zum Beispiel noch dazu in der Lage, das Leben eines Bürgers (oder mehrerer Bürger) vor seiner Auslöschung durch ein möglicherweise bevorstehendes Tötungsdelikt zu bewahren. Dass hierfür weitreichendere Befugnisse zur Verfügung

---

596 *Buermeyer*, Stellungnahme, S. 5.
597 *Buermeyer*, Stellungnahme, S. 5.
598 *Roggan*, StV 2017, 821, 826 f.
599 Begriff von *Buermeyer*, Stellungnahme, S. 10.
600 Hierzu jüngst umfassend *Brodowski*, Überwachungsmaßnahmen, S. 485 ff.

stehen müssen als für den Fall, dass der Schaden für das Rechtsgut bereits eingetreten ist, liegt mehr als nahe und entspricht im Übrigen auch der aus Art. 13 Abs. 3, Abs. 4 GG ersichtlichen verfassungsrechtlichen Sichtweise.[601] Damit wird die wichtige Bedeutung der staatlichen Strafrechtspflege in keiner Weise grundsätzlich in Zweifel gezogen. Aber sie vermittelt eben doch nur einen mittelbaren und reflexhaften Schutz von Rechtsgütern, deren Beeinträchtigung in Gestalt einer Straftat immer schon vorliegen muss, damit repressive Maßnahmen greifen. Keinesfalls ist es demnach begründbar, dem Staat zur Aufklärung und Verfolgung einer begangenen Straftat weitergehendere Befugnisse einzuräumen als ihm zu deren präventiver Verhinderung zur Verfügung stünden. Eine repressive Online-Durchsuchung muss daher in der Sache mindestens dieselben Eingriffsvoraussetzungen vorsehen wie eine präventive Regelung. Überzeugender ist die Annahme, dass die Anforderungen strenger sein sollten.

Angesichts der danach notwendigen Differenzierung zwischen dem präventiven und dem repressiven Einsatz entsprechender Instrumente ist ferner zu bedenken, dass die Übertragung des Straftatenkatalogs aus § 100c Abs. 2 StPO in die Regelung des § 100b StPO die Vorgaben des BVerfG nahezu offensichtlich ignoriert. Denn nach der jetzt geltenden Fassung von § 100b StPO ermöglicht diese Vorschrift die Anordnung einer repressiven Online-Durchsuchung unter Umständen für Fälle, in denen eine präventive Maßnahme unzulässig wäre.[602] Die Online-Durchsuchung soll also zulässig sein zur Aufklärung einer Straftat, die der Staat geschehen lassen müsste, wenn die Online-Durchsuchung die einzige Möglichkeit wäre, sie zu verhindern. Das ist aber geradezu offensichtlich unstimmig.

Hat die vorstehende Betrachtung somit ergeben, dass die Vorschrift des § 100b StPO schon an sich verfassungsrechtlich kaum „zu retten ist", so muss erst recht gegen die Überlegung Stellung bezogen werden, in der Norm eine Ermächtigungsgrundlage zur heimlichen Durchsuchung und Überwachung der Server des Cloud-Anbieters zu sehen.[603] Zwar regelt das Gesetz in § 100b Abs. 3 S. 2 explizit unter den dort genannten die Befugnis zur Durchsuchung von informationstechnischen Systemen

---

601 Überzeugend *Buermeyer*, Stellungnahme, S. 10 ff.; ebenso *Roggan*, StV 2017, 821, 826.
602 *Buermeyer*, Stellungnahme, S. 12; zust. *Roggan*, StV 2017, 821, 827.
603 Dagegen mit Recht auch *Roggan*, StV 2017, 821, 827 f.; unkritisch insofern *Bell*, Strafverfolgung, S. 123.

anderer Personen. Aber diese Regelung kann sich richtigerweise nicht auf etwaige Server eines Anbieters von Cloud-Diensten beziehen. Denn nahezu jeder Beschuldigte nutzt – zusammen mit unzähligen anderen Personen – Server z. B. von Google, Apple oder Microsoft. Würde das ausreichen, um diese Server zu infiltrieren und zu „durchsuchen", wäre es um das Vertrauen in die Integrität und Sicherheit informationstechnischer Systeme endgültig geschehen. Denn jeder Nutzer entsprechender Dienste müsste quasi immer damit rechnen, dass die von ihm mitgenutzten Server nur deshalb überwacht werden, weil sie unter Umständen ebenfalls von Personen genutzt werden, die der Begehung einer Straftat verdächtig sind. Eine Ausübung des Grundrechts im Vertrauen auf die Freiheit vor staatlichem Zugriff wäre damit letztlich unmöglich.

Für die vorliegende Untersuchung sind die Materialien zu § 100b StPO n. F. schließlich auch deshalb besonders aufschlussreich, weil sich darin ein (hier bereits thematisiertes) Fehlverständnis hinsichtlich der Reichweite und Intensität bestimmter Eingriffe zeigt, welches im Kontext mit Cloud-Sachverhalten eine zentrale Rolle spielt. Der Gesetzgeber grenzt die Online-Durchsuchung von der ebenfalls verdeckten Telekommunikationsüberwachung dadurch ab, dass letztere sich „auf Kommunikationsinhalte" beziehe, während bei der Online-Durchsuchung „das gesamte Nutzungsverhalten einer Person überwacht werden" könne.[604] Indes ist hier bereits herausgearbeitet worden, dass schon eine „herkömmliche" TKÜ nach § 100a Abs. 1 S. 1 StPO in technischer Hinsicht jedenfalls das gesamte Surfverhalten des Anschlussinhabers dokumentiert (soweit nicht ausnahmsweise eine Verschlüsselung der Daten stattfindet). Damit ermöglicht schon die Maßnahme nach § 100a Abs. 1 S. 1 StPO eine weitgehend vollständige Online-Überwachung, gegenüber der die Online-Durchsuchung nach § 100b StPO n. F. lediglich dadurch qualifiziert wird, dass neben der Aufzeichnung des Surfverhaltens auch auf dem System fest gespeicherte Daten aufgezeichnet werden können.

Schon eine solche Überwachung des Surfverhaltens ist aber zweifellos eine Maßnahme, die in erheblichem Umfang in das Recht auf Vertraulichkeit und Integrität informationstechnischer Systeme eingreift bis hin zur Möglichkeit der Bildung umfassender Persönlichkeitsprofile (näher hierzu bereits oben III 2 c). Indem diese Maßnahme aufgrund der Interpretation des Telekommunikationsbegriffs in § 100a StPO bereits

---

604 BT-Drucks. 18/12785 S. 54.

unter den weniger strengen Voraussetzungen jener Norm zugelassen wird, gerät das System der Eingriffsvoraussetzungen in eine Imbalance, die durch die Neuregelungen des Gesetzes zur effektiveren und praxistauglicheren Ausgestaltung des Strafverfahrens nicht beseitigt werden kann. Die vom Gesetzgeber mehrfach betonte Notwendigkeit der Ausrichtung der Voraussetzungen des § 100b StPO an der Regelung zur akustischen Wohnraumüberwachung (§ 100c StPO) müsste auch für die Überwachung des (unverschlüsselten) Surfverhaltens gelten. Dies könnte innerhalb der lex lata allein durch die hier vorgeschlagene restriktive Interpretation des Telekommunikationsbegriffs gewährleistet werden, in deren Konsequenz § 100a StPO die Aufzeichnung des Internetverkehrs nicht erfassen würde. § 100b StPO mag zwar seinem Wortlaut nach die Aufzeichnung sämtlicher Kommunikationsvorgänge gestatten; die Vorschrift ist aber verfassungsrechtlich nicht haltbar, wie vor allem *Buermeyer* herausgearbeitet hat, dessen Ausführungen hier gefolgt wird. Und selbst wenn dies anders gesehen werden sollte, bleibt das Problem der potentiell transnationalen Dimension von Cloud-Sachverhalten, das durch die Anwendung von § 100b StPO nicht gelöst würde. Dieses ist nun im folgenden Schlussteil dieses Abschnitts näher darzustellen.

V. § 110 Abs. 3 StPO und die transnationale Dimension des Zugriffs auf in der Cloud gespeicherte Daten

Zwei Besonderheiten, die der strafprozessuale Zugriff auf in einer Cloud gespeicherte Daten mit sich bringt, richten das Augenmerk auf die unscheinbare, fast schon versteckt wirkende Vorschrift des § 110 Abs. 3 StPO, der die „Durchsicht" elektronischer Datenträger im Rahmen einer Durchsuchung zum Gegenstand hat, soweit diese Datenträger sich außerhalb der durchsuchten Räumlichkeiten befinden. Das erlangt zum einen deshalb besondere Bedeutung, weil der Beschuldigte nicht mehr zwingend auf die Verwendung eigener Hardware zur Speicherung seiner Daten angewiesen ist und eine womöglich beabsichtigte Beschlagnahme etwaiger von ihm genutzter Endgeräte somit häufig ins Leere läuft. Zum anderen gerät angesichts dieser Vorschrift die für das hier behandelte Problem zentrale transnationale Dimension in den Fokus, weil schnell die Frage auftaucht, ob § 110 Abs. 3 StPO auch dann den Zugriff auf externe Datenspeicher gestattet, wenn diese sich – wie es bei Cloud-Sachverhalten nahezu immer der Fall sein wird – außerhalb des

Geltungsbereichs der StPO befinden. Im Folgenden soll daher gezeigt werden, welche Rolle § 110 Abs. 3 StPO mit Blick auf den Zugriff auf Cloud-Systeme zum einen in innerstaatlichen (1) und zum anderen in transnationalen Sachverhalten (2) spielt.

1. Die Anwendbarkeit von § 110 Abs. 3 StPO beim Zugriff auf inländische Clouds

§ 110 StPO regelt allgemein die Durchsicht von Papieren (Abs. 1 bzw. Abs. 2) zum Zwecke der Prüfung, ob diese als Gegenstände einer möglichen Beschlagnahme in Betracht kommen. Können bestimmte Papiere schon anhand des Durchsuchungs- und Beschlagnahmebeschlusses ausgesondert werden, so richtet sich das Vorgehen allein nach den §§ 94 ff. bzw. 102 ff. StPO. Es liegt dann kein Fall des § 110 StPO vor.[605] Ursprünglich sollte § 110 StPO die Persönlichkeitssphäre des Betroffenen schützen und zugleich die Beschlagnahmeverbote stärken. Deshalb war zunächst lediglich eine Durchsicht durch den Richter vorgesehen.[606] Nachdem in der Folgezeit dann aber die Kompetenz zur Vornahme der Durchsicht zunächst auf die Staatsanwaltschaft und dann mit dem JuMoG von 2004 sogar auf deren Ermittlungspersonen erweitert wurde, ist von diesem ursprünglichen Konzept der Vorschrift nur noch wenig übrig geblieben.[607] Was nun noch an Regelungsgehalt verbleibt, ist die zeitliche Ausdehnung der Durchsuchung auf den Vorgang der Durchsicht.[608]

Bereits vor Einführung des Abs. 3 durch das Gesetz zur Neuregelung der Telekommunikationsüberwachung und anderer verdeckter Ermittlungsmaßnahmen[609] wurden unter „Papiere" i. S. d. § 110 StPO sämtliche Gegenstände verstanden, die Informationen verkörpern oder speichern können, insbesondere auch Datenträger und Datenspeicher.[610] Strittig war allein, ob die Vorschrift auch den Zugriff auf Netzwerke gestattet, deren Hardware-Infrastruktur sich nicht innerhalb des vom Durchsu-

---

605 *Schlegel*, HRRS 2008, 23, 26.
606 *Schäfer*, in: Löwe/Rosenberg-StPO, § 110 vor Rn. 1 (Entstehungsgeschichte).
607 Mit Recht krit. daher *Wohlers*, in: SK-StPO⁴, § 110 Rn. 4 ff.; ferner *Neuhaus*, StV 2005, 47, 50; *Sommer* StraFo 2004, 296; *Schlegel* GA 2007, 648, 662; *Knauer/Wolf* NJW 2004, 2932, 2937; vgl. auch *Beulke/Meininghaus*, in: FS Widmaier, S. 63, 73 ff.
608 BVerfG NStZ 2002, 377, 378; BGHSt 44, 265, 273.
609 BGBl. 2007 I S. 3198.
610 BVerfG NStZ 2002, 377, 378; *Wohlers*, SK-StPO⁴, § 110 Rn. 8 m. w. N.

chungsbeschluss erfassten Bereichs befindet.[611] Diese Möglichkeit sieht das Gesetz nunmehr in der zur Umsetzung von Art. 19 Abs. 2 der Cybercrime-Konvention des Europarates geschaffenen Regelung des Abs. 3[612] ausdrücklich vor, sofern auf das externe Speichermedium von dem sich in den durchsuchten Räumen befindlichen Gerät aus zugegriffen werden kann. Der Sache nach wird somit im Verhältnis zum Inhaber des externen Speichermediums ein verdeckter hoheitlicher Zugriff gestattet, der lediglich aufgrund des Verweises auf § 98 Abs. 2 StPO nachträglich (innerhalb von drei Tagen) offen zu legen ist.[613] Voraussetzung ist, dass bei unterbleibender Durchsicht ein Verlust der Daten zu besorgen ist.[614] Dies wird indes regelmäßig der Fall sein, denn dem Verdächtigen ist eine Löschung der Daten – auf die er ja von seinem System aus Zugriff hat – typischerweise ohne größere Schwierigkeiten möglich, bevor die Ermittlungsbehörden das externe Speichermedium beschlagnahmen können. Insgesamt enthält § 110 Abs. 3 StPO somit der Sache nach eine Erweiterung der Eingriffsbefugnisse und mitnichten eine bloße Einschränkung der §§ 102 f. StPO, wie es der ursprünglichen Konzeption des § 110 StPO eigentlich entsprach.[615]

Nach den hier bereits zu § 94 StPO getätigten Ausführungen ergibt sich fast schon ohne Weiteres, dass § 110 Abs. 3 StPO – und zwar unabhängig von den Problemen bei einem grenzüberschreitenden Zugriff (vgl. sogleich unter 2) – nicht dafür geeignet ist, eine taugliche Ermächtigungsgrundlage für den Zugriff auf Cloud-Systeme zu bieten. Denn der von der Vorschrift verwendete Begriff der „Durchsicht" muss als extreme Verharmlosung bzw. Bagatellisierung des zu Grunde liegenden Eingriffs bezeichnet werden. Mit dieser „Durchsicht" ist die Kenntnisnahme der Daten durch staatliche Stellen unwiderruflich erfolgt. Selbst wenn dann im Anschluss nicht oder jedenfalls nicht bzgl. aller „durchgesehenen" Daten auch eine Verwertung erfolgt, wird der bereits eingetretene Grundrechtseingriff nicht rückgängig gemacht. Die „Durchsicht" aller in einem Cloud-Speicher gespeicherten Daten eines Beschuldigten begründet ohne Frage einen Eingriff in dessen Grundrecht auf Gewährleistung der Vertraulichkeit und Integrität informationstechnischer Systeme.

---

611 Dagegen etwa *Bär* CR 1995, 227, 228 f.
612 Vgl. BT-Drucks. 16/7218, S. 50.
613 Siehe BT-Drucks. 16/6979 S. 66.
614 Vgl. dazu BT-Drucks. 16/6979 S. 65.
615 *Beulke/Meininghaus*, in: FS Widmaier, S. 63, 74.

Dabei ist zu bedenken, dass § 110 Abs. 3 StPO grundsätzlich sogar dazu genutzt werden könnte, einen heimlichen Zugriff auf die Daten des Beschuldigten zu rechtfertigen, und zwar bei einer Durchsuchung der Räume der deutschen Niederlassung eines Dienstanbieters nach § 103 StPO. Da die Daten regelmäßig nicht auf Servern gespeichert sind, die sich physisch in den Räumen der Niederlassung befinden, scheint § 110 Abs. 3 StPO dem Wortlaut nach anwendbar. Werden aber sämtliche Daten, die ein Beschuldigter bei einem Diensteanbieter gespeichert hat, von der Niederlassung dieses Diensteanbieters aus ohne Wissen des Nutzers „durchgesehen", ist dies ein für den Beschuldigten verdeckter Eingriff in den Schutzbereich des „IT-Grundrechts". Dass dafür keine Manipulation des Systems durch einen „Trojaner" erforderlich ist, begründet keine ausreichende Verringerung der Eingriffsintensität.[616] Jedenfalls mit Blick auf den Schutzaspekt der Vertraulichkeit ist es für den Grundrechtsträger letztlich bedeutungslos, auf welche Weise staatliche Organe unbemerkt Zugriff auf das System nehmen. Für einen solchen Zugriff stellt die Verbindung aus Beschlagnahme- und Durchsuchungsvorschriften keine hinreichend bestimmte und bereichsspezifische Ermächtigungsgrundlage dar (vgl. bereits oben D I 3). Unter Rückgriff auf § 110 Abs. 3 StPO kann also nach hier vertretener Ansicht keine „Durchsicht der Cloud" angeordnet werden.

Allerdings ist in der jüngeren Vergangenheit die Ansicht vertreten worden, dass Datenspeicher in Cloud-Systemen im Rahmen einer Durchsuchung als dem Beschuldigten gehörende Sachen durchsucht werden können.[617] Da § 110 Abs. 3 StPO gegenüber der Durchsuchung nach den §§ 102 ff. StPO keine zusätzlichen Eingriffsvoraussetzungen enthält, wäre es nach dieser Ansicht also konsequent, eine Durchsicht der Cloud über § 110 Abs. 3 StPO zuzulassen. Wenn hierfür die Voraussetzungen einer Durchsuchung ausreichen und diese vorliegen, kann es keine Rolle spielen, ob der Datenspeicher physisch zugänglich ist, weil sich der Server in dem durchsuchten Raum befindet, oder ob der Zugang von einer im durchsuchten Raum vorgefundenen Einheit aus erfolgt und sich auf ein externes Speichermedium erstreckt.

Der Ansicht, wonach eine Durchsuchung von Cloud-Speichern nach den §§ 102 ff. StPO zulässig ist, muss jedoch mit allem Nachdruck entge-

---

616 Unzureichend insofern der Hinweis bei BT-Drucks. 16/6979, S. 45.
617 Ausf. *Wicker*, Strafanspruch, S. 333 ff.; zust. *Wohlers/Jäger*, in: SK-StPO, § 102 Rn. 15a.

gengetreten werden, wobei die Gründe hierfür letztlich dieselben sind wie im Zusammenhang mit § 94 StPO. Die in einem Cloud-Speicher vorgefundenen Daten sind hinsichtlich Umfang, Vernetzung und Streubreite mit nichts vergleichbar, was in der „analogen" Welt als möglicher Gegenstand eines strafprozessualen Zugriffs in Betracht käme. Um an vergleichbar aussagekräftige Informationen zu gelangen, müssten die Ermittler nicht nur die Wohnung und ggf. den Arbeitsplatz des Beschuldigten durchsuchen; die Cloud enthält darüber hinaus vielmehr (jedenfalls potentiell) auch solche Informationen, die außerhalb des Internets, wenn überhaupt, nur durch eine längerfristige Überwachung des Beschuldigten verfügbar gemacht werden könnten. Angesprochen sind damit all jene Daten, die bei der Nutzung von Cloud-Diensten oft ohne Wissen des Nutzers erzeugt werden, etwa Daten über das Kaufverhalten oder über besuchte Orte. Diese neue und in der nichtdigitalen Welt nicht vorhandene Qualität der in einer Cloud gespeicherten Informationen ist nach der hier vertretenen Ansicht – die sich insofern im Einklang mit der Rechtsprechung des Ersten Senats am BVerfG weiß – der Hauptgrund dafür, dass insbesondere die Vorschriften über die Beschlagnahme, aber auch diejenigen über die Durchsuchung beim Zugriff auf die Cloud keine Anwendung finden können. Das darin vom Gesetzgeber abstrakt-generell festgelegte Verhältnis von Eingriffsanlass und Eingriffsvoraussetzungen kann nicht aus der Welt physischer Gegenstände in einen Bereich übertragen werden, in der vollkommen neuartige Gegenstände des möglichen strafprozessualen Zugriffs existieren. Der Gesetzgeber selbst muss vielmehr festlegen, unter welchen Voraussetzungen strafprozessuale Maßnahmen unter diesen neuen Bedingungen zulässig sind. Eine Durchsuchung von Cloud-Speichern nach den §§ 102 ff. StPO scheidet folglich aus.

2. § 110 Abs. 3 StPO und grenzüberschreitender Zugriff

Die Nutzung internetbasierter Dienste funktioniert auf der Grundlage der Architektur eines weltweiten Rechnernetzwerks, wobei die Daten unabhängig von ihrem jeweiligen Speicherstandort grundsätzlich überall verfügbar sind.[618] In dieser Arbeit wurde bereits dargestellt, dass Daten, die in Cloud-Anwendungen gespeichert sind, innerhalb dieser weltwei-

---

618 Vgl. nur *Sieber*, DJT-Gutachten, C 35 f.

ten Architektur permanent weiterverschoben werden. Das kann zum sog. *loss of location* führen, bei dem ein bestimmbarer Speicherort aus Sicht der Ermittlungsbehörden praktisch nicht mehr vorhanden ist (vgl. zusammenfassend oben B VII).

Jedenfalls dürfte es bei lebensnaher Betrachtung eher selten sein, dass es bei der „Durchsicht" von in einer Cloud gespeicherten Daten einmal *nicht* zu einem grenzüberschreitenden Zugriff (auch sog. *transborder search*) kommt, dass also auf im Ausland gespeicherte Daten von einem in Deutschland befindlichen Endgerät aus zugegriffen wird.[619] Vielmehr wird der Zugriff auf nahezu alle gebräuchlichen Dienste – etwa solche von Google, Microsoft, Amazon oder Apple – regelmäßig damit einhergehen, dass Daten von im Ausland befindlichen Servern abgerufen werden. Vielfach dürfte es häufig sogar schwierig bis unmöglich sein, überhaupt kurzfristig in Erfahrung zu bringen, wo genau die Daten im Zeitpunkt des beabsichtigten Zugriffs gespeichert sind.[620] Und selbst wenn der Standort der Daten zu einem bestimmten Zeitpunkt ermittelt worden sein sollte, kann nicht mit Sicherheit gesagt werden, ob sich die Daten zu einem späteren Zeitpunkt immer noch dort befinden. So wäre es keineswegs ausgeschlossen, dass deutsche Ermittlungsbehörden – falls es ihnen überhaupt gelingt – den Standort bestimmter Daten herausfinden und dann ein Rechtshilfeverfahren (oder eine vorläufige Maßnahme nach Art. 29 der Cybercrime-Konvention, dazu sogleich) gegenüber einem bestimmten Staat einleiten, dass aber beim Zeitpunkt der Entscheidung über das Ersuchen die Daten überhaupt nicht mehr in dem ersuchten Staat sind.

Es entspricht der überwiegenden Ansicht, dass § 110 Abs. 3 StPO zur Lösung der mit dem Phänomen des grenzüberschreitenden Zugriffs zusammenhängenden Probleme nichts beiträgt und dass ein solcher Zugriff unter Verweis auf diese Vorschrift grundsätzlich nicht legitimiert werden kann.[621] Dagegen hat jüngst vor allem *Wicker* dafür plädiert, dass eine

---

619 Siehe zum Problem aus dem deutschen Schrifttum *M. Gercke/Brunst*, Rn. 40 ff.; *Sankol*, K & R 2008, 279 ff.; *Bär*, ZIS 2011, 53 ff.; umfassend aus internationaler Sicht *Sofaer/Goodman*, in: Sofaer/Goodman, Chapter 1, *passim*; zu den gesetzlichen bzw. vertraglichen Regelungen bzw. Regelungsvorhaben auf internationaler Ebene ausf. *M. Gercke*, Understanding Cybercrime, S. 89 ff.

620 *Spoenle*, Cloud Computing, S. 5.

621 Vgl. etwa *Kudlich*, GA 2011. 193, 208; *Warken*, NZWiSt 2017, 329, 338; *Brodowski/Eisenmenger*, ZD 2014, 119, 122 f.; *Obenhaus*, NJW 2010, 651, 654; *M. Gercke*, CR 2010, 345, 347; *B. Gercke*, StraFo 2009, 271, 272 ff.; jüngst auch *Ladiges*, in: Buschman u. a. (Hrsg.), S. 117, 123 ff. m. w. N.; ausführlich zu den völkerrechtlichen Fragen *Sieber*, DJT-Gutachten, C 143 ff.

Durchsicht nach § 110 Abs. 3 StPO grundsätzlich unabhängig von einem ausländischen Speicherort zulässig sein soll und sich dabei vor allem darauf berufen, dass der jeweils Beschuldigte Inhaber der Daten sei und es sich insoweit daher um eine Durchsuchung einer dem Beschuldigten gehörenden Sache nach § 102 StPO handele.[622] Diese Auffassung hat in der Kommentarliteratur einzelne Anhänger gefunden.[623] Teilweise wird zumindest eine vorläufige Sicherung für zulässig gehalten.[624]

Aus der Sicht der hier vorliegenden Untersuchung kann § 110 Abs. 3 StPO schon deshalb nahezu selbstverständlich nicht als Grundlage für den transnationalen Zugriff dienen, weil schon der Zugriff auf innerhalb Deutschlands befindliche Clouds nicht durch diese Vorschrift legitimiert werden kann (vgl. dazu die Ausführungen soeben unter D V 1). Es gibt aber darüber hinaus völkerrechtliche Gründe, die es ausschließen, aufgrund einer nationalstaatlichen Regelung einseitig eine Ermittlungsmaßnahme mit Auswirkungen auf das Gebiet eines fremden Staates vorzunehmen. Im folgenden Abschnitt soll deshalb etwas näher auf die völkerrechtlichen Grundlagen eingegangen werden, aus denen sich die prinzipielle Unzulässigkeit eines eigenmächtigen Zugriffs auf im Ausland gespeicherte Daten ergibt.[625] Im Anschluss wird sich dann zeigen, dass die heute bestehenden völkerrechtlichen Verträge keine hinreichende Problemlösung gewährleisten. Allerdings gibt es einen Vorschlag der Europäischen Kommission für die Implementierung des sog. Marktortprinzips, die für die hier diskutierte Problematik weitreichende Konsequenzen hätte. Der entsprechende Vorschlag einer Verordnung ist zum Ende dieses Abschnitts zu erörtern.

a) Der Souveränitätsgrundsatz

aa) Allgemeines

Der Grundsatz der Souveränität der Staaten bildet den zentralen Ausgangspunkt der heute weitgehend anerkannten sog. völkerrechtlichen Grundprinzipien zwischenstaatlicher Regelungen.[626] Für den Gegen-

---

622 *Wicker*, Strafanspruch, S. 336 ff. und S. 433 ff.
623 Tendenziell zust. *Wohlers/Jäger*, in: SK-StPO, § 110 Rn. 9b; *Schmitt*, in: Meyer-Goßner/ Schmitt, StPO, § 110 Rn. 7b.
624 Siehe hierzu die Nachw. bei *Ladiges*, in: Buschman u. a. (Hrsg.), S. 117, 129.
625 Überzeugend zum Ganzen *Sieber*, DJT-Gutachten, C 143 ff.
626 Ausführlich zum Souveränitätsgrundsatz *Stein/von Buttlar/Kotzur* Rn. 510 ff.

stand der vorliegenden Untersuchung relevant ist insoweit der Grundsatz der Gebietshoheit, der die umfassende Befugnis des souveränen Staates zur Setzung von Regeln sowie zur Überwachung ihrer Einhaltung und schließlich ihrer Durchsetzung beinhaltet. Es ist daher zunächst davon auszugehen, dass die Ermittlungsbefugnisse deutscher Behörden an den territorialen Grenzen des deutschen Hoheitsgebiets enden.[627] Denn nach dem Grundsatz der Gebietshoheit darf grundsätzlich kein Staat auf dem Gebiet eines anderen hoheitlich tätig werden.[628] Jeder souveräne Start verfügt über die ausschließliche Befugnis zur Entscheidung über die Zulassung strafrechtlicher Ermittlungen auf seinem Hoheitsgebiet, wobei auch „digitale" Ermittlungen den Souveränitätsgrundsatz verletzen, ohne dass es darauf ankommt, dass das Staatsgebiet nicht physisch betreten wird.[629] Die Gebietshoheit wird vielmehr schon dadurch verletzt, dass durch den elektronisch vermittelten Zugriff auf Daten zum Zwecke strafrechtlicher Ermittlungen ein Lebensbereich betroffen ist, für den der souveräne Staat allein die Entscheidungskompetenz besitzt.[630] Dafür spricht auch, dass der betroffene Staat regelmäßig keine Kenntnis von dem Zugriff auf die innerhalb seines Hoheitsgebiets befindlichen Daten hat und dass heimlich vorgenommene Hoheitsakte auf dem Territorium eines fremden Staates dessen Souveränität stets verletzten.[631] Es ist demnach völkerrechtlich – vorbehaltlich sogleich zu diskutierender Rechtfertigungen – unzulässig, auf technischem Wege vom Hoheitsgebiet eines Staates aus auf Daten zuzugreifen, deren Speicherort sich auf dem Hoheitsgebiet eines anderen Staates befindet.

bb) Mögliche Rechtfertigungen bei Verstößen

Eine Rechtfertigung der durch den elektronischen Zugriff bewirkten Souveränitätsverletzung kann naturgemäß nicht durch nationales Recht, sondern nur durch Völkerrecht begründet werden. Dies ist prinzipiell möglich durch Gewohnheitsrecht (a) sowie durch zwischenstaatliche vertragliche Vereinbarungen (b). Allerdings kann – um das Ergebnis vorwegzunehmen – von einer gewohnheitsrechtlichen Rechtfertigung

---

627 Vgl. aus strafrechtlicher Sicht *M. Gercke*, in: Spindler/Schuster, Vor §§ 3 ff. Rn. 2 ff.; näher zu den völkerrechtlichen Grundlagen *Kunig/Uerpmann*, Jura 1994, 186 ff.
628 Stein/von Buttlar/Kotzur Rn. 537.
629 *Sieber*, DJT-Gutachten, C 143 f.; allg. zur Unzulässigkeit der Vornahme bzw. Vollstreckung hoheitlicher Akte auf fremdem Staatsgebiet siehe nur *Stein/von Buttlar/Kotzur* Rn. 539.
630 *Sieber*, DJT-Gutachten, C 144.
631 *Stein/von Buttlar/Kotzur* Rn. 541.

derzeit nicht ausgegangen werden und die existierenden völkerrechtlichen Verträge – namentlich die sog. Cybercrime-Convention – bieten bei näherem Hinsehen keine ausreichende Grundlage für die Lösung der tatsächlich in Cloud-Sachverhalten auftretenden Probleme.

(a) Gewohnheitsrecht

Das Gewohnheitsrecht gehört zu den anerkannten Rechtsquellen des Völkerrechts. So heißt es in Art. 38 IGH-Statut, dass der Gerichtshof unter anderem „das internationale Gewohnheitsrecht als Ausdruck einer allgemeinen, als Recht anerkannten Übung" anwendet. Weil dieses Völkergewohnheitsrecht demnach auf zwischenstaatlicher Praxis beruht, ist es naturgemäß nicht vollständig dokumentiert und teilweise nicht einfach festzustellen. Weithin anerkannt ist eine – auch in der Definition des Art. 38 IGH-Statut zum Ausdruck kommende – zweiteilige Definition, wonach es einerseits einer tatsächlichen staatlichen Übung und andererseits deren Anerkennung als Recht bedarf, um internationales Völkergewohnheitsrecht zu begründen. Die erste Komponente ist objektiv und erfordert irgendein staatliches Handeln von einer gewissen Einheitlichkeit, Dauer und Verbreitung.[632] Hinzukommen muss eine übereinstimmende Überzeugung der Staatengemeinschaft dahingehend, dass es sich um ein rechtlich zulässiges bzw. gebotenes Verhalten handelt, woran es u. a. dann fehlen kann, wenn dem Handeln politische oder diplomatische Erwägungen zu Grunde liegen.[633] Eine Reihe von Einzelfragen hinsichtlich dieser beiden Merkmale sind allerdings unklar, etwa die erforderliche Dauer einer staatlichen Übung oder die notwendige Zahl der beteiligten Staaten.[634]

Vor dem Hintergrund dieser hier nur grob skizzierten völkerrechtlichen Maßstäbe kann gegenwärtig nicht von einer gewohnheitsrechtlichen Rechtfertigung sog. *transborder searches* jenseits bestehender völkerrechtlicher Verträge ausgegangen werden.[635] Dabei ist zunächst zu betonen, dass es keinesfalls ausreichen könnte, dass eine entsprechende Praxis einzelner Staaten möglicherweise schlicht geduldet wird, weil es dann zumindest am Merkmal der Anerkennung als Recht fehlt. Soweit

---

632 Näher Stein/von Buttlar/Kotzur, Rn. 126 ff.
633 Stein/von Buttlar/Kotzur, Rn. 129 f.
634 Näher Stein/von Buttlar/Kotzur, Rn. 131 ff.
635 Deutlich – bezogen auf Fälle mit Zustimmung des Berechtigten – *Sieber*, DJT-Gutachten, C 143 f.; ebenso *Bell*, Strafverfolgung, S. 169 f.

entsprechende Maßnahmen praktiziert werden sollten, ist überdies zu bedenken, dass dies nicht unbedingt von dem betroffenen Staat bemerkt werden muss. Jedenfalls spricht gegen eine Anerkennung der entsprechenden Vorgehensweise als geltendes Recht, dass schon die vertraglichen Regelungen in der Cybercrime-Convention kontrovers waren und dass eine Reihe von Staaten ihr nicht beigetreten sind.[636] Es kann somit keine Rede davon sein, dass der ermittlungsbehördliche Zugriff auf Daten, die auf fremdem Hoheitsgebiet gespeichert sind, Teil des völkerrechtlichen Gewohnheitsrechts ist. Dieser muss vielmehr selbst dann unzulässig sein, wenn der Beschuldigte den Strafverfolgungsorganen den Zugriff (z. B. durch die Offenbarung seiner Zugangsdaten) freiwillig ermöglicht. Anderenfalls würde die Souveränität des betroffenen Staates, der grundsätzlich das Recht hat, selbst über die Zulassung hoheitlicher Maßnahmen eines fremden Staates auf seinem Territorium zu entscheiden, zur Disposition des Inhabers desjenigen gestellt, der lediglich als Privater über die Befugnis zum Umgang mit den Daten verfügt.[637]

(b) Völkerrechtliche Vereinbarungen: Die Cybercrime-Konvention

Grenzüberschreitende Ermittlungen sind prinzipiell nur im Wege eines Rechtshilfeverfahrens und/oder aufgrund wirksamer völkerrechtlicher Vereinbarungen möglich. Das bislang – vgl. zu aktuellen Entwicklungen sogleich unter b) – wohl bedeutendste Regelwerk in diesem Zusammenhang ist die sog. Cybercrime-Konvention des Europarats vom 23.11.2001.[638] Ihr Ziel ist in verfahrensrechtlicher Hinsicht die Schaffung von Befugnissen im innerstaatlichen Recht zur Ermittlung und Verfolgung von Computerkriminalität sowie die Gewährleistung einer schnellen und wirksamen internationalen Zusammenarbeit.[639] Die Ratifizierung in Deutschland erfolgte mit Gesetz vom 05.11.2008.[640] Insgesamt haben 46 Staaten seit 2001 die Konvention unterzeichnet, wobei sich darunter mit den USA lediglich ein Staat außerhalb Europas befindet.[641]

---

636 Nachw. bei *Sieber*, DJT-Gutachten, C 143 f.
637 *Sieber*, DJT-Gutachten, C 145 f.
638 Im Internet abrufbar über http://conventions.coe.int/treaty/ger/treaties/html/185.htm; näher zur Entstehung und zum Hintergrund *M. Gercke*, CR 2004, 782 ff.
639 *Trautmann*, in: Schomburg/Lagodny/Gleß/Hackner, II D 1, Kurzübersicht Rn. 4.
640 BGBl. II 2008. S. 1242.
641 *M. Gercke*, ZUM 2010, 633, 637.

Bei kritischer Betrachtung bestehen allerdings berechtigte Zweifel, ob die Cybercrime-Konvention tatsächlich jemals den globalen Modellcharakter erlangen wird, der ihr vom Europarat zugedacht ist, zumal sich der 12. UN Crime Congress explizit dagegen entschieden hat, die Konvention als globalen Standard zu empfehlen.[642] Offenbar sind auch auf der Ebene der Europäischen Union Zweifel daran aufgekommen, da anders die jüngst verstärkten Aktivitäten zur Schaffung eines einheitlichen Rechtsrahmens (dazu sogleich unter b) kaum erklärbar sind. Da es sich aber gleichwohl angesichts der Ratifizierung durch den deutschen Gesetzgeber – und nicht zuletzt wegen des Beitritts der USA – um das derzeit für Ermittlungen deutscher Strafverfolgungsorgane bedeutendste Regelwerk handelt, werden die in Betracht kommenden Vorschriften hier kurz vorgestellt.

Zu nennen ist zunächst Art. 29 der Cybercrime-Konvention, der ein beschleunigtes Verfahren zur Sicherung von in einem Vertragsstaat gespeicherten Daten vorsieht, wenn ein anderer Vertragsstaat beabsichtigt, ein Rechtshilfeersuchen bzgl. der Beschlagnahme, Sicherstellung oder Weitergabe dieser Daten zu stellen (siehe Art. 29 Abs. 1 der Konvention). Die Vorschrift regelt somit kein Rechtshilfeersuchen, sondern eine ein solches Ersuchen vorbereitende Eilmaßnahme (sog. „quick freeze"), die gewährleisten soll, dass die Daten bis zum endgültigen Abschluss des eigentlichen Rechtshilfeverfahrens erhalten bleiben.[643] Art. 29 Abs. 2 der Cybercrime-Konvention regelt die Anforderungen an das Ersuchen, wobei angesichts des vorläufigen Charakters lediglich kurz gefasste, zur Sicherung der Daten unbedingt erforderliche Angaben nötig sind.[644] Der ersuchte Staat nimmt dann umgehend – in Übereinstimmung mit seinem innerstaatlichen Recht (vgl. für Deutschland insoweit § 67 Abs. 1 IRG) – alle Maßnahmen zur Sicherung der bezeichneten Daten vor, wobei die beiderseitige Strafbarkeit zunächst keine Voraussetzung für die Erledigung des (vorläufigen) Ersuchens darstellt (Art. 29 Abs. 3 der Konvention, vgl. aber auch Abs. 4). Eine Sicherung erfolgt für mindestens 60 Tage, vgl. Art. 29 Abs. 7 der Cybercrime-Konvention. Um die Effektivität des vorläufigen Eilverfahrens zu gewährleisten, haben die Staaten nach Art. 35 der Cybercrime-Konvention ein rund um die Uhr verfügbares Netzwerk vorzuhalten, das entsprechende Ersuchen zeitnah bearbei-

---

642 Dazu näher *M. Gercke*, ZUM 2010, 633, 635 ff.
643 Vgl. *Trautmann*, in: Schomburg/Lagodny/Gleß/Hackner, II D 1, Art. 29 Rn. 1.
644 *Trautmann*, in: Schomburg/Lagodny/Gleß/Hackner, II D 1, Art. 29 Rn. 2.

ten kann. In Deutschland wird diese Aufgabe durch das BKA wahrgenommen.[645]

Auch wenn die Idee eines *quick freeze* im Prinzip in die richtige Richtung geht, genügt die in Art. 29 der Cybercrime-Konvention getroffene Reglung nicht zur Bewältigung der bestehenden praktischen Probleme. Denn beim Cloud Computing kommt es ja gerade zum *loss of location*, also zu einer Situation, in der ein präziser Standort der gesuchten Daten nicht ermittelbar ist. Dann greift aber auch der *quick freeze* nach Art. 29 Cybercrime-Konvention ins Leere, weil diese Vorschrift ja nur dann sinnvoll zur Anwendung kommen kann, wenn der Staat bekannt ist, auf dessen Territorium sich die Daten befinden.[646] Eine Lösung dieses Problems vermittelt allein der Übergang zum sog. Marktortprinzip, bei dem es nicht mehr auf den physischen Speicherort ankommt, sondern auf die Niederlassung des Diensteanbieters. Dieser Ansatz wird sogleich im Zusammenhang mit dem jüngsten Vorschlag der Europäischen Kommission vorgestellt, der er zu Grunde liegt (vgl. unter b).

Während die soeben dargestellte Regelung auf dem Prinzip der Zusammenarbeit basiert und insoweit ein gegenüber der (weiterhin nachgeschalteten) traditionellen Rechtshilfe schnelleres und effektiveres Verfahren etablieren soll[647], ermöglicht Art. 32 der Cybercrime-Konvention unter gewissen Voraussetzungen den einseitigen Zugriff eines Staates auf Daten, die auf dem Territorium eines anderen Vertragsstaates gespeichert sind. Dies soll möglich sein, wenn es sich entweder um öffentlich zugängliche Daten handelt (Art. 32 lit. a der Cybercrime-Konvention)[648] oder wenn die Zustimmung der Person vorliegt, die berechtigt ist, die Daten von ihrem Computer aus abzurufen (Art. 32 lit. b der Cybercrime-Konvention).[649] Damit wäre der Zugriff auf Daten, die auf einem Server im Ausland gespeichert sind zulässig, wenn dieser mit dem Einverständnis des Nutzers erfolgt.

Diese Regelung über den einseitigen Zugriff ist jedoch in unterschiedlicher Hinsicht problematisch.[650] Sie entfernt sich vom Prinzip der Zu-

---

645 *Trautmann*, in: Schomburg/Lagodny/Gleß/Hackner, II D 1, Art. 35 (S. 957).
646 Ebenso *Bell*, Strafverfolgung, S. 173.
647 Es hat sich bereits gezeigt, dass die Effektivität mit Blick auf die besonderen Probleme beim Zugriff auf in der Cloud gespeicherte Daten nicht besteht.
648 Im englischen Originaltext: publicly available (open source) stored computer data.
649 Vgl. dazu *Bär*, ZIS 2011, 53, 54 f.
650 Mit Recht krit. *M. Gercke*, CR 2010 345, 347 f.; *ders.*, Understanding Cybercrime, S. 277 f.

sammenarbeit, ohne dass der dadurch bewirkte Verlust an Souveränität durch hinreichende Verfahrens- und Kontrollmechanismen kompensiert würde.

Ohne weiteres einsichtig ist allerdings die erste Ausnahme. Es wäre geradezu absurd, würde man den Ermittlungsbehörden den Zugriff auf Daten verweigern, die von jedem Rechner aus öffentlich und frei zugänglich sind. Nicht überzeugend ist dagegen die zweite Variante in Art. 32 der Cybercrime-Konvention. Zwar können die Vertragsstaaten selbstverständlich im Rahmen einer völkerrechtlichen Vereinbarung im Grundsatz wirksam Souveränität abgeben und den ermittlungsbehördlichen Zugriff eines anderen Vertragsstaates gestatten.[651] Doch wird man im Falle einer derart pauschalen und umfassenden Ermächtigung ohne die Möglichkeit einer Kontrolle zumindest eine Letztkontrolle befürworten müssen entsprechend den Grundsätzen, die das BVerfG zum Europäischen Haftbefehl entwickelt hat.[652]

Insgesamt wäre es sinnvoller gewesen, eine dem Art. 18 der Konvention vergleichbare Regelung auch für den Bereich der internationalen Ermittlungen zu implementieren.[653] Im Übrigen sind die relevanten Rechtsfragen im Zusammenhang mit der Regelung in Art. 32 lit. b der Cybercrime-Konvention keinesfalls geklärt. Es ist etwa bereits fraglich, ob sich die Rechtmäßigkeit der Datenweitergabe nach dem (nationalen) Recht des ersuchenden Staates richtet oder nach dem Recht desjenigen Staates, auf dessen Hoheitsgebiet sich der die Daten vorhaltende Server befindet.[654] Jedenfalls wird man aber eine vollständig freiwillige Preisgabe der Daten verlangen müssen, die insbesondere ein Vorgehen gemäß § 110 Abs. 3 StPO im Rahmen einer (rechtmäßig angeordneten) Durchsuchung ausschließt.[655] Ebenso wenig ist ein Vorgehen über Art. 32 lit. b der Cybercrime-Konvention zulässig, wenn die Ermittler im Rahmen einer Durchsuchung oder auf andere Weise ohne oder gegen den Willen des Beschuldigten an die Zugangsdaten gelangen. Mithin kommt ein Zugriff auf einem ausländischen Server gespeicherte Daten allenfalls dann ohne Rechtshilfeersuchen in Betracht, wenn der Beschuldigte den

---

651 Allgemein zur Vereinbarkeit von Souveränität und Bindung an völkerrechtliche Verträge *Stein/v. Buttlar/Kotzur*, Rn. 514 ff.
652 BVerfG NJW 2016, 1149 ff.
653 *M. Gercke*, Understanding Cybercrime, S. 278.
654 Vgl. *Trautmann*, in: Schomburg/Lagodny/Gleß/Hackner, II D 1, Art. 32 Rn. 8 (die erste Variante befürwortend).
655 So auch *Trautmann*, in: Schomburg/Lagodny/Gleß/Hackner, II D 1, Art. 32 Rn. 8.

Zugang freiwillig und unabhängig von irgendwelchen strafprozessualen Zwangsmaßnahmen gewährt. Im Übrigen ist stets ein Vorgehen im Wege der Rechtshilfe erforderlich, ggf. in Kombination mit einer vorläufigen Maßnahme nach Art. 29 der Cybercrime-Konvention. Anderenfalls ist der transnationale Zugriff auf Daten unzulässig.[656]

Insbesondere kann Art. 32 lit. b der Cybercrime-Konvention auch nicht in der Weise zum Zugriff auf in einer Cloud gespeicherte Daten genutzt werden, dass die deutschen Ermittlungsbehörden sich an die deutsche Niederlassung des betroffenen Diensteanbieters wenden und diesen dann zur freiwilligen Herausgabe der Daten veranlassen. Dabei werden nicht nur die Souveränitätsrechte des Staates beeinträchtigt, auf dessen Territorium die Daten gespeichert sind und der ohne sein Wissen einen strafprozessualen (also hoheitlichen) Zugriff auf diese Daten seitens des deutschen Staates dulden muss. Vielmehr käme es auf diese Weise auch zu einem aus Sicht des Nutzers heimlichen Zugriff auf ein von ihm genutztes informationstechnisches System, der schon nach nationalem Recht unzulässig ist (vgl. oben D I).

Besondere Schwierigkeiten ergeben sich aus der eingangs geschilderten vernetzten Struktur des Internets, da die Dienstanbieter regelmäßig mit größeren Netzwerken von Servern arbeiten, die durch ein Systemmanagement gesteuert werden, um zu gewährleisten, dass die jeweils anfallenden Datenströme bearbeitet werden können. Daraus folgt, dass sich die Daten zu zwei unterschiedlichen Zeitpunkten nicht notwendig am selben Speicherort befinden, weshalb es häufig bereits schwierig sein kann, überhaupt festzustellen, wo die Daten aktuell gespeichert sind und an welchen Staat daher ein Rechtshilfeersuchen und/oder ein Ersuchen nach Art. 29 der Cybercrime-Konvention zu richten ist.[657] Diese Probleme potenzieren sich bei *Cloud Computing*- und *Cloud Storage*-Angeboten, bei denen die dezentrale Speicherung der Daten strukturbedingt ist.[658] Letztlich bleibt den Ermittlungsbehörden daher häufig nicht viel mehr übrig, als ein Vorgehen „ins Blaue hinein".[659] Es ist maßgeblich diese Problemlage, die eine bemerkenswerte Initiative der Europäischen

---

656 So die inzwischen übereinstimmende Ansicht, siehe zuletzt *Schomburg/Hackner*, in: Schomburg/Lagodny/Gleß/Hackner, vor § 68 IRG Rn. 37c m. w. N. aus dem strafprozessualen Schrifttum.

657 *Sankol*, K & R 2008, 279, 282; *Bär*, ZIS 2011, 53, 54.

658 *M. Gercke*, CR 2010, 345, 348; *ders./Brunst*, Rz. 657 und Rz. 976

659 So anschaulich *Sankol*, K & R 2008, 279, 282; vgl. auch *Bell*, Strafverfolgung, S. 178 ff., die immer dann keine völkerrechtliche Rechtfertigung für erforderlich hält, wenn sich zu-

Kommission veranlasst hat, die im folgenden Teil dieser Arbeit vorzu-
stellen und zu würdigen ist.

b) Jüngste europäische Entwicklungen: Das Marktortprinzip

Die Notwendigkeit einer Steigerung der Effektivität von Strafverfol-
gungsmaßnahmen mit Bezug zu elektronisch verfügbaren Beweismitteln
wird im europäischen Kontext seit einigen Jahren intensiv diskutiert.[660]
Seit April 2018 liegt nun ein Vorschlag für eine Verordnung über Europäische Herausgabeanordnungen und Sicherungsanordnungen für
elektronische Beweismittel in Strafsachen vor,[661] die – falls sie in der
nun vorliegenden Form in Kraft träte – grundlegende Veränderungen der
bisherigen Rechtslage beim grenzüberschreitenden Zugriff auf elektronische Daten zum Zwecke der Strafverfolgung mit sich brächte.

Wenngleich alles andere als sicher ist, ob der Kommissionsvorschlag tatsächlich irgendwann geltendes Recht wird,[662] soll er hier trotzdem näher
vorgestellt werden, und zwar nicht zuletzt deshalb, weil es sich aus Sicht
des Verfassers bei dem zu Grunde liegenden Marktortprinzip um einen
durchaus geeigneten Lösungsansatz handelt, selbst wenn der konkrete
Lösungsvorschlag aus verschiedenen Gründen abzulehnen ist.

aa) Allgemeiner Inhalt des Kommissionsvorschlags

Der europäische Verordnungsgeber betont die großen Vorteile, die die
Benutzung sozialer Medien, von Webmail-Diensten oder (anderen) Apps
für die Benutzer bedeutet; er sieht jedoch auch die Gefahr, dass diese
Technologien „missbraucht werden, um Straftaten zu begehen oder ihnen
Vorschub zu leisten" mit der Folge, dass dann „diese Dienste und Apps
häufig der einzige Ort [sind], an dem die Ermittler Hinweise auf den
Urheber einer Straftat finden und vor Gericht verwendbare Beweismittel
einholen können".[663] Dabei wird die im Zentrum dieser Untersuchung
stehende Cloud-spezifische Problematik in aller Deutlichkeit erkannt.

---

mindest Teile der Serverinfrastruktur im Inland befinden, da der in diesem Fall verbleibende
Eingriff im Rahmen einer Gesamtabwägung zu vernachlässigen sei.
660 Vgl. etwa Progress Report following the conclusions of the council of the European Union
on improving criminal justice in cyberspace vom 7.12.2016 (15072/1/16 REV 1).
661 COM(2018) 225 final vom 17.4.2018.
662 Vgl. nur die kritische Stellungnahme in BR-Drucks. 215/1/18, S. 1 ff.
663 COM(2018) 225 final vom 17.4.2018, S. 1.

Denn entsprechende Anwendungen und Dienste können „überall in der Welt bereitgestellt werden und erfordern nicht notwendigerweise eine physische Infrastruktur" sowie „keine[n] bestimmten [Ort] für die Datenspeicherung"; dieser werde vielmehr „vom Dienstanbieter oft auf Basis legitimer Erwägungen zur Datensicherheit, zu größenbedingten Kostenvorteilen und schnellem Zugang ausgewählt".[664] Der Verordnungsgeber betont überdies ausdrücklich, dass unter den Begriff des Dienstanbieters (Art. 2 Ziff. 3 VO-E) auch Anbieter von Cloud-Diensten gehören.[665]

Trotz fortlaufender Reformen und Überarbeitungen seien die gegenwärtigen Verfahren und Abläufe betreffend die Zusammenarbeit verschiedener Länder bei der grenzüberschreitenden Gewinnung elektronischer Beweismittel immer weiter unter Druck geraten und würden dem gesteigerten Bedarf nicht gerecht. Hierauf würden wiederum die einzelnen Mitgliedsstaaten mit einem Ausbau nationalstaatlicher Regelungen reagieren, was zu Rechtsunsicherheit geführt hätte.[666] All diesen letztlich durch die „Volatilität elektronischer Beweismittel und die internationale Dimension"[667] verursachten Schwierigkeiten möchte die Europäische Union mit einem radikalen Ansatz begegnen. Sie plant die Einführung von zwei neuen Instrumenten, der Europäischen Herausgabe- bzw. Sicherungsanordnung, die den bislang existierenden Rechtsrahmen für grenzüberschreitende Ermittlungen[668] ergänzen. Die Radikalität des neuen Konzepts lässt sich in einer Formulierung verdeutlichen:

> „Die Verordnung bewegt sich [...] weg vom Datenort als einem entscheidenden Anknüpfungspunkt".[669]

Konsequent lautet Art. 1 Abs. 1 S. 1 des Verordnungsentwurfes (Hervorhebung durch den Verfasser):

> „Mit dieser Verordnung werden die Regeln festgelegt, nach denen eine Behörde eines Mitgliedstaats von einem Dienstanbieter, der in der Union Dienstleistungen anbietet, verlangen kann, elektronische Beweismittel herauszugeben oder zu sichern, *unabhängig davon, wo sich die Daten befinden*."

---

664 Ebenda.
665 COM(2018) 225 final vom 17.4.2018, S. 16.
666 COM(2018) 225 final vom 17.4.2018, S. 1.
667 Ebenda., S. 2.
668 Vgl. hierzu die Nachweise in COM(2018) 225 final vom 17.4.2018, S. 2 f.
669 COM(2018) 225 final vom 17.4.2018, S. 15.

Das aber bedeutet im Klartext, dass es nicht mehr im Kern darauf ankommt, auf dem Territorium welchen Staates sich der physische Speicherort von Daten befindet, auf die das Strafverfolgungsorgan eines Mitgliedsstaates zugreifen möchte. Das war bislang aber fast schon selbstverständlich der maßgebliche Anknüpfungspunkt, weil schließlich nach dem bislang gültigen völkerrechtlichen Verständnis ein Eingriff in die Souveränitätsrechte dieses Staates dadurch begründet wurde, dass ein elektronischer Zugriff auf solche Daten erfolgte, die auf dem Territorium des entsprechenden Staates ihren physischen Speicherort haben (siehe oben D V 2 a). Der jetzt vorliegende Vorschlag der Kommission will dagegen das sog. Marktortprinzip im strafprozessualen Bereich etablieren[670], das in Art. 3 Abs. 2 DSGVO niedergelegt ist, wobei die Regelung dort eindeutig eine verbraucher- und datenschutzorientierte Zielrichtung aufweist[671].

Die nunmehr geplanten Regelungen sollen demgegenüber ein unmittelbares Tätigwerden von Behörden eines Mitgliedsstaates gegenüber einem in einem anderen Mitgliedsstaat tätigen Dienstanbieter ermöglichen.[672] Eine Einbeziehung von staatlichen Organen des Mitgliedsstaates, in dem der Dienstanbieter seinen Sitz hat, soll dagegen nicht mehr erforderlich sein.[673] Gestützt wird dieser Ansatz auf Art. 82 Abs. 1 AEUV, der generell die Anerkennung gerichtlicher Entscheidungen innerhalb der Europäischen Union sicherstellen soll („mutual recognition").[674]

Das Organ desjenigen Staates, der eine entsprechende Anordnung erlässt (sog. Anordnungsbehörde, vgl. Art. 4 des Verordnungsentwurfs), soll also letztlich dazu befugt sein, diese Anordnung direkt und unmittelbar gegenüber einem in einem anderen Mitgliedsstaat ansässigen Unternehmen geltend zu machen. Der Weg der klassischen Rechtshilfe, der von einem ersuchenden Staat immer zu einem anderen Staat führt, der dann gegebenenfalls etwaige Beweismittel auf seinem Territorium sicherstellt, wirkt demgegenüber fast wie ein anachronistischer Umweg.

---

670 Begrüßt in BR-Drucks. 215/1/18, S. 2 f.
671 Vgl. hierzu etwa *Paal*/Pauly/*Ernst* Art. 3 Rn. 13 ff.
672 Ist der Provider im selben Mitgliedsstaat ansässig, sollen die nationalen Regelungen Anwendung finden, vgl. COM(2018) 225 final vom 17.4.2018, S. 14 f.
673 COM(2018) 225 final vom 17.4.2018, S. 15.
674 COM(2018) 225 final vom 17.4.2018, S. 6; näher zur justiziellen Zusammenarbeit innerhalb der EU *Brodowski*, Überwachungsmaßnahmen, S. 433 ff.

Besonders bemerkenswert ist, dass die Verordnung gemäß Art. 3 Abs. 1 des Entwurfs für alle Provider gelten soll, „die Dienstleistungen in der Union anbieten". Für das Anbieten von Diensten in diesem Sinne genügt es (vgl. Art. 2 Nr. 4 des Verordnungsentwurfs), wenn Personen in einem oder mehreren Mitgliedstaaten in die Lage versetzt werden, die entsprechenden Dienste in Anspruch zu nehmen, wobei ergänzend eine „wesentliche Verbindung" zu den jeweiligen Mitgliedsstaaten bestehen muss. Eine solche ist nicht nur gegeben, wenn „ein Diensteanbieter Niederlassung in einem oder mehreren Mitgliedstaaten hat", sondern unter Umständen bereits aufgrund der „Existenz einer erheblichen Zahl von Nutzern in einem oder mehreren Mitgliedstaaten oder der Ausrichtung von Tätigkeiten auf einen oder mehrere Mitgliedstaaten".[675]

Das bedeutet – falls die Regelung entsprechend umgesetzt wird –, dass auch Anbieter aus Drittstaaten dem neuen Rechtsregime unterworfen werden, sofern sie ihr Angebot – etwa durch die Verwendung einer entsprechenden Sprache oder Angebote in entsprechenden Währungen[676] – auf einen Mitgliedsstaat der Europäischen Union ausrichten oder dort über eine erhebliche Zahl von Nutzern verfügen. Auch solche Unternehmen sollen zukünftig also verpflichtet sein, auf eine unmittelbare, nicht den Weg der herkömmlichen Rechtshilfe durchlaufende Anordnung hin entsprechende Daten herauszugeben bzw. sicherzustellen.

bb) Konkrete Ausgestaltung und Verfahren

Der Verordnungsentwurf unterscheidet zwischen der Herausgabe und der Sicherstellung elektronischer Beweismittel sowie – mit Blick auf den möglichen Gegenstand entsprechender Anordnungen – zwischen Teilnehmer-, Zugangs-, Inhalts- und Transaktionsdaten. Die Herausgabeanordnung steht bei Transaktions- und Inhaltsdaten unter einem strengen Richtervorbehalt (Art. 4 Abs. 2 lit. a VO-E), während bei der Herausgabeanordnung bzgl. Teilnehmer- und Zugangsdaten sowie bei der Sicherungsanordnung auch ein Staatsanwalt anordnungsbefugt ist (Art. 4 Abs. 1 lit. a, Abs. 3 lit. a VO-E).[677] Sofern eine andere nach nationalem Recht für die Erhebung von Beweismitteln zuständige Behörde eine An-

---

675 COM(2018) 225 final vom 17.4.2018, S. 17.
676 Ebenda.
677 Vgl. COM(2018) 225 final vom 17.4.2018, S. 18.

ordnung erlässt, bedarf diese der Bestätigung durch einen Richter bzw. Staatsanwalt (Art. 4 Abs. 1 lit. b, Abs. 2 lit. b, Abs. 3 lit. b).

Der Erlass einer Europäischen Herausgabeanordnung ist nur zulässig, wenn in einer vergleichbaren Situation im Anordnungsstaat eine ähnliche Maßnahme zulässig wäre (Art. 5 Abs. 2 VO-E). Soweit sich die Herausgabeanordnung auf Transaktions- oder Inhaltsdaten bezieht – die nach der Auffassung der Kommission in gesteigertem Umfang schutzwürdig sind[678] –, ist ihr Erlass regelmäßig[679] nur bei Straftaten zulässig, die im Anordnungsstaat mit einer Freiheitsstrafe im Höchstmaß von mindestens drei Jahren geahndet werden (Art. 5 Abs. 4 lit. a VO-E). Die Kommission hält dieses Mindestmaß für einen angemessenen Kompromiss zwischen den betroffenen Grundrechten einerseits und den Bedürfnissen der Praxis nach einer effektiven Anwendung des neu zu schaffenden Instrumentariums andererseits.[680] Herausgabeanordnungen zur Erlangung von Teilnehmer- und Zugangsdaten sowie Sicherungsanordnungen können bei sämtlichen Straftaten erlassen werden (Art. 5 Abs. 3, Art. 6 Abs. 2 VO-E).

Die Anordnungen sollen gem. Art. 7 Abs. 1 VO-E an einen speziell zum Zweck der Beweismittelerhebung vom Dienstanbieter benannten Vertreter gerichtet werden. Einheitliche Regeln für die Bestellung entsprechender Vertreter sollen in einer Richtlinie festgelegt werden.[681] Sofern kein entsprechender Vertreter benannt ist, kann die Anordnung an jede Niederlassung des Dienstanbieters in der Union gerichtet werden (Art. 7 Abs. 2 VO-E).

Die Übermittlung der Herausgabe- oder Sicherungsanordnung erfolgt in Form eines Zertifikats nach Art. 8 VO-E, das vom Dienstanbieter nach den Maßgaben des Art. 9 VO-E auszuführen ist. Das Zertifikat enthält bestimmte Mindestangaben aus der zu Grunde liegenden Anordnung, jedoch nicht die Begründung mit Blick auf Notwendigkeit und Verhältnismäßigkeit, da anderenfalls nach Ansicht der Kommission eine Gefährdung der Ermittlungen drohe.[682] Die Regelung über die Ausführung eines entsprechenden Zertifikats in Art. 9 VO-E soll die „Möglichkeit eines Dialogs zwischen Adressat und Anordnungsbehörde" eröffnen.[683]

---

678 COM(2018) 225 final vom 17.4.2018, S. 18 a. E.
679 Vgl. aber Art. 5 Abs. 4 lit. b VO-E sowie dazu COM(2018) 225 final vom 17.4.2018, S. 19.
680 COM(2018) 225 final vom 17.4.2018, S. 19.
681 Vgl. den Vorschlag bei COM(2018) 226 final vom 17.4.2018.
682 COM(2018) 225 final vom 17.4.2018, S. 21.
683 Ebenda, S. 22.

Art. 9 Abs. 3-6 VO-E enthalten Regelungen über das Verfahren für Fälle, in denen der Dienstanbieter die angeforderten Daten nicht im Rahmen der in Art. 9 Abs. 1, Abs. 2 geregelten Frist zur Verfügung stellen kann. Insbesondere bei einem unvollständigen, einem offensichtlich unrichtigen oder einem nicht alle nötigen Informationen für die Ausführung enthaltenden Zertifikat muss der Dienstanbieter die Anordnungsbehörde umgehend über den Mangel informieren und um Klarstellung ersuchen (Art. 9 Abs. 3 VO-E).

Art. 14 VO-E regelt das Vollstreckungsverfahren für Fälle, in denen der Dienstanbieter die Ausführung der Anordnung ohne Angabe von Gründen verweigert, die von der Anordnungsbehörde akzeptiert werden. Gemäß Art. 14 Abs. 2 VO-E soll die Vollstreckungsbehörde des Mitgliedsstaates, in dem der Dienstanbieter ansässig ist, die entsprechende Anordnung „ohne weitere Formalitäten" anerkennen und die für die Vollstreckung erforderlichen Maßnahmen einleiten, sofern nicht einer der in Abs. 4 (für die Herausgabeanordnung) bzw. Abs. 5 (für die Sicherungsanordnung) abschließend aufgezählten Gründe vorliegt. Art. 13 VO-E verpflichtet die Mitgliedsstaaten zur Einführung von wirksamen, verhältnismäßigen und abschreckenden Sanktionen für Fälle der Nichtbefolgung wirksamer Anordnungen durch die Dienstanbieter. Wird eine entsprechende Sanktion durch die Vollstreckungsbehörde verhängt, muss hiergegen die Möglichkeit eines wirksamen Rechtsbehelfs gegeben sein (Art. 14 Abs. 10 S. 2 i. V. m. Art. 17 VO-E). Art. 15 VO-E sieht schließlich ein Verfahren für die Überprüfung von Anordnungen durch das Gericht des Mitgliedsstaates vor, in dem der Dienstanbieter ansässig ist.

cc) Kritische Würdigung

Das sog. Markortprinzip, das dem vorliegenden Vorschlag der Europäischen Kommission zu Grunde liegt, ist ein im Grundsatz durchaus plausibler Ausgangspunkt zur Lösung derjenigen Probleme, die durch die transnationale Dimension des Zugriffs auf elektronische Beweismittel entstehen. Es trägt der Tatsache Rechnung, dass die territoriale Dimension zunehmend an Bedeutung verliert angesichts der weltweiten Vernetzung informationstechnischer Infrastruktur, wie sie gerade im Zusammenhang mit dem Phänomen Cloud zum Ausdruck kommt.[684] Angesichts der flexiblen Datenlokalität insbesondere bei der Nutzung

---

[684] Vgl. hierzu *Sieber*, DJT-Gutachten, C 144; *Warken*, NZWiSt 2017, 289, 295 f.

von Cloud Architektur ist es den Strafverfolgungsorganen der einzelnen Staaten schlicht nicht mehr möglich, die entsprechenden Beweismittel auf dem Wege herkömmlicher – sei es auch verkürzter – Rechtshilfeverfahren zu erlangen. Ohne die Mitwirkung des Dienstanbieters lässt sich regelmäßig schon der Standort der Daten kaum ermitteln, zumal dieser sich jederzeit ändern kann (*loss of location*). Diese Situation überfordert herkömmliche Rechtshilfestrukturen.[685] Es ist daher wenig verwunderlich, dass das Markortprinzip gerade im Zusammenhang mit Fragen des Zugriffs auf elektronische Beweismittel erstmalig als ein Prinzip der internationalen strafrechtlichen Zusammenarbeit thematisiert wird.

Vor diesem Hintergrund erscheint die Inpflichtnahme des Dienstanbieters an und für sich als fast schon logische Konsequenz. Der Dienstanbieter ist zum einen derjenige, auf dessen Interessenlage die flexible Datenlokalität wesentlich zurückzuführen ist;[686] zum anderen ist es ihm ohne größere Schwierigkeiten möglich, die Daten für die Strafverfolgungsbehörden verfügbar zu machen (wobei der Dienstanbieter selber hierfür nicht unbedingt zu wissen braucht, wo sich der oft schwer zu bestimmende aktuelle physikalische Speicherort der Daten befindet). Die damit verbundene Abkehr von der Orientierung am Speicherort ist ebenso folgerichtig. Angesichts der Ubiquität von Daten ist es im Grunde bedeutungslos, wo diese physisch gespeichert sind.[687] Daten sind prinzipiell überall verfügbar bzw. können jederzeit überall verfügbar gemacht werden; wo sie konkret physisch gespeichert sind, spielt allenfalls eine untergeordnete Rolle.

Allerdings darf diese Ausgangslage nicht dazu führen, dass zwingend zu beachtende Rechtsgrundsätze und -prinzipien vollkommen unberücksichtigt bleiben. In dieser Hinsicht ist der vorliegende Verordnungsentwurf deutlich zu kritisieren. Das betrifft zum einen den unzureichenden Schutz der Grundrechte der Betroffenen (a) sowie zum anderen die Missachtung der Souveränität insbesondere im Verhältnis zu Drittstaaten (b). Grundsätzlich sinnvoll wäre stattdessen eine klarere Differenzierung

---

685 Neben der Langwierigkeit der Verfahren wurde von den betroffenen Interessenträgern im Vorfeld der nunmehr vorgeschlagenen Regelung u. a. auch die mangelnde Zuverlässigkeit der Zusammenarbeit mit den Dienstanbietern gerügt, vgl. dazu COM(2018) 225 final vom 17.4.2018, S. 8; vgl. außerdem *Warken*, NZWiSt 2017, 289, 297, die betont, dass Ermittlungen in Cloud-Systemen in höchstem Maße „zeitkritisch" sind.
686 Vgl. dazu COM(2018) 225 final vom 17.4.2018, S. 14.
687 Vgl. insofern BR-Drucks. 215/1/18, S. 2 f. mit dem Hinweis, dass der Speicherort „angesichts der Natur der Daten mit ihrer großen Mobilität und Volatilität [...] einen hohen Grad an Beliebigkeit" aufweist.

zwischen Sicherungs- und Herausgabeanordnung. Jene kann prinzipiell durchaus im Wege der unmittelbaren Vollstreckung durch den Anordnungsstaat in der Weise ergehen, die der Entwurf vorsieht. Diese, also die Herausgabeanordnung, bedarf hingegen zwingend einer stärkeren rechtlichen Kontrolle durch Organe des Vollstreckungsstaates (c).

(a) Mangelnder Grundrechtsschutz

Der Verordnungsentwurf sieht keinen ausreichenden Rechtsschutz für den betroffenen Dienstanbieter/den Beschuldigten im Vollstreckungsstaat vor.[688] Insbesondere fehlt es an der Möglichkeit einer materiellen Prüfung der Anordnungsvoraussetzungen unter dem Gesichtspunkt von Grund- und Verfahrensrechten. Vielmehr ist der Dienstanbieter nur unter den äußerst eng umgrenzten Voraussetzungen von Art. 14 Abs. 4, Abs. 5 VO-E berechtigt, die Vollstreckung entsprechender Anordnungen abzulehnen. Ausschließlich in Art. 14 Abs. 4 lit. f) bzw. Abs. 5 lit. e) VO-e) findet sich ein Bezug zur EU-Grundrechte-Charta, wobei diese Kontrollmöglichkeit leerläuft, weil die Feststellung eines „offenkundigen" Verstoßes allein auf die in den entsprechenden Zertifikaten enthaltenen Informationen gestützt werden darf, die über die materiellrechtlichen Anordnungsvoraussetzungen gerade keinen Aufschluss geben.[689]

Es ist zwar grundsätzlich richtig, dass Art. 82 Abs. 1 AEUV die wechselseitige Anerkennung (u. a.) von Gerichtsentscheidungen gewährleisten soll, auch wenn der Weg über eine unmittelbar anwendbare Verordnung im Bereich des Strafrechts nach wie vor sehr unüblich ist.[690] Die nunmehr vorgeschlagene Regelung geht hierüber aber weit hinaus und ermöglicht dem Anordnungsstaat in der Sache einen unmittelbaren Vollzug justizieller Anordnungen auf dem Territorium des Vollstreckungsstaates.[691] Das ist insbesondere deshalb bedenklich, weil der vorliegende Entwurf keine Einschränkung durch das Prinzip der gegenseitigen Strafbarkeit vorsieht[692], so dass eine gleichsam unmittelbare Vollstreckung entsprechender Anordnungen prinzipiell auch wegen solcher Taten möglich ist, die nach dem Recht des Vollstreckungsstaates nicht strafbar

---

688 Überzeugend hierzu die Stellungnahme 28/2018 der BRAK vom September 2018, S. 3 ff.

689 BRAK-Stellungnahme 28/2018, S. 4 f.

690 BR-Drucks. 215/1/18, S. 3 f. spricht von einem „Fremdkörper" und empfiehlt stattdessen das Rechtsinstrument der Richtlinie zu erwägen.

691 BR-Drucks. 215/1/18, S. 4 f.; BRAK-Stellungnahme 28/2018, S. 3.

692 Krit. hierzu BR-Drucks. 215/1/18, S. 8 f.

sind. Hier liegt die Gefahr eines Missbrauchs auf der Hand.[693] Die für Inhalts- und Transaktionsdaten vorgesehene Beschränkung auf Straftaten, die nach dem Recht des Anordnungsstaates im Höchstmaß zumindest drei Jahre Freiheitsstrafe vorsehen, ist nicht geeignet, eine ausreichende Begrenzung zu ermöglichen. Diese kann vielmehr allein durch eine Kontrolle im Vollstreckungsstaat gewährleistet werden, die zumindest eine summarische Prüfung der materiellen Anordnungsvoraussetzungen umfassen muss. Jedenfalls ist eine Letztkontrolle im Sinne der Rechtsprechung des BVerfG zum Europäischen Haftbefehl geboten,[694] die gewährleistet, dass elementare und unverzichtbare Grund- bzw. Verfahrensrechte des von der Anordnung Betroffenen nicht missachtet werden.

(b) Verstoß gegen den Souveränitätsgrundsatz

Zudem bestehen nach Ansicht des Verf. unüberbrückbare Konflikte mit dem völkerrechtlichen Souveränitätsgrundsatz. Denn auch wenn es scheinbar der Dienstanbieter selbst ist, der die physisch auf dem Territorium eines anderen souveränen Staates gespeicherten Daten „besorgt", so handelt es sich dabei doch letztlich um so etwas wie eine „Amtshilfe", der Private vollzieht gewissermaßen eine der Strafverfolgung dienende Maßnahme. Damit taucht aber unweigerlich das Problem der Souveränitätsbeeinträchtigung auf, wenn eine solche Strafverfolgung durch einen fremden Staat auf das Territorium eines anderen souveränen Staates erstreckt wird. Die Inpflichtnahme des Dienstanbieters führt hier zur Umgehung der Souveränitäts- und Territorialitätsansprüche des betroffenen Staates.[695]

Dieser Gedanke sei anhand der folgenden Betrachtung noch einmal verdeutlicht: Selbstverständlich wird die Souveränität des Staates, auf dessen Territorium sich die Daten befinden nicht dadurch beeinträchtigt, dass der Provider im Rahmen seiner normalen Geschäftstätigkeit auf diese zugreift. Das geschieht in technischer Hinsicht geradezu ständig, und zwar jedenfalls immer dann, wenn es zu einem Transfer der Daten innerhalb der dezentralen Datenspeicherungsarchitektur kommt. Der Provider darf grundsätzlich jederzeit auf die Daten zugreifen und

---

693 BRAK-Stellungnahme 28/2018, S. 3.
694 Vgl. BVerfG NJW 2016, 1149 ff.
695 Mit Recht befürchtet BR-Drucks. 215/1/18, S. 5 „tiefe Einschnitte im Hinblick auf die Souveränität der Mitgliedstaaten".

diese auf das Gebiet eines anderen Staates transferieren. Der Souveränitätsgrundsatz spielt hier keine Rolle, da er nur im Verhältnis zwischen Staaten gilt.

Zu einer völlig veränderten Situation kommt es aber dann, wenn der Zugriff auf die Daten – selbst wenn er in äußerlich-technischer Hinsicht durch den Provider erfolgt – in Vollziehung einer strafprozessualen Ermittlungsanordnung eines anderen Staates erfolgt. Hier tritt das grundsätzlich bestehende Recht auf Verfügung über die Daten zurück, da es sich der Sache nach um eine Form des hoheitlichen Zugriffs handelt, die an den Maßgaben des Souveränitätsgrundsatzes zu messen ist. Diese dürfen nicht dadurch umgangen werden, dass Private den Zugriff vornehmen, selbst wenn diese an sich zu einem solchen Zugriff berechtigt sind. Diese Begründung entspricht derjenigen, mit der hier die Vorschrift des Art. 32 lit. b der Cybercrime-Konvention abgelehnt wurde. Letztlich kann selbst das Einverständnis des Berechtigten mit einer Ermittlungsmaßnahme nichts daran ändern, dass im Verhältnis zum Drittstaat eine Verletzung des insoweit nicht disponiblen Souveränitätsgrundsatzes vorliegt.[696]

Nun mag man darüber streiten, ob und inwieweit die Mitgliedsstaaten der Europäischen Union entsprechende Souveränitätsbefugnisse im Rahmen der Union abgeben können (vgl. für Deutschland Art. 23 Abs. 1 S. 2 GG),[697] was insbesondere deshalb zweifelhaft sein könnte, weil die Anforderungen an die Übertragung von Hoheitsrechten im Bereich des materiellen wie des formellen Strafrechts besonders streng sind[698]. Jedenfalls ergeben sich kaum noch zu überwindende rechtliche Probleme bei Dienstanbietern aus Drittstaaten. Der Vorschlag stützt sich insoweit auf die zwar im Ansatz nachvollziehbare Erwägung, dass die wirtschaftliche Betätigung im Bereich des europäischen Marktes einen ausreichenden Anknüpfungspunkt dafür biete, dem entsprechenden Rechtsregime unterworfen zu werden.[699] Aber bei dieser Betrachtung wird nicht ausreichend berücksichtigt, dass der Anbieter letztlich im Interesse der staatlichen Strafverfolgungsorgane tätig wird, wenn er aufgrund einer entsprechenden Anordnung die Daten beschafft. Damit sind aber nicht nur die Interessen des Dienstanbieters, sondern auch die Territoriäts-

---

696 *Sieber*, DJT-Gutachten, C. 145 f.
697 Zweifelnd insofern BR-Drucks. 215/1/18, S. 5.
698 Siehe hierzu BeckOK GG/*Heintschel v. Heinegg* Art. 23 Rn. 29 m. w. N. zur Rspr. des BVerfG.
699 COM(2018) 225 final vom 17.4.2018, S. 17.

bzw. Souveränitätsansprüche des Staates betroffen, auf dessen Territorium die Daten gespeichert sind.

Befinden sich z. B. Daten auf Servern in den USA, die von den deutschen Strafverfolgungsbehörden im Rahmen eines Ermittlungsverfahrens benötigt werden, und erlässt die deutsche Justiz dann eine entsprechende Anordnung unmittelbar gegenüber dem (in Europa tätigen Provider), hätte dies einen Zugriff deutscher staatlicher Organe auf in den USA (oder in anderen Drittstaaten) gespeicherte Daten zum Zwecke der Strafverfolgung zur Konsequenz, ohne dass ein staatliches Organ des entsprechenden (Dritt-)Staates in diesen Vorgang eingebunden wird. Die Vereinbarkeit einer solchen Lösung mit dem Souveränitätsgrundsatz erscheint doch mehr als zweifelhaft. Jedenfalls mit Drittstaaten dürfte die vom europäischen Verordnungsgeber erstrebte Rechtslage somit nur durch bilaterale Abkommen erreichbar sein.

Das Beispiel USA ist dabei insofern von Bedeutung, als dort seit kurzem durch den sog. „CLOUD-Act" eine Regelung geschaffen wurde, die US-amerikanischen Behörden den Zugriff auf im Ausland gespeicherte Daten ohne Rücksicht auf die dort geltende Gesetzeslage ermöglichen soll, sofern es sich um Daten eines amerikanischen Unternehmens handelt.[700] Damit setzen sich die USA über genau jene Souveränitätsproblematik hinweg, die soeben beschrieben wurde. Angesichts dessen nun aber „Gleiches mit Gleichem zu vergelten", ist sicher keine adäquate Vorgehensweise.[701] Stattdessen muss die Europäische Union darum bemüht sein, durch Abkommen mit Drittstaaten zu gewährleisten, dass einerseits bei deren Zugriff auf in Europa gespeicherte Daten der europäische Rechtsrahmen gewahrt bleibt und dass andererseits ein effektiver und rechtsstaatlich verträglicher Zugriff der mitgliedsstaatlichen Strafverfolgungsorgane auf in Drittstaaten gespeicherte Daten möglich ist. Die Aussichten auf eine gleichberechtigte Verhandlungsposition gegenüber den USA sind seit Inkrafttreten des CLOUD-Act allerdings nahezu auf dem Nullpunkt, weil die dort prinzipiell vorgesehene Vereinbarung sog. „Executive Agreements" nur innerhalb des durch den Cloud Act selbst vorgesehenen Korridors möglich ist, weshalb von einer „bilateralen Verhandlung auf Augenhöhe" keine Rede sein kann.[702]

---

700 CLOUD steht hier für Clarifying Lawful Overseas Use of Data, der Gesetzestext kann abgerufen werden unter https://www.congress.gov (115th Congress 2017-2018, S. 2383).
701 Einen Zusammenhang vermutet die BRAK-Stellungnahme 28/2018, S. 2.
702 BR-Drucks. 215/1/18, S. 12.

(c) Beschränkung des einseitigen Vorgehens auf die Sicherungsanordnung

Eine Würdigung des Verordnungsvorschlags sollte nach alldem zwei Aspekte auseinanderhalten: das Marktortprinzip einerseits und die Möglichkeit einer nahezu unbeschränkten einseitigen Vorgehensweise andererseits. Das Marktortprinzip als solches scheint bei Lichte betrachtet die einzig praktikable Vorgehensweise im Umgang mit dem *loss of location,* dem in der Cloud gespeicherte Daten unterliegen. Wenn ein bestimmter Speicherort nicht mehr greifbar bzw. sogar gar nicht mehr vorhanden ist, muss zwingend ein anderer Anknüpfungspunkt für den Ermittlungszugriff gefunden werden. Die Wahl des Marktortes, also des Ortes, an dem ein Dienstanbieter seine Dienstleistungen anbietet, ist insofern nicht nur praktikabel; sie ist auch rechtlich zumindest haltbar, sofern ausreichende Sicherungen und Verfahrensvorkehrungen getroffen werden. Freilich kann ein entsprechendes Regime nur dann Anwendung finden, wenn mit dem jeweils in Rede stehenden Staat eine völkerrechtliche Vereinbarung besteht; innerhalb der Europäischen Union ist eine Übertragung entsprechender Souveränitätsrechte zumindest diskutabel.

Die grundsätzlich richtige Lösung dürfte sodann darin bestehen, den im Verordnungsentwurf vorgesehenen unmittelbaren Vollzug durch den Anordnungsstaat auf die Sicherungsanordnung zu beschränken. Sind die Daten einmal gesichert, ist die Gefahr eines Verlustes beseitigt. Zu diesem Sicherungszweck ist die nun vorgeschlagene unmittelbare Anordnung gegenüber dem Diensteanbieter unter Zugrundelegung des Marktortprinzips überzeugend, weil selbst verkürzte Rechtshilfeverfahren gegenüber dem Staat, auf dessen Territorium die Daten gespeichert sind, angesichts der flexiblen Datenlokalität bei Cloud-Systemen keine ausreichende Effektivität versprechen.

Nach erfolgter Sicherung ist die Umgehung der Organe des Vollstreckungsstaates hingegen nicht mehr zu legitimieren. Die Herausgabeanordnung muss daher grundsätzlich von einem Gericht (zumindest von einer Behörde) im Vollstreckungsstaat geprüft werden, wobei diese Prüfung auch materiellrechtliche Maßstäbe umfassen muss. Sinnvoll ist in diesem Zusammenhang eine Anlehnung an die sog. Notifikationslösung zu Art. 31 der Richtlinie über die Ermittlungsanordnung in Strafsachen,[703] so dass parallel zur unmittelbar gegenüber dem Dienstanbieter zu vollziehenden Sicherungsanordnung eine Unterrichtung gegenüber dem Vollstreckungsstaat stattzufinden hätte, dem dann vor der Herausgabe der Daten eine hinreichende Prüfung ermöglicht würde.[704]

Zudem erübrigt sich angesichts möglicher Neuregelungen im transnationalen Verhältnis in keiner Weise die Problematik einer tauglichen Ermächtigungsgrundlage im nationalen Recht. Sofern ein Zugriff innerstaatlich unzulässig ist, darf er auch nicht auf dem Territorium eines anderen Staates erfolgen. Damit ist zum Ausgangspunkt zurückzukommen und das Ergebnis der bisherigen Untersuchung zusammenzufassen.

VI. Zusammenfassung der Ergebnisse: Derzeit keine Ermächtigungsgrundlage für Zugriff auf in der Cloud gespeicherte Daten/Übergangszeit

Die vorstehende Untersuchung gelangt zu dem Ergebnis, dass keine der derzeit in der Strafprozessordnung enthaltenen Ermächtigungsgrundlagen dafür geeignet ist, den Zugriff auf in einer Cloud gespeicherte Daten des Beschuldigten zu legitimieren. Das liegt zusammenfassend im Wesentlich darin begründet, dass die Nutzung von Cloud-Infrastruktur aus der Sicht des Anwenders nichts anderes ist als die Nutzung eines informationstechnischen Systems im Sinne der Rechtsprechung des Ersten Senats des BVerfG (oben D I 3 a). Damit ist das Grundrecht auf Gewährleistung der Vertraulichkeit und Integrität informationstechnischer Systeme einschlägig; das sog. Computer- oder IT-Grundrecht. Nur so lässt sich der grundrechtstypischen Gefährdungslage einerseits und der Intensität des Eingriffs andererseits Rechnung tragen. Den Anforderungen für Eingriffe in dieses Grundrecht wird keine der geltenden strafprozessualen Ermächtigungsnormen hinreichend gerecht. Das gilt auch für die zuletzt durch das Gesetz zur effektiveren und praxistauglicheren Ausgestaltung des Strafverfahrens neu in die StPO eingefügten §§ 100a Abs. 1 S. 2, S 3, 100b StPO.

---

703 Richtlinie 2014/41/EU des Europäischen Parlaments und des Rates vom 3. April 2014 über die Europäische Ermittlungsanordnung in Strafsachen.
704 Vgl. den insoweit sinnvollen Vorschlag in BR-Drucks. 215/1/18, S. 7 f.

Dabei wird ausdrücklich nicht in Abrede gestellt, dass der Zugriff auf in Cloud-Anwendungen gespeicherten Daten für die Gewährleistung einer effektiven Strafrechtspflege von erheblicher Bedeutung ist.[705] Bliebe die Cloud für die Ermittler vollständig eine „Black Box", wäre es Straftätern ein Leichtes, beweisrelevante Informationen in großem Umfang vor dem Zugriff der Strafverfolger zu schützen. Es besteht daher kein Zweifel daran, dass die Möglichkeit eines solchen Zugriffs gegeben sein muss. Doch zeugt es nach Ansicht des Verf. von einer unzureichenden Sensibilität für die verfassungsrechtliche Dimension strafprozessualer Zwangsmaßnahmen, wenn angesichts der ohne Frage schwierigen Ausgangslage kurzerhand darauf verwiesen wird, dass ein „adäquates Ergebnis" unter Auslegung des geltenden Rechts erzielt werden müsse.[706] Gerade weil die Entwicklung der Informationstechnologie „neue Denkweisen im materiellen und prozessualen Recht erfordert",[707] ist es unumgänglich, die insofern notwendig werdenden Weichenstellungen an dasjenige Organ zu verlagern, dem nach den Grundsätzen unserer Verfassung die Kompetenz hierfür zukommt. Das kann nur der demokratisch legitimierte Gesetzgeber sein, dessen Eingreifen umso dringlicher ist, je grundsätzlicher sich die Veränderungen im tatsächlichen Bereich darstellen.

Dieses Ergebnis wäre nun aber in der Tat nicht nur unbefriedigend, sondern letztlich auch unsachgemäß, würde daraus geschlossen, dass den Ermittlungsbehörden der Zugriff auf in einer Cloud gespeicherte Daten bis zur Schaffung einer gesetzlichen Grundlage vollkommen untersagt ist. Das würde die mehr als ernst zu nehmende Gefahr begründen, dass elementare Anforderungen an die Gewährleistung einer effektiven Strafrechtspflege nicht mehr zu erfüllen wären. Insofern ist auf einen Gedanken zurückzugreifen, den das BVerfG wiederholt im Falle der Nichtigkeit von Eingriffsnormen fruchtbar gemacht hat (so zuletzt auch im Zusammenhang mit dem BKAG), und es ist davon auszugehen, dass der Eingriff für eine *Übergangszeit* hinzunehmen ist, um dem Gesetzgeber die Zeit zur Herstellung eines ordnungsgemäßen Rechtszustands zu gewähren.[708] Hielte man hingegen den Zugriff auf in einer Cloud gespeicherte Daten sofort und uneingeschränkt für unzulässig, würde – gerade mit Blick auf die hier vertretene restriktive Linie zur Unverwertbarkeit

---

705 Insofern zutr. *Wicker*, Strafanspruch, S. 281 f.
706 So aber *Wicker*, Strafanspruch, S. 343.
707 Ebenda.
708 Siehe hierzu aus der verfassungsgerichtlichen Rechtsprechung zuletzt BVerfG NJW 2016, 1781, 1808 a. E. mit ausführlichen weiteren Nachweisen zur bisherigen Rechtsprechung.

rechtswidrig erlangter Beweise (siehe unten E) – die Effektivität der Strafverfolgung nachhaltig beeinträchtigt und so der Schutz überragend wichtiger Güter des Gemeinwohls[709] gefährdet.

Der Maßstab für die Vornahme des Zugriffs auf in einer Cloud gespeicherte Daten sollte bis zum Ende der Übergangszeit den §§ 100b, 100c StPO entnommen werden. Trotz aller hier geäußerten Kritik insbesondere an der Regelung des § 100b StPO bietet dieser den einzigen brauchbaren Anhaltspunkt dafür, welche Anforderungen aus Sicht des Gesetzgebers bei vergleichbaren Eingriffen in etwa vorzusehen sind. Es handelt sich bei „großem Lauschangriff" und Online-Durchsuchung zudem um die eingriffsintensivsten Maßnahmen, die die Strafprozessordnung gegenwärtig kennt. Jedenfalls für die besagte Übergangszeit dürfte damit gewährleistet sein, dass der Zugriff auf die Cloud nicht von der Praxis zum Bagatelleingriff gemacht wird.

Eine konkrete Dauer der Übergangszeit soll hier nicht angegeben werden. Jedenfalls muss dem Gesetzgeber ausreichend Zeit dafür gegeben werden, ein hinreichend abgestimmtes System an Eingriffsnormen zu entwickeln, dass vernünftigerweise zwischen Sicherungs- und Herausgabeanordnung gegenüber dem Dienstanbieter unterscheiden sollte. Da diese Fragen aktuell ohnehin im europäischen Zusammenhang diskutiert werden (siehe oben V 2 b), könnte es sich anbieten, die Übergangszeit jedenfalls bis zum Abschluss der dortigen Debatten zu bemessen. Sofern diese mit einem (bislang nicht vorliegenden) adäquaten europarechtlichen Regelungsvorschlag enden, ließe sich dieser als Vorbild für ein nationales Regelungsmodell nehmen. Die bloße Sicherung der Daten beim Cloud-Anbieter ist sicher unter geringeren Voraussetzungen als jenen der §§ 100b, 100c StPO zulässig, soweit gewährleistet bleibt, dass ein Zugriff der Ermittlungsbehörden (sei es auch in Gestalt einer „Durchsicht") von einer weiteren Prüfung abhängt. Da nach erfolgter Sicherung auch kein Verlust der Daten mehr zu befürchten ist, könnte die Herausgabe anschließend generell unter Richtervorbehalt gestellt werden, ohne dass es einer Eilkompetenz für die Staatsanwaltschaft bedürfte.

---

709 Zu diesem Maßstab im Zusammenhang mit der Anordnung einer Übergangszeit siehe BVerfGE 109, 190, 235 f. m. w. N.

E. Verwertbarkeit unzulässig erlangter Daten

Im abschließenden Teil dieser Untersuchung ist die Frage nach der prozessualen Verwertbarkeit von rechtswidrig erlangten Daten aufzuwerfen, die Frage also, ob diese einem Beweisverwertungsverbot unterliegen. Um dies zu beantworten, müssen zunächst einige begriffliche und sachliche Grundfragen skizziert werden (I). Nach einem anschließenden Überblick über allgemeine Lehren zu den sog. Unselbstständigen Beweisverwertungsverboten (II) sind insbesondere Verwertungsfragen bei Verstößen gegen internationales Recht in den Blick zu nehmen (III). Im Ergebnis sprechen nach alldem die besseren Gründe für die Annahme eines Beweisverwertungsverbotes bei rechtswidrig erlangten Daten aus einem Cloud-Speicher (IV).

I. Grundlagen und Begrifflichkeiten

Keinesfalls kann die vorliegende Arbeit sich das Ziel setzen, eine allgemeine Lehre der Beweisverwertungsverbote darzustellen oder gar eigenständig zu entwickeln, zumal bzgl. dieses Themenkomplexes weder in begrifflicher noch in sachlicher Hinsicht vollständige Klarheit herrscht.[710] Hier soll lediglich in aller gebotenen Kürze auf den Aufklärungsgrundsatz als Ausgangspunkt eingegangen werden (1), bevor ein Überblick über die unterschiedlichen Arten der Beweisverbote bzw. die verwendeten Begrifflichkeiten erfolgt (2).

1. Der Aufklärungsgrundsatz

Gemäß § 244 Abs. 2 StPO hat das Gericht „zur Erforschung der Wahrheit die Beweisaufnahme von Amts wegen auf alle Tatsachen und Beweismittel zu erstrecken, die für die Entscheidung von Bedeutung sind". Ihm ist demnach – unbeschadet aller Schwierigkeiten des damit verknüpften Wahrheitsbegriffs[711] – die Erforschung der Wahrheit als das zentrale Anliegen des Strafprozesses auferlegt, deren überragende Bedeutung

---

710 Vgl. Roxin/Schünemann, Strafverfahrensrecht, § 24 Rn. 14; für einen umfassenden Überblick über den Diskussionsstand vgl. *Jahn*, DJT-Gutachten, *passim*.
711 Zum strafprozessualen Wahrheitsbegriff etwa *Kühne*, GA 2008, 361 ff.

nicht zuletzt eine Ausprägung des Schuldprinzips darstellt.[712] Dieses Prinzip – als Aufklärungs-, Amtsermittlungs- oder Untersuchungsgrundsatz, teilweise auch als Instruktions- oder Inquisitionsmaxime bezeichnet – beherrscht den gesamten deutschen Strafprozess (im Gegensatz zur zivilprozessualen Verhandlungsmaxime) und bezieht sich auf alle Verfahrensabschnitte.[713] Das Gericht ist somit verpflichtet, sich aller erreichbaren Beweismittel – die nicht durch ein Beweisverbot ausgeschlossen sind (dazu sogleich) – zu bedienen und diese in der bestmöglichen Form zu verwenden, soweit ein Erkenntnisgewinn nicht völlig ausgeschlossen ist.[714] Zu berücksichtigen sind dabei neben den unmittelbar beweiserheblichen Haupttatsachen auch Indizien und Hilfstatsachen.[715]

Bei diesem Ausgangspunkt kann im Grundsatz kein Zweifel daran bestehen, dass der Zugriff auf in einer Cloud abgelegte Daten beweiserhebliche (Haupt-, Indiz- oder Hilfs-)Tatsachen zu Tage fördern kann. Weil aber ein absoluter Vorrang der Wahrheitserforschung dem deutschen Strafprozessrecht fremd ist, sondern vielmehr immer nur eine rechtlich begrenzte (justizförmige) Wahrheitserforschung vorgesehen ist,[716] besteht grundsätzlich Einigkeit darüber, dass der Amtsermittlungsgrundsatz (u.a.) durch sog. Beweisverbote eingeschränkt wird.[717] Insofern müssen zunächst einige begriffliche Kategorien geklärt werden.

2. Die unterschiedlichen Kategorien der Beweisverbote

a) Kurzer Überblick über die Begrifflichkeiten

Die meist sog. Beweisverbote bilden nach überwiegend gebräuchlicher Terminologie den Oberbegriff und werden in Beweiserhebungsverbote einerseits und Beweisverwertungsverbote andererseits unterteilt, wobei jene die Frage der Beweisgewinnung betreffen, während diese sich mit der zulässigen Berücksichtigung bereits gewonnener Beweise durch

---

712 Siehe BVerfGE 57, 250, 275; zuletzt etwa BVerfG NJW 2012, 907, 909; KK-StPO/Krehl, § 244 Rn. 28 m. w. N.; zum verfassungsrechtlichen Hintergrund *Radtke*, GA 2012, 187, 189 ff.
713 *Eisenberg*, Beweisrecht, Rn. 1 m. w. N.
714 *Krehl*, in: KK-StPO, § 244 Rn. 28 mit ausf. Nachw. aus der Rspr.
715 *Roxin/Schünemann*, Strafverfahrensrecht, § 24 Rn. 6 f.; *Eisenberg*, Beweisrecht, Rn. 8 f.
716 Siehe nur *Hassemer*, FS 50 Jahre BGH, S. 439, 448 f.
717 Statt Aller *Eisenberg*, Beweisrecht, Rn. 329 ff.

das Gericht befassen.[718] Beweiserhebungsverbote werden herkömmlich meist weiter in Abhängigkeit von ihrem Anknüpfungspunkt in Beweisthemaverbote, Beweismethodenverbote und Beweismittelverbote untergliedert.[719]

Eine besonders deutliche Einschränkung der Aufklärungsmaxime ergibt sich aus den Beweisverwertungsverboten, weil diese das Gericht dazu zwingen, an sich vorhandene Beweise bei der Beweiswürdigung bzw. der Entscheidungsfindung – also letztlich bei der durch § 244 Abs. 2 StPO aufgegebenen Ermittlung der Wahrheit – unberücksichtigt zu lassen. Insofern gebräuchlich ist die Unterscheidung zwischen selbstständigen und unselbstständigen Beweisverwertungsverboten, wobei diese die – wie gleich zu zeigen ist, nicht zwingende – Folge eines vorausgegangenen Verstoßes gegen eine Beweiserhebungsvorschrift sind, während selbstständige Beweisverbote in der Regel solche sind, die sich unmittelbar aus Verfassungsnormen bzw. -grundsätzen ergeben.[720]

b) Zur Relevanz selbstständiger Beweisverwertungsverbote im vorliegenden Zusammenhang

Im Fokus der vorliegenden Untersuchung sollen sogleich die unselbstständigen Beweisverwertungsverbote stehen, weil in der Praxis die Aufzeichnung von Internetdaten – und damit auch von solchen, die in einer Cloud gespeichert oder aus dieser abgerufen werden – zumeist über § 100a StPO erfolgt, was nach der hier vertretenen Ansicht jedoch einen Verstoß gegen diese Beweiserhebungsnorm darstellt. Dasselbe gilt, wie bereits ausgeführt, wenn eine entsprechende Maßnahme auf die §§ 94 ff. StPO oder § 110 Abs. 3 StPO gestützt wird. Beachtet werden muss in diesem Zusammenhang außerdem die gesetzliche Sonderregelung in § 477 Abs. 2 S. 2 StPO. Sofern mit der hier vertretenen Auffassung davon ausgegangen wird, dass zumindest für eine Übergangszeit eine Aufzeichnung der Internetdaten – und damit auch der aus einer Cloud abgerufenen bzw. dort gespeicherten Daten – unter den Voraussetzungen der

---

718 Zu diesen Begrifflichkeiten siehe nur *Paul* NStZ 2013, 489 f. m. w. N.; vgl. die Abgrenzung gegenüber datenschutzrechtlichen Verwendungsverboten bei *Singelnstein* ZStW 120 (2008), 854, 865 ff.

719 *Eisenberg*, Beweisrecht, Rn. 337; *Roxin/Schünemann*, Strafverfahrensrecht, § 24 Rn. 15.

720 Zu dieser geläufigen Unterscheidung siehe nur *Eisenberg*, Beweisrecht, Rn. 362; krit. *Roxin/Schünemann*, Strafverfahrensrecht, § 24 Rn. 21 m. Fn. 1.

§§ 100b, 100c StPO zulässig ist, dürfen so erhobene Daten keinesfalls in anderen Strafverfahren verwendet werden, die keine Katalogtat i. S. d. § 100c Abs. 2 StPO betreffen.

Auch darüber hinaus ist das Eingreifen eines selbstständigen Beweisverwertungsverbotes beim Zugriff der Ermittlungsbehörden auf in einer Cloud gespeicherte Daten keineswegs ausgeschlossen. Das hängt vor allem damit zusammen, dass es sich hierbei unter Umständen um höchstpersönliche oder gar intime Informationen handeln kann, die insofern zum Beispiel mit Tagebucheintragungen vergleichbar sind bzw. im Einzelfall sein können. Der Hauptanwendungsbereich der selbstständigen Beweisverwertungsverbote – neben einzelnen gesetzlichen Regelungen –[721] liegt bei Eingriffen in die Privat- oder Intimsphäre des Beschuldigten. Das BVerfG geht hier bekanntlich von der sog. „Sphärentheorie" aus und macht die Zulässigkeit eines Eingriffs im Kern davon abhängig, welcher Sphäre die erhobenen Daten bzw. die erlangten Informationen angehören.[722] Jedoch konterkariert das BVerfG seine eigene Linie, weil es schon die Niederschrift höchstpersönlicher Gedanken als Entäußerung aus der Intimsphäre versteht.[723] Vorzugswürdig ist demgegenüber der Ansatz des BGH, der etwa bei der Aufzeichnung eines Selbstgesprächs von einem Verwertungsverbot ausgegangen ist.[724] In der ersten einschlägigen Entscheidung hat der BGH seine Argumentation noch wesentlich darauf gestützt, dass das Selbstgespräch in einer dem Schutz des Art. 13 GG unterliegenden Wohnung (in einem Krankenzimmer in einer Rehabilitationsklinik) stattfand.[725] Schon dieser Aspekt spricht dafür, eine Übertragbarkeit dieser Rechtsprechung jedenfalls dem Grunde nach – also abhängig von den weiteren Umständen des Einzelfalles, insbesondere von der Art/dem Inhalt der erhobenen Daten – zuzulassen, weil das im vorliegenden Zusammenhang tangierte Recht auf die Gewährleistung der Vertraulichkeit und Integrität informationstechnischer Systeme einen vergleichbaren Schutz genießt. Mit Recht hat überdies der 2. Strafsenat des BGH in der zweiten Entscheidung aus diesem Kon-

---

721 So fordert etwa das Verwertungsverbot in § 252 StPO gerade keinen Rechtsfehler bei der vorherigen Zeugenvernehmung, siehe dazu *Kudlich*, in: MüKoStPO, Einl. Rn. 473 m. w. N.

722 Vgl. hierzu die Nachw. aus der Rechtsprechung bei *Schmitt*, in: Meyer-Goßner/Schmitt, StPO, Einl. Rn. 56.

723 Vgl. BVerfGE 80, 367 ff.

724 BGHSt 50, 206 = NJW 2005, 3295 m. Anm. *Jahn* JuS 2006, 91; BGHSt 57, 71 = NJW 2012, 945.

725 BGH NJW 2005, 3295, 3296 f.

text den Schutz des Kernbereichs über den unmittelbaren Anwendungsbereich des Art. 13 GG hinaus erstreckt und auch die Aufzeichnung eines in einem Auto geführten Selbstgesprächs für unverwertbar erklärt. Unter diesen Umständen sei „das Risiko einer Außenwirkung der spontanen Äußerungen nahezu ausgeschlossen [...] das Selbstgespräch konnte nur durch eine heimliche staatliche Überwachungsmaßnahme erfasst werden", so dass „[d]ie Nichtöffentlichkeit der Gesprächssituation [...] bei einer Gesamtbewertung der Umstände des Einzelfalls derjenigen in einer Wohnung gleichzusetzen [war]".[726] Auch diese Erwägungen lassen sich jedenfalls dann auf die hier zu untersuchende Situation übertragen, wenn der Beschuldigte Daten in einer nichtöffentlichen Cloud speichert.

Zusammenfassend benennt der 2. Senat als Gründe für Zuordnung des im konkreten Verfahren aufgezeichneten Selbstgesprächs zum absolut geschützten Kernbereich „die Eindimensionalität der ‚Selbstkommunikation‘, die Nichtöffentlichkeit der Äußerungssituation, die mögliche Unbewusstheit der Äußerungen im Selbstgespräch, die Identität der Äußerung mit den inneren Gedanken beim Selbstgespräch und die Flüchtigkeit des gesprochenen Wortes".[727] Zu einer solchen „Kumulation von Umständen" kann es ohne Frage auch bei der Aufzeichnung von Internetdaten und dem Zugriff auf die Cloud kommen. Die Nichtöffentlichkeit der Äußerungssituation ist jedenfalls bei nichtöffentlichen Clouds vergleichbar. Wenn zudem der Zugriff auf die Daten – wie praktisch häufig – über eine Aufzeichnung der Internetdaten im Rahmen einer TKÜ-Maßnahme erfolgt, so dass letztlich das gesamte Surfverhalten des Nutzers erfasst wird, handelt es sich in vielen Bereichen ohne Frage auch um eine Form der „Selbstkommunikation", weil eben gerade im Gegensatz zur zwischenmenschlichen Kommunikation der Internetnutzer „mit sich alleine" ist und insofern eben unter Umständen auch Dinge offenbart, die er gerade nicht zur Mitteilung an andere vorgesehen hat.

Auch die mögliche Unbewusstheit der offenbarten Informationen spielt eine zentrale Rolle bei der Aufzeichnung von Internetdaten. Das liegt nicht nur daran, dass laufend Daten generiert werden, ohne dass der Nutzer dies notwendig auch mitbekommen muss. Vielmehr verläuft der Vorgang des Surfens letztlich auch stark assoziativ, der Internetnutzer schweift hier in gewissem Sinne häufig ab und klickt Seiten an, ohne

---

726 BGH NJW 2012, 945, 946.
727 BGH NJW 2012, 945 a. E.

dies vorher wirklich geplant zu haben bzw. ohne hierbei alle Schritte bewusst zu reflektieren. Und schließlich spiegeln sich auch im Surfverhalten nicht selten innerste und intimste Gedanken des Nutzers ab, die sich anhand der besuchten Seiten ablesen lassen.

Allein die Flüchtigkeit des gesprochenen Wortes, auf die der 2. Strafsenat ebenfalls abstellt, findet im Bereich der Internetnutzung keine vergleichbar starke Parallele. Das gilt offensichtlich dort, wo z. B. Textdokumente angefertigt und dann in einer Cloud gespeichert werden. Das kann ein Umstand sein, der bei der erforderlichen Gesamtbetrachtung gegen eine Zuordnung zum Kernbereich spricht, was jedoch abhängig vom Inhalt des Dokuments keineswegs zwingend der Fall sein muss. Sofern aber die Aufzeichnung des Surfverhaltens insgesamt in den Blick genommen wird, ist jedenfalls aus der Sicht des Nutzers durchaus eine gewisse Vergleichbarkeit hinsichtlich der „Flüchtigkeit" gegeben. Zwar ist den meisten Nutzern wohl bekannt, dass Internetverläufe prinzipiell nachvollzogen werden können; dies kann aber durch die Verwendung des „anonymen Modus" weitgehend ausgeschaltet werden, was alle gängigen Browser anbieten. Die Nutzung dieses Tools wäre daher häufig ein weiteres Indiz, das für eine Zuordnung zum Kernbereich herangezogen werden kann. Überhaupt würde es zu weit gehen, dem Surfen im Internet eine Vergegenständlichung zuzusprechen, die etwa mit dem Abfassen von schriftlichen Texten vergleichbar ist. Denn das Aufrufen von Internetseiten hat unbeschadet der dabei entstehenden Daten für den Nutzer doch immer etwas Vorübergehendes, mag der Grad der Flüchtigkeit auch nicht ohne weiteres mit dem gesprochenen Wort zu vergleichen sein.

Zusammenfassend ist zur Frage des möglichen Eingreifens eines selbstständigen Beweisverwertungsverbotes beim Zugriff auf Internet-/Clouddaten daher festzuhalten, dass dies – abhängig von den Umständen des Einzelfalles – keineswegs ausgeschlossen erscheint. Damit wird erneut deutlich, dass die bislang existierenden und von der Praxis herangezogenen gesetzlichen Regelungen – namentlich die §§ 100a f. StPO – vollkommen ungeeignet sind, um dem bei der Aufzeichnung des Internetverkehrs begründeten Eingriff angemessen Rechnung zu tragen. Denn rein technisch besteht zur Aufzeichnung sämtlicher Internetdaten kaum eine Alternative, weil der Zugriff auf die beim Provider (häufig im Ausland) gespeicherten Daten meist schon aus praktischen Gründen ausscheidet. Soll eine solche Maßnahme aber gesetzlich erlaubt sein, muss nicht zuletzt aus Gründen eines wirksamen Kernbereichsschutzes gewährleistet sein, dass die Daten zunächst von einer unabhängigen Stelle ausgewertet werden, bevor eine Sichtung durch die Ermittlungsbehörden erfolgt. Dass demgegenüber die gesamte Internetnutzung eines Beschuldigten (praktisch meist auf dem Mobiltelefon sowie zuhause) über Monate aufgezeichnet und ungefiltert durchgesehen wird, bedeutet letztlich die Abschaffung des Kernbereichsschutzes. Dem muss ggf. mit einem selbstständigen Beweisverwertungsverbot begegnet werden.

II. Die unselbstständigen Beweisverwertungsverbote

Wird durch den Zugriff auf Cloud- oder sonstige Internetdaten der Kernbereich privater Lebensgestaltung berührt, kann es je nach Lage des Einzelfalles bereits zum Eingreifen eines selbstständigen Verwertungsverbotes kommen. Fraglich ist darüber hinaus, ob in anderen Fällen, insbesondere also bei nicht kernbereichsrelevanten Informationen bzw. Inhalten, ein unselbstständiges Beweisverwertungsverbot in Betracht kommt. Das ist zunächst nach hier vertretener Ansicht immer dann nicht der Fall, wenn im Rahmen einer zu gewährenden Übergangszeit die Maßnahme den Anforderungen der §§ 100b, 100c StPO genügt. Werden dagegen insbesondere die §§ 94, 100a StPO als Ermächtigungsnormen herangezogen, um auf Cloud- oder sonstige Internetdaten zuzugreifen – insbesondere durch die Aufzeichung der Internetdaten im Rahmen einer TKÜ-Maßnahme –, liegt darin ein Verstoß gegen die genannten Normen, deren Voraussetzungen nach zutreffendem Verständnis nicht erfüllt sind.

Nun zählt es zu den umstrittensten Fragen des Strafprozessrechts, ob bzw. unter welchen Voraussetzungen die Verletzung einer Beweiserhebungsnorm auch ein Beweisverwertungsverbot nach sich zieht. Ein konsensfähiges Ergebnis ist insofern bis heute nicht erzielt worden. Im folgenden Abschnitt ist zunächst ein – notgedrungen kursorischer – Überblick über einige der im Wesentlichen vertretenen Auffassungen zu geben, bevor zur hier relevanten Fallkonstellation Stellung zu nehmen ist.

1. Die Rechtsprechung (insbesondere Abwägungslehre)

In der Rechtsprechung des BGH fanden sich zunächst Ansätze einer meist sog. Rechtskreistheorie, wonach ein unter Verletzung einer Beweiserhebungsnorm erlangtes Beweismittel immer dann nicht verwertbar sein sollte, wenn hierbei der Rechtskreis des Beschuldigten betroffen würde. Das geht zurück auf eine Entscheidung des Großen Strafsenates aus dem Jahr 1958, in dem eine unter Verstoß gegen § 55 StPO erlangte Aussage mit der Begründung für grundsätzlich verwertbar zu Lasten des Angeklagten erklärt wurde, weil „sein Rechtskreis durch den Verfahrensfehler nicht wesentlich berührt" werde, da „das Auskunftsverweigerungsrecht des § 55 StPO ausschließlich auf der Achtung vor der Persönlichkeit des Zeugen" beruhe.[728] Es muss an dieser Stelle nicht diskutiert werden, inwiefern in der BGH-Rechtsprechung tatsächlich so etwas wie eine „Rechtskreistheorie" als eigenständiger Ansatz vertreten wurde oder wird.[729] Denn zum einen kann kaum ernstlich in Abrede gestellt werden, dass der Rechtskreis des Beschuldigten bzw. Angeklagten betroffen ist, wenn ohne eine hinreichende Ermächtigungsgrundlage in seine grundrechtlich geschützten Freiheitspositionen eingegriffen wird; und zum anderen hat sich in der Judikatur längst eine Abwägungslehre etabliert, deren Grundgedanke in jüngerer Zeit etwa in der Entscheidung zum sog. „Beinahe-Treffer" wie folgt zusammengefasst ist:

> „Nach ständiger Rechtsprechung des BGH führt nicht jeder Rechtsverstoß bei der strafprozessualen Beweisgewinnung zu einem Verwertungsverbot hinsichtlich der so erlangten Erkenntnisse. Vielmehr ist je nach den Umständen des Einzelfalls unter Abwägung aller maßgeblichen Gesichtspunkte und der widerstreitenden Interessen zu entscheiden (sog. Abwägungslehre). Bedeutsam sind dabei insbesondere die Art und der Schutzzweck des etwaigen Beweiserhebungsverbots sowie das Gewicht des in Rede stehenden Verfahrensverstoßes, das seinerseits wesentlich von der Bedeutung der im Einzelfall betroffenen Rechtsgüter bestimmt wird. Dabei ist in den Blick zu nehmen, dass die Annahme eines Verwertungsverbots ein wesentliches Prinzip des Strafver-

---

728 BGHSt 11, 213, 216 f.
729 Dagegen *Jahn*, DJT-Gutachten; vgl. zuletzt aber (im Zusammenhang mit § 136 Abs. 1 S. 2 StPO) BGH NStZ-RR 2016, 377 m. krit. Anm. *Jäger* JA 2017, 74 ff.; zur verfassungsrechtlichen Unbedenklichkeit siehe BVerfG NStZ 2014, 528, 529.

fahrensrechts – den Grundsatz, dass das Gericht die Wahrheit zu erforschen und dazu die Beweisaufnahme von Amts wegen auf alle Tatsachen und Beweismittel zu erstrecken hat, die von Bedeutung sind – einschränkt. Aus diesem Grund stellt ein Beweisverwertungsverbot eine Ausnahme dar, die nur bei ausdrücklicher gesetzlicher Anordnung oder aus übergeordneten wichtigen Gründen im Einzelfall anzuerkennen ist."[730]

Unbeschadet dessen ist darauf hinzuweisen, dass der BGH bei Verstößen gegen § 100a StPO regelmäßig zur Annahme eines Verwertungsverbots gelangt.[731] So wurde ein solches bejaht bei einem durch einen V-Mann ohne richterliche Anordnung aufgezeichneten Telefongespräch, wobei dieser Fall „nicht anders zu beurteilen [sei] als das Fehlen einer wesentlichen sachlichen Voraussetzung für die Anordnung der Maßnahme nach § 100a StPO, beispielsweise das Nichtvorliegen einer Katalogtat oder eines erlaubten Ermittlungsziels".[732] Dass dabei „wichtige Beweismittel zur Aufklärung von Straftaten unbenützt bleiben müssen, obwohl dem Grundsatz wirksamer Strafrechtspflege Verfassungsrang zukommt", könne an dem Ergebnis nichts ändern und müsse vielmehr „im Interesse eines rechtsstaatlichen Verfahrens [...] hingenommen werden" da „die StPO zwingt nicht zur Wahrheitserforschung um jeden Preis" zwinge.[733] Diesen Grundgedanken hat der BGH in der Folgezeit immer wieder aufgegriffen[734] und etwa in einer Entscheidung aus dem Jahr 2002 wie folgt zusammengefasst:

> „In einem rechtstaatlichen Strafverfahren dürfen Erkenntnisse aus einer rechtswidrig angeordneten Telefonüberwachung nicht als Beweismittel verwertet werden. Dies gilt insbesondere in Fällen, in denen es an einer wesentlichen sachlichen Voraussetzung für die Maßnahme nach § 100a StPO fehlt."[735]

---

730 BGHSt 58, 84, 96 f. = BGH NJW 2013, 1827, 1830; aus der älteren Rechtsprechung siehe etwa BGHSt 19, 325, 329; weitere Nachw. bei *Roxin/Schünemann*, Strafverfahrensrecht, § 24 Rn. 30; zur verfassungsrechtlichen Unbedenklichkeit zuletzt etwa BVerfG NJW 2009, 3225 f.
731 BGH NJW 1983, 1570, 1571; NStZ 1984, 275; 1995, 510, 511; 2003, 215, 216; vgl. im Einzelnen die Darstellung bei *Günther*, in: MüKoStPO, § 100a Rn. 194 ff. m. w. N.
732 BGH NJW 1983, 1570, 1571.
733 BGH Ebenda.
734 Siehe etwa BGH NStZ 1984, 275; 1995, 510, 511.
735 BGH NStZ 2003, 215, 216.

Weil es sich nach zutreffender Ansicht bei der Aufzeichnung von Internetdaten nicht um Telekommunikation i.S.d. § 100a StPO handelt, fehlt es bei entsprechenden Anordnungen also an einer wesentlichen sachlichen Voraussetzung für die Anordnung einer TKÜ. Richtigerweise müsste die vorstehend referierte Rechtsprechung also zu einem Verwertungsverbot führen, wenngleich das praktisch indes bis auf Weiteres nicht zu erwarten ist angesichts der unzutreffenden Entscheidung des Zweiten Senats am BVerfG zur Zulässigkeit der Aufzeichnung von Internetverkehr im Wege der strafprozessualen TKÜ.

2. Einzelne Ansätze aus der Literatur im Überblick

In der Literatur finden sich unterschiedlichste Ansätze zur Bedeutung von rechtswidrigen Beweiserhebungen für die Verwertbarkeit der dadurch erlangten Beweismittel, die hier nur in einem knappen Überblick referiert werden können.[736]

Eine prima facie einleuchtende und konsequente Lösung besteht darin, bei jeder rechtswidrigen Beweiserhebung zu einem Verwertungsverbot zu gelangen.[737] Ähnliche Ergebnisse lassen sich durch eine Parallele zum Revisionsrecht erreichen, wo prinzipiell jede Gesetzesverletzung mit der Revision angreifbar ist.[738] Auch eine konsequent interpretierte Schutzzwecklehre, die in der *ratio* der verletzten Beweiserhebungsnorm mehr sieht als ein bloßes Abwägungskriterium, führt zu einem weitreichenden Eingreifen von Verwertungsverboten, weil der Schutzzweck einer Beweiserhebungsnorm im Regelfall jedenfalls auch darin liegen dürfte, die Wahrung der Grundrechte des Beschuldigten im Verhältnis zum staatlichen Strafanspruch zu gewährleisten. Eine bekannte Ausnahme sind insofern die §§ 81a, 81d StPO, die regeln, dass physische Eingriffe von einem Arzt vorgenommen werden müssen bzw. körperliche Untersuchungen, die das Schamgefühl gefährden, von einer Person gleichen Geschlechts oder einem Arzt.[739]

---

736 Vgl. hierzu etwa die Darstellung bei *Kudlich*, in: MüKoStPO, Einl. Rn.456ff.; *Roxin/Schünemann*, Strafverfahrensrecht, § 24 Rn.21ff.; *Eisenberg*, Beweisrecht, Rn.364ff.

737 Dahingehend *Jahn/Dallmeyer*, NStZ 2005, 297, 303f.

738 Vgl. zu einem solchen Ansatz *Kühne*, Strafprozessrecht, Rn.909.

739 *Roxin/Schünemann*, Strafverfahrensrecht, § 24 Rn.25.

III. Beweisverwertungsverbote bei Verstößen gegen Rechtshilfevorschriften

Beweiserhebung im Zusammenhang mit Cloud-Systemen steht immer in einem engen Zusammenhang mit Fragen der Rechtshilfe, da die Daten in den allermeisten Fällen im Ausland gespeichert sein dürften. Deshalb werden hier kurz die in der Rechtsprechung entwickelten Grundsätze zur Verwertbarkeit von Beweisen dargestellt, die unter Verstoß gegen Rechtshilfevorschriften erlangt wurden. Dabei ist zunächst von dem Grundsatz auszugehen, dass die Verwertbarkeit am Maßstab desjenigen Staates zu messen ist, der die Verwertung beabsichtigt, wobei eine etwaige Unverwertbarkeit sich sowohl unter dem Gesichtspunkt des inländischen Rechts – hier also der deutschen Rechtsordnung – als auch aus der Völkerrechtswidrigkeit der Beweiserhebung ergeben kann.[740] Jedoch ist die Behandlung entsprechender Fälle in der Rechtsprechung des BGH als eher uneinheitlich zu bezeichnen. In einem Fall, der die Verlesung eines außerhalb ordentlicher Rechtshilfeverfahren erlangten ausländischen Vernehmungsprotokolls betraf, vertrat der BGH zunächst eine einigermaßen restriktive Linie und stützte ein Verwertungsverbot maßgeblich auf den darin begründeten Souveränitätsverstoß, während es nicht im Sinne einer Rechtskreistheorie (siehe oben II 1) darauf ankomme, ob die verletzten Vorschriften auch individualschützenden Charakter gegenüber dem Angeklagten hätten.[741] Ähnlich streng wurde ein Verwertungsverbot ohne allzu ausführliche Begründung in einem Sachverhalt angenommen, der die Überwachung des Telefonanschlusses einer ausländischen Botschaft betraf.[742]

Dagegen wurde ein Verwertungsverbot verneint in einem Fall, in dem der Angeklagte selbst kein Angehöriger der Botschaft war, deren Telefonanschluss überwacht wurde, da der BGH hier der Auffassung war, dass die Rechte des Angeklagten insofern nicht betroffen seien und ein Verwertungsverbot als Reflex der Völkerrechtsverletzung nicht anzuerkennen sei.[743] Die unterschiedliche Gewichtung der Bedeutung der Verletzung des Souveränitätsgrundsatzes in diesen beiden Entscheidungen ist nicht von der Hand zu weisen.[744] Zuletzt hat der BGH die Verwer-

---

740 BGHSt 58, 32, 36 f. m. w. N.; zust. jüngst *Ladiges*, in: Buschman u. a. (Hrsg.), S. 117, 133 ff.
741 BGHSt 34, 334, 341 ff.
742 BGHSt 36, 396, 398.
743 BGHSt 37, 30, 32 f.
744 Vgl. hierzu *Gleß*, JR 2008, 317, 322 f.

tungsmöglichkeiten bei völkerrechtswidriger Beweiserlangung dadurch wesentlich erweitert, dass es im Rahmen einer hypothetischen Betrachtung zulässig sei zu prüfen, ob die Erlangung der Beweise im Falle der Einhaltung der Rechtshilfevorschriften möglich gewesen wäre.[745]

IV. Eigene Stellungnahme für die vorliegende Fallgruppe

Die strenge Beweisbefugnislehre, die ein Verwertungsverbot für sämtliche nicht ordnungsgemäß erlangten Beweismittel annimmt – und ein solches daher auch in der vorliegenden Fallkonstellation bejahen müsste –, hat zweifellos den Vorzug größtmöglicher rechtsstaatlicher Konsequenz mit Blick auf die Rechtsposition des Beschuldigten, der grundsätzlich – sei es unter dem Gesichtspunkt des fairen Verfahrens – einen Anspruch darauf hat, dass seine mögliche Verurteilung ausschließlich auf Beweise gestützt wird, die der Staat ohne Rechtsverletzung erlangt hat. Sie muss sich aber letztlich wohl doch vorhalten lassen, dass sie gegenläufigen – ebenfalls verfassungsrechtlich verbürgten – Erwägungen keinen ausreichenden Raum gewährt, weil der freiheitliche Rechtsstaat auch eine funktionstüchtige Strafrechtspflege gewährleisten muss.[746] Zwar ließe sich insofern konsequent im Rahmen einer schutzzweckorientierten Ansicht argumentieren, dass der Gesetzgeber die Abwägung zwischen den widerstreitenden Interessen – Verfahrensrechte des Beschuldigten einerseits und Belange der staatlichen Strafverfolgung andererseits – durch die Abfassung der Beweiserhebungsnormen bereits getroffen hätte, so dass für die große Mehrzahl der Verstöße gegen Beweiserhebungsnormen – und auch für die in der vorliegenden Untersuchung behandelte Konstellation – ein Verwertungsverbot zu bejahen wäre. Aber bei dieser Sichtweise würde wohl die Steuerungsfunktion abstrakter Gesetze überschätzt und der bei der Gesetzesanwendung immer erforderliche Spielraum für einzelfallbezogene Erwägungen verkannt.

Der revisionsrechtlichen Methode, die zu ähnlich weitreichenden Ergebnissen gelangt, droht ein Zirkelschluss, weil ein Urteil nur darauf beruhen kann, dass ein rechtswidrig erhobener Beweis im Urteil verwertet wurde, so dass bei der Begründung des Verwertungsverbots nach dem revisionsrechtlich ausgerichteten Ansatz dessen Existenz vorausgesetzt

---

745 BGHSt 58, 32 ff.
746 Hierzu *Kudlich*, in: MüKoStPO, Einl. Rn. 87 ff. m. w. N.

werden muss.[747] Aber es bildet dennoch im Grundsatz einen tragfähigen – mit europäischer Rechtsprechung im Einklang stehenden – Ausgangspunkt, dass es in einem rechtsstaatlichen, am fair-trial-Prinzip orientierten Strafverfahren regelmäßig unzulässig sein muss, eine Verurteilung *tragend* auf rechtswidrig erlangte Beweise zu stützen. Deshalb ist es auch aufs Schärfste zurückzuweisen, wenn der BGH in der jüngeren Rechtsprechung betont, das Verwertungsverbot müsse die Ausnahme sein. Richtig ist vielmehr, dass umgekehrt in höchstem Maße begründungsbedürftig ist, wenn nach einem die Grundrechte des Bürgers tangierenden (insofern ist der Gedanke der Rechtskreistheorie zutreffend) staatlichen Rechtsverstoß das Resultat dieses Verstoßes, der erhobene Beweis, genutzt werden soll, um durch die Verwertung des Beweises einen weiteren Grundrechtseingriff vorzunehmen.[748]

Darin findet sich auch der berechtige Kern der auf Amelung zurückgehenden These von den sog. Informationsbeherrschungsrechten,[749] die das Augenmerk auf die grundrechtliche Dimension der Beweisverwertung richtet.[750] Diese kommt in der hier untersuchten Fallgestaltung besonders zur Geltung. Denn durch die rechtswidrige, weil nicht durch eine hinreichend bereichsspezifische und bestimmte Ermächtigungsnorm gedeckte Aufzeichnung von Cloud- bzw. Internetdaten liegt ein verfassungsrechtlich nicht legitimierter schwerwiegender Eingriff in das Grundrecht auf die Gewährleistung der Vertraulichkeit und Integrität informationstechnischer Systeme vor. Selbst wenn dem BGH zuzugestehen sein mag, dass eine Abwägung im Einzelfall unumgänglich ist, um über das Eingreifen eines Beweisverwertungsverbotes zu entscheiden, muss ein solches angesichts des außergewöhnlichen Gewichts dieses Eingriffs doch regelmäßig angenommen werden. Allenfalls in drastischen Ausnahmesituationen, in denen schwerste Straftaten in Rede stehen und/oder es lediglich zur punktuellen Aufzeichnung belangloser Daten ohne Kernbereichsbezug kommt, kann etwas Anderes gelten. Im zuerst genannten Fall dürften zumeist die Voraussetzungen der §§ 100b, 100c StPO vorliegen und der Eingriff wäre nach hier vertretener Ansicht zumindest hypothetisch gerechtfertigt, selbst wenn die konkrete Maßnahme fälschlicherweise auf § 100a StPO gestützt wird.

---

747 *Kudlich*, in: MüKoStPO, Einl. Rn. 459.
748 *Kudlich*, in: MüKoStPO, Einl. Rn. 464.
749 *Amelung*, Informationsbeherrschungsrechte, *passim*.
750 Insofern diesem Ansatz zust. auch *Eisenberg*, Beweisrecht, Rn. 371.

Grundsätzlich muss der Beschuldigte/Angeklagte aber einen Anspruch darauf haben, dass der Staat in einem gegen ihn (den Beschuldigten) gerichteten Strafverfahren keinen Nutzen aus grundrechtswidrig erlangten Beweisen zieht und so den per se schon nicht gerechtfertigten Eingriff noch weiter perpetuiert. Das kann allenfalls in Ausnahmefällen aufgrund überragender gegenläufiger Interessen legitim sein. Im Übrigen muss die auf § 100a StPO gestützte verfassungswidrige monatelange Überwachung der gesamten Internetnutzung, die heute gängige Praxis ist und vom Zweiten Senat des BVerfG zu Unrecht im Grundsatz anerkannt wurde, regelmäßig zu einem Verwertungsverbot führen. Das entspricht der Rechtsprechung des BGH, der wie gezeigt regelmäßig ein Verwertungsverbot annimmt, wo eine Telekommunikationsüberwachung stattfindet, ohne dass alle maßgeblichen Anordnungsvoraussetzungen vorliegen. Dahinter steht der Gedanke, dass die Verwertung von Beweismitteln, die im Wege eines so gewichtigen Grundrechtseingriffs erlangt wurden nur dann zulässig sein kann, wenn die vom Gesetzgeber für den Eingriff postulierten Voraussetzungen erfüllt sind. Es handelt sich beim Zugriff auf die Cloud letztlich um eine Maßnahme ohne Rechtsgrundlage, so dass eine Verwertung ausscheiden muss, da „in Sonderfällen schwer wiegender Rechtsverletzungen, die durch das besondere Gewicht der jeweiligen Verletzungshandlung bei grober Verkennung der Rechtslage geprägt sind, Beweismittel […] unverwertbar [sind], weil der Staat […] aus Eingriffen ohne Rechtsgrundlage keinen Nutzen ziehen darf".[751]

Damit ist auch deutlich geworden, dass letztlich nicht entscheidend ist, ob es sich in der vorliegenden Fallgruppe um ein selbstständiges oder um ein unselbstständiges Beweisverwertungsverbot handelt. Für ersteres ließe sich anführen, dass der Eingriff ohne Ermächtigungsgrundlage geschieht, dass eine Beweiserhebungsnorm, gegen die verstoßen wird, insofern also gar nicht vorhanden ist. Hingegen ist es konstruktiv ebenfalls möglich, einen Verstoß gegen § 100a StPO anzunehmen, wenn die Maßnahme auf diese Norm gestützt wird, ohne dass deren Tatbestandsvoraussetzungen erfüllt sind. Im Ergebnis kommt es darauf nicht an, weil der entscheidende Grund dafür, dass regelmäßig ein Verwertungsverbot vorliegt, in beiden Fällen die Intensität des Grundrechtseingriffs – gerade bei der Aufzeichnung kernbereichsrelevanter Daten – ist, mag dieser nun den selbstständigen Grund für ein Verwertungsverbot bilden oder im Rahmen der Abwägung den Ausschlag geben.

---

751 BGH NStZ 2007, 601, 602 m. w. N.

F. Zusammenfassung der Ergebnisse

1. Cloud-Technologie ist aus der alltäglichen Nutzung informationstechnischer Systeme nicht mehr hinwegzudenken. Aus den technischen Besonderheiten bei Cloud-Anwendungen ergeben sich spezifische Probleme, sofern die Strafverfolgungsbehörden auf potentiell beweiserhebliche Daten zugreifen wollen, die vom Beschuldigten (oder Dritten) in einer Cloud gespeichert wurden. Namentlich führt die dezentrale und flexible Speicherung der Daten zu einem sog. *loss of location*, also dazu, dass sich ein bestimmbarer Speicherort innerhalb der weltweit verzweigten Cloud-Infrastruktur nicht mehr feststellen lässt.

2. Bei Suche nach einer geeigneten Ermächtigungsnorm für den strafprozessualen Zugriff auf in einer Cloud gespeicherte Daten sind die verfassungsrechtlichen Rahmenbedingungen zu beachten. Insbesondere muss der Gesetzgeber die wesentlichen Bedingungen des Grundrechtseingriffs selbst in hinreichend bestimmter, dem jeweiligen Regelungsbereich angepasster Weise festlegen. Selbst wenn daher das Analogieverbot des Art. 103 Abs. 2 GG im Strafprozessrecht keine Anwendung findet, gelten insofern vergleichbare Anforderungen, weil Grundrechtseingriffe durch strafprozessuale Zwangsmaßnahmen stets eine bestimmte und bereichsspezifische Ermächtigungsgrundlage erfordern.

3. Auf die §§ 94 ff. StPO kann der Zugriff auf in einer Cloud gespeicherte Daten nicht gestützt werden. Zwar sind Daten grundsätzlich auch als solche tauglicher Gegenstand einer Beschlagnahme; doch bei der Cloud handelt es sich aus Sicht des Nutzers um ein informationstechnisches System im Sinne der Rechtsprechung des BVerfG zum Grundrecht auf Gewährleistung der Vertraulichkeit und Integrität informationstechnischer Systeme. Den vom BVerfG postulierten Anforderungen an die Rechtfertigung von Eingriffen in dieses Grundrecht werden die §§ 94 ff. StPO nicht gerecht.

4. Die Telekommunikationsüberwachung nach § 100a Abs. 1 S. 1 StPO ermöglicht in technischer Hinsicht die Aufzeichnung des gesamten Surfverhaltens des Anschlussinhabers (soweit keine Verschlüsselung stattfindet). Damit lassen sich auch solche Daten aufzeichnen, die vom Nutzer in eine Cloud hochgeladen werden. Eine solche Über-

wachung des Surfverhaltens fällt jedoch nicht unter den Begriff der Telekommunikation i. S. d. § 100a Abs. 1 S. 1 StPO. Unter diesen Begriff fällt im strafprozessualen Zusammenhang ausschließlich die Kommunikation zwischen zwei Personen, nicht der bloß technische Austausch zwischen zwei (oder mehreren) Computern.

5. Die durch das Gesetz zur effektiveren und praxistauglicheren Ausgestaltung des Strafverfahrens neu in die StPO eingeführten Vorschriften zur „Quellen-TKÜ" (§ 100a Abs. 1 S. 2, S. 3 StPO) sowie zur „Online-Durchsuchung" (§ 100b StPO) sind gravierenden verfassungsrechtlichen Bedenken ausgesetzt. Soweit insbesondere § 100b StPO seinem Wortlaut nach auch eine „Durchsuchung" der Server eines Cloud-Anbieters zu ermöglichen scheint, wäre dies unverhältnismäßig und die Norm insofern verfassungskonform dahingehend auszulegen, dass sie einen solchen Eingriff nicht gestattet.

6. § 110 Abs. 3 StPO enthält keine selbstständige Ermächtigungsgrundlage, sondern ist im Zusammenhang mit den Vorschriften über die Durchsuchung zu verstehen. Die Vorschrift ermöglicht insofern schon im innerstaatlichen Bereich keine „Durchsicht" der Cloud, weil dadurch die strengen Anforderungen an Eingriffe in das Grundrecht auf Gewährleistung der Vertraulichkeit und Integrität informationstechnischer Systeme unterlaufen würden.

7. Der eigenmächtige ermittlungsbehördliche Zugriff auf Daten, die auf dem Hoheitsgebiet eines anderen Staates gespeichert sind, ist als Verstoß gegen den völkerrechtlichen Souveränitätsgrundsatz stets unzulässig. Soweit die sog. Cybercrime-Konvention des Europarates vereinfachte Rechtshilfeverfahren vorsieht, sind diese nicht geeignet, den faktischen Schwierigkeiten bei Ermittlungen in der Cloud hinreichend Rechnung zu tragen.

8. Der Vorschlag für eine Verordnung über Europäische Herausgabeanordnungen und Sicherungsanordnungen für elektronische Beweismittel in Strafsachen bietet mit seiner Orientierung am sog. Marktortprinzip einen prinzipiell plausiblen Ausgangspunkt zur Lösung der mit dem *loss of location* verbundenen Schwierigkeiten bei Ermittlungen in der Cloud. Die konkrete Ausgestaltung des Verordnungsentwurfes ist jedoch gravierenden Bedenken ausgesetzt. Sinnvoll wäre die Möglichkeit einer einseitigen Sicherungsanordnung durch den Anordnungsstaat, während bei der anschließenden Herausgabe der Daten

eine deutlich stärkere materielle Prüfung im Vollstreckungsstaat zwingend vorzusehen ist.

9. Nach derzeit geltendem Strafprozessrecht besteht schon für den innerstaatlichen heimlichen (also gegenüber dem Nutzer verborgenen) Zugriff auf in einer Cloud gespeicherte Daten keine geeignete Ermächtigungsgrundlage. Um die Effektivität der Strafrechtspflege nicht unangemessen zu beeinträchtigen, ist die Maßnahme für eine Übergangszeit – bis zum Inkrafttreten einer bereichsspezifischen gesetzlichen Regelung – unter den Voraussetzungen der §§ 100b, 100c StPO zulässig. Liegen diese Voraussetzungen nicht vor, unterliegen gleichwohl erlangte Daten regelmäßig einem Beweisverwertungsverbot

Literaturverzeichnis

Amelung, Knut: Rechtsschutz gegen strafprozessuale Grundrechtseingriffe, Berlin 1976 (zitiert als: *Amelung,* Rechtsschutz)

Amelung, Knut: Zur dogmatischen Einordnung strafprozessualer Grundrechtseingriffe, JZ 1987, S. 737–745

Amelung, Knut: Informationsbeherrschungsrechte im Strafprozess: dogmatische Grundlagen individualrechtlicher Beweisverwertungsverbote, 1990 (zitiert als: *Amelung*, Informationsbeherrschungsrechte)

Badura, Peter: Schutz des Brief-, Post- und Fernmeldegeheimnisses, in: Böse, Martin/Sternberg-Lieben, Detlev (Hrsg.), Grundlagen des Straf- und Strafverfahrensrechts. Festschrift für Knut Amelung zum 70. Geburtstag, 1. Auflage, Berlin 2009 (zitiert als: *Badura*, in: FS-Amelung)

Bär, Wolfgang: Der Zugriff auf Computerdaten im Strafverfahren, Köln 1992 (zitiert als: *Bär,* Zugriff)

Bär, Wolfgang: Die Überwachung des Fernmeldeverkehrs. Strafprozessuale Eingriffsmöglichkeiten in den Datenverkehr, CR 1993, S. 578–587

Bär, Wolfgang: EDV-Beweissicherung im Strafverfahrensrecht, CR 1998, S. 434–439

Bar, Wolfgang: Handbuch zur EDV-Beweissicherung, Stuttgart 2007 (zitiert als: *Bär,* Handbuch)

Bär, Wolfgang: Anmerkung zum Urteil des AG Bayreuth (Az: Gs 911/09), MMR 2010, S. 267-268

Bär, Wolfgang: Transnationaler Zugriff auf Computerdaten, ZIS 2011, S. 53-59

Bär, Wolfgang: Cybercrime – rechtliche Herausforderungen bei der Bekämpfung, in: Festschrift f. Bernd v. Heintschel-Heinegg, 2015, S. 1-19

Becker, Christian/Meinicke, Dirk: Die sog. Quellen-TKÜ und die StPO – Von einer „herrschenden Meinung" und ihrer fragwürdigen Entstehung, StV 2011, S. 50–52

Bell, Senta: Strafverfolgung und die Cloud Strafprozessuale Ermächtigungsgrundlagen und deren völkerrechtliche Grenzen, Köln 2019 (zitiert als: Bell, Strafverfolgung)

Bernsmann, Klaus: Anordnung der Überwachung des Fernmeldeverkehrs – Mitteilung der geographischen Daten des eingeschalteten Mobiltelefons, NStZ 2002, S. 103–104

Bernsmann, Klaus/Jansen, Kirsten: Standortbestimmung über Handy, StV 1999, S. 591–593

Beukelmann, Stephan: Die Online-Durchsuchung, StraFo 2008, S. 1-8

Beulke, Werner/Meininghaus, Florian: Der Staatsanwalt als Datenreisender – Heimliche Online-Durchsuchung, Fernzugriff und Mailbox-Überwachung, in: Festschrift für Gunter Widmaier, 2008, S. 63-80

Bethge, Herbert/Weber-Dürler, Beatrice: Der Grundrechtseingriff. Berichte und Diskussionen auf der Tagung der Vereinigung der Deutschen Staatsrechtslehrer in Osnabrück vom 1. bis 4. Oktober 1997, Berlin 1998 (zitiert als: *Bethge/Weber-Dürler,* Grundrechtseingriff)

Böckenförde, Thomas: Die Ermittlung im Netz. Möglichkeiten und Grenzen neuer Erscheinungsformen strafprozessualer Ermittlungstätigkeit, Tübingen 2003 (zitiert als: *Böckenförde*, Ermittlung)

Böckenförde, Thomas: Auf dem Weg zur elektronischen Privatsphäre. Zugleich Besprechung von BVerfG, Urteil v. 27.2.2008 – „Online-Durchsuchung", JZ 2008, S. 925–939

Britz, Gabriele: Vertraulichkeit und Integrität informationstechnischer Systeme. Einige Fragen zu einem neuen Grundrecht, DÖV 2008, S. 411–415

B*rodowski, Dominik/Eisenmenger, Florian*: Zugriff auf Cloud-Speicher und Internetdienste durch Ermittlungsbehörden Sachliche und zeitliche Reichweite der „kleinen Online-Durchsuchung" nach § 110 Abs. 3 StPO, ZD 2014, S. 119-126

Brodowski, Dominik: Verdeckte technische Überwachungsmaßnahmen im Polizei- und Strafverfahrensrecht, 2016 (zitiert als: *Brodowski*, Überwachungsmaßnahmen)

Buermeyer, Ulf: Die Online-Durchsuchung – Technischer Hintergrund des verdeckten hoheitlichen Zugriffs auf Computersysteme, HRRS 2007, S. 154-166

Buermeyer, Ulf: Gutachterliche Stellungnahme zur Öffentlichen Anhörung zur „Formulierungshilfe" des BMJV zur Einführung von Rechtsgrundlagen für Online-Durchsuchung und Quellen-TKÜ im Strafprozess vom 29. Mai 2017 (zitiert als *Buermeyer*, Stellungnahme)

Buermeyer, Ulf/Bäcker, Matthias: Zur Rechtswidrigkeit der Quellen-Telekommunikationsüberwachung auf Grundlage des § 100a StPO, HRRS 2009, S. 433-441

Dalby, Jakob: Grundlagen der Strafverfolgung im Internet und in der Cloud, Wiesbaden 2016 (zitiert als: *Dalby*, Grundlagen)

Eisenberg, Ulrich: Beweisrecht der StPO Spezialkommentar, 10. Aufl. 2017

Eisenberg, Ulrich/Singelnstein, Tobias: Zur Unzulässigkeit der heimlichen Ortung per stiller SMS, NStZ 2005, S. 62–67

Fezer, Gerhard: Überwachung der Telekommunikation und Verwertung eines Raumgesprächs, NStZ 2003, S. 625–630

Freiling, Felix/Safferling, Christoph/Rückert, Christian: Quellen-TKÜ und Online-Durchsuchung als neue Maßnahmen für die Strafverfolgung: Rechtliche und technische Herausforderungen, JR 2018, S. 9-22

Gaede, Karsten: Der grundrechtliche Schutz gespeicherter E-Mails beim Provider und ihre weltweite strafprozessuale Überwachung, StV 2009, 96-102

Gähler, Sven Gerry: Strafprozessuale Ermittlungsmaßnahmen bei Datenübertragung im Cloud-Computing, HRRS 2016, 340-349

Gärditz, Klaus Ferdinand/Hauck, Pierre/Menges, Anja/Tsambikakis, Michael (Hrsg.): Löwe/Rosenberg. Die Strafprozeßordnung und das Gerichtsverfassungsgesetz: Band 3: §§ 94-111p, 26. Auflage, Berlin 2013

Geppert, Martin/Attendorn, Thorsten/Geppert-Piepenbrock-Schütz-Schuster (Hrsg.): Beck'scher TKG-Kommentar, 4. Auflage, München 2013

Gercke, Björn: Bewegungsprofile anhand von Mobilfunkdaten im Strafverfahren. Zugleich ein Beitrag zur Kumulation heimlicher Observationsmittel im strafrechtlichen Ermittlungsverfahren, Berlin 2002 (zitiert als: *Gercke*, Bewegungsprofile)

Gercke, Björn: Sicherstellung von E-Mails beim Provider – Anmerkung zu BGH, Beschluss vom 31.03.2009 – 1 StR 76/09, StV 2009, S. 624–626

Gercke, Björn: Straftaten und Strafverfolgung im Internet, GA 2012, S. 474-490

Gercke, Björn/Julius, Karl-Peter/Ahlbrecht, Heiko/Temming, Dieter/Brauer, Jürgen/ Zöller, Mark Alexander (Hrsg.): Heidelberger Kommentar. Strafprozessordnung, 5. Auflage, Heidelberg 2012

Gercke, Marco: Rechtswidrige Inhalte im Internet – eine Diskussion ausgewählter Problemfelder des Internet-Strafrechts unter Berücksichtigung strafprozessualer Aspekte, Aachen 2000 (zitiert als: *M. Gercke*, Inhalte)

Gercke, Marco: Heimliche Online-Durchsuchung: Anspruch und Wirklichkeit Der Einsatz softwarebasierter Ermittlungsinstrumente zum heimlichen Zugriff auf Computerdaten, CR 2007, S. 245-253

Gercke, Marco: Die Entwicklung des Internetstrafrechts 2009/2010, ZUM 2010, S. 633-645

Gercke, Marco: Strafrechtliche und strafprozessuale Aspekte von Cloud Computing und Cloud Storage, CR 2010, S. 345-348

Gercke, Marco: Understanding cybercrime: Phenomena, challenges and legal response, 2014 (https://www.itu.int/en/ITU-D/Cybersecurity/Documents/cybercrime2014.pdf)

Gercke, Marco/Brunst, Phillip: Praxishandbuch Internetstrafrecht, 2. Aufl. 2018

Gless, Sabine: Beweisverbote in Fällen mit Auslandsbezug, JR 2008, S. 317-326

Graf, Jürgen P.: Internet – Straftaten und Strafverfolgung, DRiZ 1999, S. 281–286

Graf, Jürgen P./Allgayer, Peter (Hrsg.): Strafprozessordnung. Mit Gerichtsverfassungsgesetz und Nebengesetzen ; Kommentar, 2. Auflage, München 2012

Graf, Jürgen Peter (Hrsg.): Beck'scher Online-Kommentar StPO, 22. Auflage

Günther, Ralf: Zur strafprozessualen Erhebung von Telekommunikationsdaten – Verpflichtung zur Sachverhaltsaufklärung oder verfassungsrechtlich unkalkulierbares Wagnis?, NStZ 2005, S. 485–492

Günther, Ralf: Anmerkung zu BVerfG, Urt. v. 2.3.2006 – 2 BvR 2099/04, NStZ 2006, S. 643–644

Gusy, Christoph: Verfassungsrechtliche Aspekte einer Positionsüberwachung durch ein satellitengestütztes Ortungssystem, StV 1998, S. 526–527

Hannich, Rolf/Appl, Ekkehard (Hrsg.): Karlsruher Kommentar zur Strafprozessordnung. Mit GVG, EGGVG und EMRK, 7. Auflage, München 2013

Hassemer, Winfried: Die „Funktionstüchtigkeit der Strafrechtspflege" – ein neuer Rechtsbegriff?, StV 1982, 275-280

Hassemer, Winfried: Staatsverstärkte Kriminalität als Gegenstand der Rechtsprechung. Grundlagen der „Mauerschützen"-Entscheidungen des Bundesgerichtshofs und des Bundesverfassungsgerichts, in: 50 Jahre Bundesgerichtshof, Band 4, Strafrecht und Strafprozessrecht, 2000, S. 439-466

Hauser, Markus: Das IT-Grundrecht Schnittfelder und Auswirkungen, Berlin 2015 (zitiert als: *Hauser*, IT-Grundrecht)

Heghmanns, Michael: Heimlichkeit von Ermittlungshandlungen, in: FS für Ulrich Eisenberg, 2009, S. 511-525

Heinson, Fabian: IT-Forensik, Tübingen 2015 (zitiert als: *Heinson*, IT-Forensik)

Hilber, Marc (Hrsg.): Handbuch Cloud Computing, Köln 2014

Hiéramente, Mayeul: Surfen im Internet doch Telekommunikation im Sinne des § 100a StPO, HRRS 2016, S. 448-452

Hiéramente, Mayeul/Fenina, Patrick: Telekommunikationsüberwachung und Cloud Computing Der § 100a-Beschluss als Nimbus der Legalität?, StraFo 2015, S. 365-374

Hoeren, Thomas/Sieber, Ulrich/Holznagel, Bernd: Handbuch Multimedia-Recht, Stand: 46 Ergänzungslieferung (Januar 2018)

Hofmann, Manfred: Die Online-Durchsuchung – staatliches Hacken oder zulässige Ermittlungsmaßnahme?, NStZ 2005, S. 121-125

Hoffmann-Riem, Wolfgang: Der grundrechtliche Schutz der Vertraulichkeit und Integrität eigengenutzter informationstechnischer Systeme, JZ 2008, S. 1009-1022

Hornung, Gerrit: Die Festplatte als Wohnung? Erwiderung auf Johannes Rux, JZ 2007, 285, JZ 2007, S. 828-831

Jahn, Matthias: Der strafprozessuale Zugriff auf Telekommunikationsverbindungsdaten – BVerfG, NJW 2006, 976, JuS 2006, S. 491–494

Jahn, Matthias: Verhandlungen des 67. Deutschen Juristentages Band I: Gutachten/Teil C: Beweiserhebung und Beweisverwertungsverbote im Spannungsfeld zwischen den Garantien des Rechtsstaates und der effektiven Bekämpfung von Kriminalität und Terrorismus, 2008 (zitiert als: Jahn, DJT-Gutachten)

Jahn, Matthias: Rechtstheoretische Grundlagen des Gesetzesvorbehalts im Strafprozessrecht, in: Kudlich, Hans/Montiel, Juan Pablo/ Schuhr, Jan C. (Hrsg.), Gesetzlichkeit und Strafrecht, Berlin 2012 (zitiert als: *Jahn*, in: Kudlich/Montiel/Schuhr)

Jahn, Matthias/Dallmeyer, Jens: Zum heutigen Stand der beweisrechtlichen Berücksichtigung hypothetischer Ermittlungsverläufe im deutschen Strafverfahrensrecht, NStZ 2005, S. 297-304

Jahn, Matthias/Kudlich, Hans: Die strafprozessuale Zulässigkeit der Online-Durchsuchung Zugleich Anmerkung zu den Beschlüssen des Ermittlungsrichters des Bundesgerichtshofes v. 25.11.2006 – 1 BGs 184/06 und v. 28.11.2006 – 1 BGs 186/2006, JR 2007, S. 57-61

Kasiske, Peter: Neues zur Beschlagnahme von E-Mails beim Provider. Besprechung von BGH 1 StR 76/09 und BVerfG 2 BvR 902/06, StraFO 2010, S. 228–235

Kemper, Martin: Die Beschlagnahmefähigkeit von Daten und E-Mails, NStZ 2005, S. 538-544

Klein, Oliver: Offen und (deshalb) einfach – Zur Sicherstellung und Beschlagnahme von E-Mails beim Provider, NJW 2009, S. 2996–2999

Klesczewski, Diethelm: Straftataufklärung im Internet -Technische Möglichkeiten und rechtliche Grenzen von strafprozessualen Ermittlungseingriffen im Internet, ZStW 123 (2011), S. 737-766

Knauer, Christoph/Kudlich, Hans/Schneider, Hartmut: Münchener Kommentar zur Strafprozessordnung, Band 1 (§§ 1-150 StPO), 2014

Knauer, Christoph/Wolf, Christian: Zivilprozessuale und strafprozessuale Änderungen durch das Justizmodernisierungsgesetz – Teil 2: Änderungen der StPO, NJW 2004, S. 2932-2938

Krey, Volker: Gesetzestreue und Strafrecht. Schranken richterlicher Rechtsfortbildung, ZStW (101) 1989, S. 838–873

Krüger, Hartmut: BVerfG zur Beschlagnahme von E-Mails auf dem Server des Mailproviders, MMR 2009, S. 680–683

Kudlich, Hans: Strafprozeß und allgemeines Mißbrauchsverbot. Anwendbarkeit und Konsequenzen eines ungeschriebenen Mißbrauchsverbots für die Ausübung strafprozessualer Verteidigungsbefugnisse, Berlin 1998 (zitiert als: *Kudlich,* Missbrauchsverbot)

Kudlich, Hans: Lernbeitrag Strafrecht Übungsblätter. Strafprozessuale Probleme des Internet – Rechtliche Probleme der Beweisgewinnung in Computernetzen, JA 2000, S. 227–234

Kudlich, Hans: Mitteilung der Bewegungsdaten eines Mobiltelefons als Überwachung der Telekommunikation – BGH, NJW 2001, 1587, JuS 2001, S. 1165–1169

Kudlich, Hans: Strafverfolgung im Internet – Bestandsaufnahme und aktuelle Probleme –, GA 2011, S. 193-208

Kudlich, Hans: Das Gesetzlichkeitsprinzip im deutschen Strafprozessrecht, in: Kudlich, Hans/Montiel, Juan Pablo/ Schuhr, Jan C. (Hrsg.), Gesetzlichkeit und Strafrecht, Berlin 2012 (zitiert als: *Kudlich,* in: Kudlich/Montiel/Schuhr)

Kühne, Hans-Heiner: Die Instrumentalisierung der Wahrheitsfindung im Strafverfahren, GA 2008, S. 361-374

Kühne, Hans-Heiner: Strafprozessrecht, 9. Auflage 2015

Kuhlen, Lothar: Zum Verhältnis vom Bestimmtheitsgrundsatz und Analogieverbot, in: Dannecker, Gerhard (Hrsg.), Festschrift für Harro Otto. Zum 70. Geburtstag am 1. April 2007, Köln 2007 (zitiert als: *Kuhlen,* in: FS-Otto)

Kunig, Philip/Uerpmann, Robert: Der Fall des Postschiffes Lotus – StIGH – Urt v 07-09-1927 = PCIJ Series A No 10 –, Jura 1994, S. 186-194

Kurose, James F./Ross, Keith W.: Computernetzwerke. Der Top-Down-Ansatz, 6. Auflage, Hallbergmoos 2014 (zitiert als: *Kurose/Ross,* Computernetzwerke)

Ladiges, Manuel: Durchsuchungen in der Cloud – Ist die Freiheit der Ermittler in der „Datenwolke" grenzenlos?, in: Buschmann u.a. (Hrsg.), Digitalisierung der gerichtlichen Verfahren und das Prozessrecht, 2018, S. 117-132

Landau, Herbert: Die Pflicht des Staates zum Erhalt einer funktionstüchtigen Strafrechtspflege, NStZ 2007, 121-129

Lepsius, Oliver: Das Computer-Grundrecht: Herleitung, Funktion, Überzeugungskraft, in: Roggan, Fredrik (Hrsg.), Online-Durchsuchungen. Rechtliche und tatsächliche Konsequenzen des BVerfG-Urteils vom 27. Februar 2008 ; [Dokumentation einer Fachtagung der Humanistischen Union und der Friedrich-Naumann-Stiftung für die Freiheit am 28. April 2008 in Berlin], Berlin 2008 (zitiert als: *Lepsius,* in: Roggan, Online Durchsuchungen)

Lührs, Wolfgang: Eingeschränkte Beschlagnahmemöglichkeiten von „Mailbox-Systemen" aufgrund des Fernmeldegeheimnisses?, Wistra 1995, 19-20

Maunz, Theodor/Dürig, Günter (Hrsg.): Grundgesetz. Kommentar, 84. Auflage, München 2018

Meinicke, Dirk: Anmerkung zu AG Reutlingen, Beschl. v. 31.10.2011 – 5 Ds 43 Js 18155/10, StV 2012, 463-464

Meinicke, Dirk: Der Zugriff der Ermittlungsbehörden auf beim Provider zwischengelagerte E-Mails, Edewecht 2013 (zitiert als: *Meinicke,* Zugriff)

Meinicke, Dirk: Big Brother und das Grundgesetz – Zulässigkeit und Grenzen der strafprozessualen Überwachung des Surfverhaltens, in: Law as a Service (LaaS), Recht im Internet- und Cloud-Zeitalter, 2013, S. 967-980

Meinicke, Dirk: Staatstrojaner, E-Mail-Beschlagnahme und Quellen-TKÜ – Das Netz im Würgegriff der Ermittlungsorgane, in: Taeger (Hrsg.), IT und Internet – mit Recht gestalten, 2012, S. 773-789

Meinicke, Dirk: Unbewältigte Herausforderungen: Eine Kritik strafprozessualer Ermittlungen im Netz aus Verteidigersicht, in: Scholz/Funk (Hrsg.), DGRI Jahrbuch 2012, S. 73-86 (zitiert als: *Meinicke,* in: Scholz/Funk)

Meinicke, Dirk: StPO Digital? Das Gesetz zur effektiveren und praxistauglicheren Ausgestaltung des Strafverfahrens, in: Taeger (Hrsg.), Rechtsfragen digitaler Transformationen – Gestaltung digitaler Veränderungsprozesse durch Recht, 2018, S. 835-856

Meininghaus, Florian: Der Zugriff auf E-Mails im strafrechtlichen Ermittlungsverfahren, Hamburg 2007 (zitiert als: *Meininghaus,* Zugriff)

Meir-Huber, Mario: Cloud Computing. Praxisratgeber und Einstiegsstrategien, 2. Auflage, Frankfurt am Main 2011 (zitiert als: *Meir-Huber,* Cloud Computing)

Metzger, Christian/Reitz, Thorsten/Villar, Juan: Cloud Computing. Chancen und Risiken aus technischer und unternehmerischer Sicht, München 2011 (zitiert als: *Metzger/Reitz u. a.,* Cloud Computing)

Meyer-Goßner, Lutz/Schmitt, Bertram (Hrsg.): Strafprozessordnung. Gerichtsverfassungsgesetz, Nebengesetze und ergänzende Bestimmungen, 61. Auflage, München 2018

Neuhaus, Ralf: Die Änderung der StPO durch das Erste Justizmodernisierungsgesetz vom 24.8.2004, StV 2005, S. 47-53

Obenhaus, Nils: Cloud Computing als neue Herausforderung für Strafverfolgungsbehörden und Rechtsanwaltschaft, NJW 2010, S. 651-655

Paal, Boris P./Pauly, Daniel A.: Datenschutz-Grundverordnung Bundesdatenschutzgesetz, 2. Aufl. 2018

Palm, Franz/Roy, Rudolf: Mailboxen – Staatliche Eingriffe und andere rechtliche Aspekte, NJW 1996, 1791-1797

Radtke, Henning: Wahrheitsermittlung im Strafverfahren Leitprinzipien, Methoden und Grenzen, GA 2012, S. 187-201

Repschläger, Jonas/Pannicke, Danny/Zarnekow, Rüdiger: Cloud Computing: Definitionen, Geschäftsmodelle und Entwicklungspotenziale, HMD (47) 2010, S. 6–15

Rogall, Klaus: Informationseingriff und Gesetzesvorbehalt im Strafprozeßrecht, ZStW (103) 1991, S. 907–956

Roggan, Fredrik: Die strafprozessuale Quellen-TKÜ und Online-Durchsuchung: Elektronische Überwachungsmaßnahmen mit Risiken für Beschuldigte und die Allgemeinheit, StV 2017, S. 821-829

Roxin, Claus/Schünemann, Bernd/Kern, Eduard: Strafverfahrensrecht. Ein Studienbuch, 28. Auflage, München 2014 (zitiert als: *Roxin/Schünemann u. a.,* Strafverfahrensrecht)

Rudolphi, Hans-Joachim/Wolter, Jürgen/Degener, Wilhelm (Hrsg.): Systematischer Kommentar zur Strafprozessordnung. Band 2: §§ 94 – 136a StPO, 4. Auflage, Köln 2010

Rudolphi, Hans-Joachim/Wolter, Jürgen/Degener, Wilhelm (Hrsg.): Systematischer Kommentar zur Strafprozessordnung. Band 3: §§ 137-197 StPO. Mit GVG und EMRK, 4. Auflage, Köln 2011

Rux, Johannes: Ausforschung privater Rechner durch die Polizei- und Sicherheitsbehörden Rechtsfragen der Online-Durchsuchung. JZ 2007, S. 285-295

Rux, Johannes: Analogie oder besondere Ausprägung des Verhältnismäßigkeitsprinzips?, JZ 2007, S. 831-833

Sachs, Michael/Krings, Thomas: Das neue Grundrecht auf Gewährleistung der Vertraulichkeit und Integrität informationstechnischer Systeme, JuS 2008, S. 481–486

Säcker, Franz Jürgen (Hrsg.): Münchener Kommentar zum Bürgerlichen Gesetzbuch Bd. 1: Allgemeiner Teil §§ 1-240, AGG, 7. Auflage, München 2015

Säcker, Franz Jürgen/Berndt, Andrea (Hrsg.): Telekommunikationsgesetz. Kommentar, 3. Auflage, Frankfurt am Main 2013

Sankol, Barry: Verletzung fremdstaatlicher Souveränität durch ermittlungsbehördliche Zugriffe auf E-Mail-Postfächer, S. K&R 2008, S. 279-284

Satzger, Helmut/Schluckebier, Wilhelm/Widmaier, Gunter (Hrsg.): StPO. Strafprozessordnung; Kommentar, 1. Auflage, Köln 2014

Schantz, Peter: Verfassungsrechtliche Probleme von „Online-Durchsuchungen", KritV 2007, S. 310–330

Scherff, Jürgen: Grundkurs Computernetzwerke. Eine kompakte Einführung in Netzwerk- und Internet-Technologien ; [mit Online-Service], 2. Auflage, Wiesbaden 2010 (zitiert als: *Scherff,* Computernetzwerke)

Schlegel, Stephan: Beschlagnahme von E-Mail-Verkehr beim Provider, HRRS 2007, S. 44-51

Schlegel, Stephan: Warum die Festplatte keine Wohnung ist – Art 13 GG und die „Online-Durchsuchung", GA 2007, S. 648-663

Schlegel, Stephan: Online-Durchsuchung light – Die Änderung des § 110 StPO durch das Gesetz zur Neuregelung der Telekommunikationsüberwachung, HRRS 2008, S. 23-30

Schmidt-Bens, Johanna: Cloud Computing Technologien und Datenschutz, Edewecht 2012 (zitiert als: *Schmidt-Bens,* Cloud Computing)

Schomburg, Wolfgang/Lagodny, Otto/Gless, Sabine/Hackner, Thomas: Internationale Rechtshilfe in Strafsachen, 5. Aufl. 2012

Schünemann, Bernd: Zur Quadratur des Kreises in der Dogmatik des Gefährdungs-
schadens, NStZ 2008, S. 430–434

Schwarze, Jürgen/Becker, Ulrich/Bär-Bouyssière, Bertold (Hrsg.): EU-Kommentar,
3. Auflage, Baden-Baden 2012

Sieber, Ulrich: Verhandlungen des 69. Deutschen Juristentages, Gutachten Teil C:
Straftaten und Strafverfolgung im Internet, 2012 (zitiert: *Sieber*, DJT-Gutachten)

Singelnstein, Tobias: Strafprozessuale Verwendungsregelungen zwischen Zweckbin-
dungsgrundsatz und Verwertungsverboten, ZStW 120 (2008), S. 854-893

Singelnstein, Tobias/Derin, Benjamin: Das Gesetz zur effektiveren und praxistauglicheren Ausgestaltung des Strafverfahrens Was aus der StPO-Reform geworden ist,
NJW 2017, S. 2646-2652

Sofaer, Abraham D./Goodman, Seymour E.: The Transnational Dimension of Cyber
Crime and Terrorism, 2001 (zitiert als: *Bearbeiter*, in: Sofaer/Goodman)

Soiné, Michael: Die strafprozessuale Online-Durchsuchung, NStZ 2018, S. 497-504

Sokol, Bettina: Auf der Rutschbahn in die Überwachbarkeit Das Beispiel der Online-
Durchsuchungen, in: Festschrift für Rainer Hamm, 2008, S. 719-732

Sommer, Ulrich: Moderne Strafverteidigung Strafprozessuale Änderungen des Justiz-
modernisierungsgesetzes, StraFo 2004, S. 295-299

Spindler, Gerald/Schuster, Fabian: Recht der elektronischen Medien, 3. Aufl. 2015

Spoenle, Jan: Cloud Computing and cybercrime investigations: Territoriality vs. the
power of disposal?, 2010 (https://rm.coe.int/16802fa3df)

Stein, Torsten/v. Buttlar, Christian/Kotzur, Markus: Völkerrecht, 14 Aufl. 2017

Störing, Marc: Strafprozessuale Zugriffsmöglichkeiten auf E-Mail-Kommunikation,
Berlin 2007 (zitiert als: *Störing*, Zugriffsmöglichkeiten)

Terplan, Kornel/Voigt, Christian: Cloud Computing, 1. Auflage 2011 (zitiert als:
Terplan/Voigt, Cloud)

Vassilaki, Irini E.: Die Überwachung des Fernmeldeverkehrs nach der Neufassung
der §§ 100a, 100b StPO. Erweiterung von staatlichen Grundrechtseingriffen?, JR
2000, S. 446–451

Vehlow, Markus/Golkowsky, Cordula: Cloud Computing im Mittelstand. Erfah-
rungen, Nutzungen und Herausforderungen, 2011, abrufbar im Internet: <http://
www.pwc.de/de/mittelstand/assets/cloud_computing_mittelstand.pdf> (Stand:
09.10.2015)

Vogel, Joachim/Brodowski, Dominik: Anmerkung zu OLG Hamburg, Beschluß vom
12.11.2007 – 6 Ws 1/07, StV 2009, S. 632-635

Vossen, Gottfried/Haselmann, Till/Hoeren, Thomas: Cloud-Computing für Unternehmen. Technische, wirtschaftliche, rechtliche und organisatorische Aspekte, 1. Auflage, Heidelberg 2012 (zitiert als: *Vossen/Haselmann u. a.*, Cloud-Computing)

Warken, Claudia: Elektronische Beweismittel im Strafprozessrecht – eine Momentaufnahme über den deutschen Tellerrand hinaus, Teil 1, NZWiSt 2017, S. 289-298

Warken, Claudia: Elektronische Beweismittel im Strafprozessrecht – eine Momentaufnahme über den deutschen Tellerrand hinaus, Teil 2, NZWiSt 2017, S. 329-338

Warken, Claudia: Elektronische Beweismittel im Strafprozessrecht – eine Momentaufnahme über den deutschen Tellerrand hinaus, Teil 3, NZWiSt 2017, 417-425

Weßlau, Edda: Verwertung von Raumgesprächen im Strafprozeß bei Telefonüberwachungen, StV 2003, S. 483–484

Wicker, Magda: Cloud Computing und staatlicher Strafanspruch, Baden Baden 2016 (zitiert als: *Wicker*, Strafanspruch)

Wolter, Jürgen (Hrsg.): Systematischer Kommentar zur Strafprozessordnung. Band 2: §§ 94 – 136a StPO, 5. Auflage, Köln 2016

Zerbes, Ingeborg/El-Ghazy, Mohamad: Zugriff auf Computer: Von der gegenständlichen zur virtuellen Durchsuchung, NStZ 2015, S. 425-433